Diogenes Taschenbuch 24397

de
te
be

Gefährliche Ferien –
Die Alpen

Ausgewählt von
Anna von Planta

Diogenes

Nachweis am Schluss des Bandes
Covermotiv: Foto von plainpicture / BY (Ausschnitt)

Originalausgabe

www.diogenes.ch
120/17/36/1
ISBN 978 3 257 24397 0

Inhalt

Frankreich

Mary Shelley — Mit Frankenstein auf dem Montanvertgletscher *Montblanc-Massiv* 9

Schweiz

F. Scott Fitzgerald — Eine Reise ins Ausland *Montreux / Dents du Midi, Genfersee* 21

Friedrich Dürrenmatt — Mondfinsternis *Ein Dorf im Berner Oberland* 28

Arthur Conan Doyle — Das letzte Problem *Reichenbachfälle, Berner Oberland* 77

Alex Capus — Eigermönchundjungfrau *Jungfrau-Massiv, Berner Oberland* 103

Donna Leon — Kriminelle Phantasien im Gotthardtunnel *Gotthard-Pass, Uri / Tessin* 115

Benedict Wells Unterm Pilatus
Zentralschweizer Voralpen, Vierwaldstättersee 123
Laura de Weck Sichere Talfahrt
Arosa, Schanfigg 141
Thomas Meyer Sohn! Bis du wahnsinnig!
Piz Languard / Pontresina, Oberengadin 145
Martin Suter Zerknittert im Val Grisch
Val Grisch, Unterengadin 148

Liechtenstein
Benjamin Quaderer Für immer die Alpen
Grauspitz, Liechtenstein 170

Deutschland
Jörg Maurer Tegernsee Breitmaul
Tegernsee, Bayerische Alpen 178
Arnon Grünberg Saubere Laken
Ein bewusst ungenannter Ort in den Bayerischen Alpen 185

Österreich
Patricia Highsmith Nichts Auffallendes
Alpbach, Tirol 202
Wolfgang Herrndorf Der Weg des Soldaten
Brennerpass, Tirol 223

Italien / Slowenien
Kurt Lanthaler Pigenò
Pigenò / St. Michael, Südtirol 249
Veit Heinichen Barney! Basta!
Trieste, Istrien 256

MARY SHELLEY

Mit Frankenstein auf dem Montanvertgletscher

Den ersten Teil meiner Reise brachte ich im Sattel eines Pferdes hinter mich. Dann mietete ich mir einen Maulesel, da sich diese Tiere wegen ihrer Trittsicherheit auf diesen rauhen Pfaden weniger leicht verletzen. Das Wetter war herrlich. Wir schrieben Mitte August; es waren also fast zwei Monate seit dem Tode Justines vergangen – seit jener schrecklichen Zeit, in der all mein Leid begann. Die Last auf meiner Seele wurde leichter, je tiefer ich in die Schlucht von Arve eindrang. Die gewaltigen Berge und Felswände, die neben mir aufragten, das Getöse des Flusses, der über die Felsbrocken sprang, und das Brausen der Wasserfälle zeugten von einer Kraft, die der Allmacht glich. Die Furcht wich von mir, und ich hätte mich keinem Wesen gebeugt, das nicht so allmächtig war wie der Schöpfer und Herrscher über die Elemente, die sich hier in ihrer gewaltigsten Gestalt zeigten. Je höher ich stieg, desto herrlicher und beeindruckender wurde das Tal. Verfallene Burgen klebten an den bewaldeten Talhängen. Die ungestüme Arve und die Hütten, die hier und da zwischen den Bäumen hervorlugten, ergaben ein Bild einzigartiger Schönheit; doch die mächtigen Alpen, deren weißleuchtende Zacken und Gipfel alles überragten, als gehörten sie einem anderen Planeten an oder als wären sie der Wohnsitz einer anderen Rasse, ließen alles noch erhabener erscheinen.

Ich überquerte die Brücke von Pélissier, wo sich die vom Fluss ausgewaschene Schlucht öffnet, und machte mich daran, den daneben aufragenden Berg zu erklimmen. Bald darauf lag das Tal von Chamonix unter mir. Dieses Tal ist herrlicher und erhabener, aber nicht so schön und malerisch wie das von Servox, das ich soeben passiert hatte. Es wird von hohen, schneebedeckten Berggipfeln eingerahmt, aber hier gibt es weder verfallene Burgen noch fruchtbare Felder. Gewaltige Gletscher schieben sich bis dicht an den Pfad heran; ich vernahm das Getöse einer herabstürzenden Lawine und verfolgte ihren Weg. Der Montblanc, der herrliche und prächtige Montblanc, erhob sich aus den umliegenden Aiguilles, und sein gewaltiger Gipfel thronte über dem Tal.

Während dieser Reise überfiel mich oft ein prickelndes Gefühl der Freude, wie ich es schon lange nicht mehr empfunden hatte. Eine Wegbiegung, eine neue Aussicht erinnerten mich an längst vergangene Tage und wurden von mir mit der Unbekümmertheit meiner Jugend verknüpft. Selbst der Wind flüsterte besänftigend, und die allesgebärende Natur bat mich, nicht länger zu trauern. Dann wieder verlor die beruhigende Wirkung an Kraft, und ich litt erneut unter meinem Kummer und gab mich trüben Betrachtungen hin. Ich trieb dann das Tier an in dem Bemühen, die Welt, meine Ängste und vor allem mich selbst zu vergessen. Oder ich ließ mich zu Boden gleiten und warf mich vor Verzweiflung ins Gras, wenn das Gewicht meines Grauens und meiner Verzweiflung zu schwer wurde.

Schließlich kam ich in das Tal von Chamonix hinab. Der übergroßen Müdigkeit von Körper und Geist folgte völlige Erschöpfung. Ich blieb einen Augenblick am Fenster meines Quartiers stehen, beobachtete die fahlen Blitze, die den Gipfel des Montblanc umzuckten, und lauschte dem Rauschen der Arve, die sich unter mir tosend ihren Weg suchte. Diese Geräusche wirkten auf meine überreizten Nerven wie ein Wiegenlied. Kaum hatte ich meinen Kopf auf das Kissen gebettet, fiel ich auch schon in tiefen Schlaf; ich spürte sein Kommen und segnete den Spender des Vergessens.

Den nächsten Tag verbrachte ich damit, das Tal zu durchstreifen. Ich verweilte an den Quellen der Arveiron, die aus einem Gletscher hervorsprudeln; er schiebt sich langsam von den Bergen herunter und droht das Tal zu versperren. Vor mir ragten die Wände riesiger Berge in die Höhe, und die Eiswand des Gletschers hing über mir. Ringsum standen zerschmetterte Kiefern, und die feierliche Stille dieses herrlichen Audienzzimmers der königlichen Natur wurde nur unterbrochen vom Rauschen eines Gebirgsflusses, von einem Steinschlag, dem Donnern der Lawinen oder dem widerhallenden Krachen des angestauten Eises, das durch das lautlose Zusammenwirken unveränderlicher Naturgesetze immer wieder zerbrochen und zersprengt wird, als wäre es ein Spielzeug. Diese erhabene und majestätische Szenerie spendete mir den größten Trost und nahm mir alle kleinmütigen Gefühle, und obwohl sie meinen Kummer nicht völlig tilgte, so wurde er doch von ihr verdrängt. In gewissen Grenzen wurde mein Geist sogar von den quälenden Gedanken abgelenkt, die mich während des vergangenen

Monats gepeinigt hatten. Des Nachts noch wurde mein Schlummer von einer Versammlung jener gewaltigen Formen bewacht, die ich während des Tages betrachtet hatte. Die fleckenlosen Schneegipfel, die glitzernden Zinnen, die Kiefernwälder, die rauhe, kahle Schlucht und der Adler, der sich zu den Wolken aufschwang – sie alle versammelten sich um mich und wollten mir Ruhe schenken.

Doch wohin waren sie entflohen, als ich am nächsten Morgen erwachte? Mit dem Schlaf verließ mich wieder aller Mut, und düstere Melancholie trübte meine Gedanken. Der Regen goss in Strömen auf die Erde herab, und dichte Dunstschwaden verhüllten die Gipfel der Berge, so dass ich nicht einmal die Gesichter dieser meiner mächtigen Freunde erkennen konnte. Trotzdem wollte ich die Schleier durchstoßen und sie in ihrem Wolkenheim aufsuchen. Was bedeuteten mir schon Regen und Sturm? Das Maultier wurde vor meine Tür geführt, und ich machte mich an den Aufstieg zum Gipfel des Montanvert. Ich erinnerte mich des Eindrucks, den der riesige und ewig wandernde Gletscher in mir hinterlassen hatte, als ich ihn zum ersten Mal sah. Mich hatte ein Gefühl feierlichen Entzückens durchpulst, das meiner Seele Schwingen verlieh und sie aus der düsteren Welt hinauf zu Licht und Freude fliegen ließ. Tatsächlich hatte der Anblick der grausamen und majestätischen Natur mein Gemüt immer feierlicher gestimmt und mich die vergänglichen irdischen Sorgen vergessen lassen. Ich beschloss, mich ohne Führer auf den Weg zu machen, denn ich war mit dem Pfad wohl vertraut; außerdem hätte die Anwesenheit eines anderen Menschen die einsame Größe der Landschaft zerstört.

Der Aufstieg ist steil, aber der Pfad windet sich in regelmäßigen und scharfen Serpentinen bergan, so dass man leicht vorankommt. Schreckliche Einsamkeit liegt über dieser Landschaft. An tausend Stellen erkennt man die Spuren der Winterlawinen an zerborstenen, umgeknickten Bäumen, von denen manche vollständig zerstört sind, wohingegen die anderen über rauhen Felszacken oder übereinandergestürzt liegen. Weiter oben wird der Pfad von Schneerinnen gekreuzt, in denen in unablässigem Strom Steine heranrollen. Eine Rinne ist ganz besonders gefährlich, denn selbst das leiseste Geräusch – zum Beispiel lautes Sprechen – erzeugt genug Unruhe in der Luft, um auf den Kopf des Sprechenden Vernichtung zu schleudern. Die Kiefern sind hier weder hoch noch üppig gewachsen, aber ihre Düsternis gibt der Landschaft eine unvergleichliche Strenge. Ich schaute ins Tal hinab; aus den Flüssen stiegen Dunstschwaden und schwebten in dichten Schleiern zu den gegenüberliegenden Bergen hinauf, deren Gipfel in den konturenlosen Wolken verschwanden. Aus dem dunklen Himmel strömte Regen herab und vertiefte noch die Melancholie meiner Umgebung. Wieso nur rühmen sich die Menschen ihrer den Tieren überlegenen Empfindungen? Diese unterwerfen uns doch nur weiteren Bedingtheiten. Wären unsere Triebe auf Hunger, Durst und geschlechtliches Verlangen beschränkt, könnten wir uns fast frei nennen; so aber werden wir von jedem Wind, jedem zufälligen Wort oder jeder Szene, die jenes Wort enthält, umhergetrieben.

Im Schlafe noch ein Traum vergiftet die Ruh',
Im Wachen trübt ein flücht'ger Gedanke den Tag.

Wir fühlen, denken, empfinden; versinken in Leid,
Wir lachen auch und weinen und werfen die Sorgen
beiseit!
Es bleibt doch alles gleich, denn Freud' oder Leid:
Den Ausgang stets die Ungewissheit verhüllt.
Nie gleicht das Gestern dem zukünft'gen Bild,
Es bleibt der Wechsel als einz'ge Beständigkeit.

Erst kurz vor Mittag erreichte ich den Gipfel. Lange blieb ich auf den Felsen sitzen, von denen aus ich über die Eiswüste schauen konnte, über die sich ebenso wie über die umliegenden Berge Dunstschleier gebreitet hatten. Bald darauf zerteilte ein Windstoß die Wolken, und ich stieg zum Gletscher hinab. Seine Oberfläche ist sehr uneben und ähnelt den Wellen des aufgewühlten Meeres; an manchen Stellen senkt sie sich tief ein oder wird von breiten Spalten zerklüftet. Die Weite dieser Eisfläche beträgt fast eine Meile, und zur Überquerung dieser Strecke brauchte ich bald zwei Stunden. Auf der anderen Seite wird der Gletscher von einer senkrechten, nackten Felswand begrenzt. Jetzt befand sich der Montanvert mir genau gegenüber – ungefähr eine Meile entfernt, und hinter ihm erhob sich der Montblanc in majestätischer Größe. Ich drückte mich in eine Felsnische und starrte auf diese herrliche und atemberaubende Landschaft. Das Meer, oder vielmehr der gigantische Eisstrom, wand sich zwischen den Bergen hindurch, die hoch über seinen Spalten und Rissen thronten. Ihre eisbedeckten Gipfel funkelten über den Wolken im Sonnenlicht. Mein Herz, das vorher vor Kummer zu bersten gedroht hatte, erfüllte sich mit einer Art Freude. »Ihr wandernden Seelen meiner Lieben!«, rief ich, »wenn ihr wirklich umherstreift und nicht in euren engen Gräbern ruht, dann gönnt mir diese flüchtige Freude oder nehmt mich als euren Gefährten mit und aus den Freuden des Lebens hinweg!«

Während dieser Worte bemerkte ich in der Ferne eine Gestalt, die sich mir mit übermenschlicher Geschwindigkeit näherte. In weiten Sprüngen setzte sie über die Risse im Eis, die ich sorgsam hatte umgehen müssen. Als sie näher kam, erkannte ich, dass diese Gestalt an Größe alle anderen Menschen überragte, und ich wurde unruhig. Ein Schleier senkte sich über meine Augen, und ich wurde von einer Schwäche befallen; doch die kalte Bergluft erfrischte mich wieder. Als die Gestalt nahe herangekommen war, musste ich voller Entsetzen erkennen, dass es das elende Ungeheuer war, das ich geschaffen hatte. Zitternd vor Wut und Grauen erwartete ich ihn, denn ich war zu einem Kampf auf Leben und Tod bereit! Doch dann entdeckte ich auf seinem Gesicht den Ausdruck bitterster Seelenqual, gemischt mit Verachtung und Boshaftigkeit. Seine unirdische Hässlichkeit machte ihn fast unerträglich für menschliche Augen, doch ich achtete kaum darauf. Hatten mir vorher Wut und Hass die Sprache verschlagen, so fand ich sie jetzt nur deshalb wieder, um ihn mit Worten rasenden Hasses und wilden Abscheus zu überschütten.

»Du Teufel!«, schrie ich ihm entgegen. »Du wagst es, mir unter die Augen zu kommen? Fürchtest du nicht die Rache meines Armes? Fort mit dir, widerliches Insekt! Oder besser, bleib hier, damit ich dich in den Staub trampeln kann! Könnte ich nur mit deinem Tod deine armen Opfer, die du so teuflisch gemeuchelt hast, wieder zum Leben erwecken!«

»Ich war auf diesen Empfang gefasst«, erwiderte der Dämon. »Alle Elenden werden von den Menschen verabscheut. Wie muss erst ich – die unglücklichste aller Kreaturen – gehasst werden! Und selbst du, mein Schöpfer, verachtest und trittst mich, dein Geschöpf, an das du mit Banden gebunden bist, die nur der Untergang eines von uns beiden lösen kann. Du willst mich töten: Wie kannst du es wagen, derart mit dem Leben umzuspringen? Erfüll du deine Pflicht mir gegenüber, dann werde ich auch meine Pflicht dir und der Menschheit gegenüber erfüllen! Willigst du in diese Bedingung ein, werde ich euch in Ruhe lassen; weigerst du dich aber, so will ich den Rachen des Todes füllen, bis er vom Blut all deiner Freunde triefen wird!«

»Abscheuliches Monstrum, Ungeheuer du! Die Qualen der Hölle wären noch eine zu milde Sühne für deine Greueltaten. Elender Teufel, du wirfst mir deine Erschaffung vor; nun gut, so komm, damit ich deinen Lebensfunken auslöschen kann, den ich so leichtfertig verschenkte.«

Meine rasende Wut kannte keine Grenzen mehr. Ich sprang auf ihn zu, angetrieben von allen Gefühlen, die ein Wesen zum Kampf gegen die Existenz eines anderen anspornen mögen.

Er wich mir mühelos aus und erwiderte:

»Beruhige dich! Ich bitte dich, mich anzuhören, ehe du deinen Hass über meinen demütigen Kopf hereinbrechen lässt. Habe ich nicht genug gelitten, dass du mein Elend noch verschlimmern willst? Obwohl mir das Leben nur eine Anhäufung neuer Leiden bringen mag, so ist es mir doch teuer, und ich werde es verteidigen. Denk daran, dass du mich kräftiger geschaffen hast, als du selbst bist. Ich bin auch größer als du und geschmeidiger; doch werde ich mich nicht dazu hinreißen lassen, dein Gegner zu werden. Ich bin dein Geschöpf, und meinem natürlichen Herrn und König werde ich gehorsam und gelehrig begegnen, wenn nur auch du deine Pflicht mir gegenüber erfüllst. O Frankenstein, sei nicht nur anderen gegenüber gerecht und tritt nicht nur auf mir herum; auf mir, dem vor allem deine Gerechtigkeit, ja sogar deine Milde und Zuneigung gebührt! Erinnere dich daran, dass ich dein Geschöpf bin; dein Adam – und doch bin ich viel eher ein gefallener Engel, den du grundlos von jeder Lebensfreude ausgeschlossen hast. Um mich herum sehe ich Seligkeit, von der ich allein ausgeschlossen bleibe. Ich war freundlich und gut, aber mein Elend machte aus mir einen Menschenverächter. Mach mich glücklich, und ich will erneut tugendhaft sein.«

»Fort! Ich will dich nicht anhören. Wir sind Feinde; zwischen uns kann es keine Gemeinsamkeiten geben. Flieh oder stell dich zum Kampf, in dem einer von uns beiden untergehen muss!«

»Wie kann ich dein Herz rühren? Kann dich mein Flehen nicht dazu bewegen, einen gnädigen Blick auf dein Geschöpf zu werfen, das deine Güte und dein Mitleid erbittet? Glaub mir, Frankenstein, ich war guten Willens, und in meiner Seele erstrahlten Liebe und Menschlichkeit. Aber bin ich nicht einsam, furchtbar einsam? Wenn selbst du mich verabscheust, was kann ich dann von deinem Mitmenschen erwarten, die mir nicht verpflichtet sind? Sie treten mich mit Füßen und hassen mich. Die kahlen Berge und öden Gletscher sind meine Zuflucht. Viele Tage lang bin ich durch diese Landschaft gewandert; die Eishöhlen, vor denen nur ich nicht zurückschrecke, sind mein Zuhause – nur sie werden mir von den Menschen nicht missgönnt. Diesen trostlosen Himmel grüße ich, denn er ist mir freundlicher gesinnt als deine Mitmenschen. Wüssten jene von meiner Existenz, würden sie ebenso wie du reagieren und sich zu meiner Vernichtung aufmachen. Darf ich denn die nicht hassen, die mich verabscheuen? Ich will keine Beziehungen zu meinen Feinden. Ich bin unglücklich, und sie sollen mein Leid teilen! Aber noch liegt es in deiner Macht, mich umzustimmen und auch alle Menschen von einem Übel zu befreien, das nicht nur dich, sondern viele Tausende in den Sog meiner Rache ziehen würde. Lass dich von deinem Mitgefühl leiten und verstoß mich nicht. Hör dir meine Geschichte an. Danach darfst du mich verlassen oder bemitleiden – je nachdem, wie dein Urteil ausfällt. Aber hör mich an. So blutbefleckt auch ein Angeklagter sein mag, er darf dem Gesetz nach vor seiner Verurteilung zu seiner Verteidigung sprechen. Hör mich an, Frankenstein. Du bezichtigst mich des Mordes, und trotzdem würdest du ruhigen Gewissens dein eigenes Geschöpf vernichten. Oh, gelobt sei die ewige Gerechtigkeit der Menschen! Ich will dich nicht anflehen, mich zu schonen; doch hör mir zu. Wenn du dann noch kannst oder willst, dann zerstör das Werk deiner Hände!«

»Weshalb erinnerst du mich an Ereignisse«, erwiderte ich, »an die ich nur mit einem kalten Schauder zurückdenke, weil ich ihr unglücklicher Urheber bin? Verflucht sei der Tag, abscheulicher Teufel, an dem du das Licht der Welt erblicktest. Verflucht auch die Hände – obwohl ich mich selbst verdamme –, die dich schufen! Du hast mich über alle Maßen unglücklich gemacht. Mir fehlt die Kraft, nachzudenken, ob ich ungerecht bin oder nicht. Geh! Erlöse mich vom Anblick deines missgestalteten Körpers!«

»Das will ich tun, mein Schöpfer«, sagte er und hielt mir seine scheußlichen Hände vor die Augen, die ich jedoch sogleich heftig zur Seite stieß. »So nähme ich dir den Anblick, den du verabscheust, doch könntest du mich hören und mir dein Mitleid schenken. Aufgrund der Tugenden, die ich einst besaß, verlange ich das von dir. Hör meine Geschichte an; sie ist lang und ungewöhnlich. Aber die Temperatur hier an diesem Ort ist für deine feineren Empfindungen ungeeignet; begleite mich also zu jener Hütte auf dem Berg! Noch steht die Sonne hoch am Himmel. Ehe sie versinkt und sich hinter den schneebedeckten Abhängen verbirgt, um eine andere Welt zu erleuchten, kannst du meine Erlebnisse gehört und dein Urteil gefällt haben. Auf deinen Schultern ruht die Entscheidung darüber, ob ich für immer die Nachbarschaft der Menschen meide und ein tugendhaftes Leben führe oder die Geißel deiner Mitmenschen und der Urheber deines baldigen Unterganges werde!«

Noch während er die letzten Worte sprach, schritt er auf den Gletscher hinaus; und ich folgte ihm. Mein Herz war voll, und ich gab ihm keine Antwort. Ich wog all seine Argumente gegeneinander ab und entschloss mich schließlich, mir seine Geschichte anzuhören. Einmal trieb mich die Neugierde, zum anderen drängte mich mein Mitleid dazu. Bisher hatte ich ihn für den Mörder meines Bruders gehalten, und deshalb suchte ich eifrig nach einer Bestätigung oder Widerlegung dieser Meinung. Auch erkannte ich zum ersten Mal die Verpflichtung, die ein Schöpfer seinem

Geschöpf gegenüber trägt, und dass ich ihm erst Glück gewähren müsste, ehe ich mich über seine Bösartigkeit beklagen durfte. Diese Motive bewegten mich dazu, seinem Verlangen nachzugeben. Wir überquerten die Eisfläche und kletterten die gegenüberliegenden Felsen hinauf. Die Luft war kalt, und wieder strömte der Regen hernieder. Schließlich betraten wir die Hütte; mein Widersacher mit einem Ausdruck des Frohlockens, ich dagegen niedergeschlagen und schweren Herzens. Aber ich hatte eingewilligt, ihn anzuhören. Ich nahm also vor dem Feuer Platz, das mein widerlicher Begleiter entfacht hatte, und er begann seine Geschichte.

F. SCOTT FITZGERALD

Eine Reise ins Ausland

Dies ist die Geschichte einer Reise ins Ausland, und die geographische Seite darf nicht außer Acht gelassen werden. Nachdem die Kellys Nordafrika, Italien, die Riviera, Paris und dazwischenliegende Orte bereist hatten, konnte es nicht überraschen, dass sie irgendwann einmal auch in die Schweiz gehen würden. Die Schweiz ist ein Land, wo sehr wenige Dinge ihren Anfang nehmen, aber viele ihr Ende.

Wenn bei den anderen Etappen ihrer Reise noch ihr freier Wille mitgespielt hatte, so gingen die Kellys in die Schweiz aus purer Notwendigkeit. Sie waren etwas länger als vier Jahre verheiratet, als sie an einem Frühlingstag bei jenem See anlangten, der einen Mittelpunkt von Europa darstellt – eine ruhige, freundliche Landschaft mit grünen Weidehängen, einem Hintergrund von Bergen, postkartenblauen Gewässern, die unterhalb der Oberfläche etwas unheimlich sind von all dem Elend, das sich aus jedem Winkel Europas hierhergeschleppt hat, Kräfte wiederzuerlangen oder in Ruhe zu sterben. Es gibt auch Schulen dort und junges Volk, das sich an sonnigen Stränden tummelt; es gibt Bonnivards Kerker und die Stadt Calvins, und die Geister von Byron und Shelley schweben immer noch nachts über den dunklen Gestaden; aber der Genfersee, an den Nelson und Nicole kamen, war ein trauriger See mit Sanatorien und Kurhotels.

Denn als würde unter dem unglücklichen Schicksal, das ihnen widerfahren war, eine tiefe Übereinstimmung zwischen ihnen fortbestehen, war ihrer beider Gesundheit zur gleichen Zeit dahingeschwunden; Nicole lag auf dem Balkon eines Hotels und erholte sich nur langsam von zwei aufeinanderfolgenden Operationen, während Nelson in einem zwei Meilen entfernten Sanatorium schwer erkrankt gegen die Gelbsucht kämpfte. Wenn auch die Kraftreserven seiner neunundzwanzig Jahre ihn durchgebracht hatten, lagen doch noch Monate vor ihm, während deren er sich ganz ruhig verhalten musste. Sie fragten sich oft, warum von all denen, die auf Europas Bildfläche ein angenehmes Leben suchten, gerade sie dieses Unglück getroffen hatte.

»Es waren immer zu viele Menschen um uns«, sagte Nelson. »Wir haben es nie fertiggebracht, ohne Menschen auszukommen. Wie glücklich waren wir im ersten Jahr, als wir noch keine Bekannten hatten.«

Nicole stimmte ihm zu. »Wenn wir nur einmal mit uns allein sein könnten – wirklich allein –, wir könnten eine Art von Leben ganz für uns anfangen. Wir wollen's versuchen, nicht wahr, Nelson?«

Aber dann gab es andere Tage, da sie beide verzweifelt nach Gesellschaft verlangten, ohne es einander zu gestehen. Tage, an denen sie die Dickbäuche, die Ausgezehrten, die Verkrüppelten, die menschlichen Ruinen aller Nationen, die das Hotel füllten, beäugten, um vielleicht einen zu finden, der gute Unterhaltung versprach. Es war ein neues Leben für sie, das mit den Visiten ihrer beider Ärzte begann, dann die Post und die Zeitungen aus Paris, der kleine Spaziergang in das Dorf am Hang oder manchmal auch mit der Drahtseilbahn hinunter in den Ferienort am See mit seinem Kursaal, seinem grasigen Badeplatz, seinen Tennisclubs und den Rundreisebussen. Sie lasen Tauchnitz-Bändchen und Edgar Wallace in gelben Buchumschlägen; täglich zu einer bestimmten Zeit schauten sie zu, wie das Baby gebadet wurde; an drei Abenden der Woche spielte nach dem Dinner ein müdes, leidgewohntes Orchester in der Halle – das war alles.

Und manchmal donnerte es von den Weinbergen auf der anderen Seite des Sees, wo man mit Kanonen nach den Hagel tragenden Wolken schoss, um die Weingärten vor einem nahenden Gewittersturm zu schützen; der kam rasch, zuerst vom Himmel und dann in Gießbächen von den Bergen, und strömte mit Getöse die Wege und die steingefassten Gräben hinab; er kam aus einem nachtschwarzen, beängstigenden Himmel mit wild zuckenden Blitzen und dröhnendem Krachen, einem welterschütternden Donner, während Wolkenfetzen vor dem Wind am Hotel vorbeisausten. Die Berge und der See verschwanden völlig; das Hotel kauerte ganz allein in Tumult, Chaos und Finsternis.

Es war während eines solchen Gewitters, als das bloße Öffnen einer Tür einen Tornado von Regen und Wind in der Halle erzeugte, dass die Kellys zum ersten Mal seit Monaten jemanden erblickten, den sie kannten. Als sie da unten mit anderen Nervenbündeln saßen, gewahrten sie zwei Neuankömmlinge – einen Mann und eine Frau, in denen sie jenes Paar erkannten, das sie zuerst in Algier gesehen hatten und das seitdem mehrere Male ihre Wege gekreuzt hatte. In

Nelson und Nicole blitzte ein einziger unausgesprochener Gedanke auf. Es erschien ihnen wie Schicksal, dass sie die beiden hier an diesem trostlosen Ort endlich kennenlernen sollten, und indem sie sich umschauten, sahen sie, dass andere Paare ebenso vorsichtig dort hinüberblickten. Doch etwas hielt die Kellys zurück. Hatten sie nicht soeben geklagt, dass es zu viele Menschen in ihrem Leben gab?

Später, als das Gewitter zu einem sanften Regen ermüdet war, saß Nicole in der Glasveranda zufällig nicht weit von jener Frau entfernt. Indem sie so tat, als läse sie ein Buch, studierte sie ihr Gesicht aus der Nähe. Sie sah sofort, dass es ein neugieriges Gesicht war, vielleicht sogar berechnend; die intelligent, aber irgendwie unstet wirkenden Augen schweiften mit einem einzigen raschen Blick über die Leute, als wollten sie ihren Wert abschätzen. ›Schrecklich selbstgefällig‹, dachte Nicole und fühlte sich leicht abgestoßen. Im Übrigen: farblose Wangen und unter den Augen kleine, ungesunde Säckchen, die zusammen mit einer gewissen Schlaffheit an Armen und Beinen etwas Kränkliches ausdrückten. Sie war kostbar gekleidet, aber mit einer Andeutung von Schlampigkeit, als nähme sie die Leute im Hotel nicht so wichtig.

Alles in allem entschied Nicole, dass sie sie nicht mochte, und sie war froh, sie nicht angesprochen zu haben, aber sie war einigermaßen überrascht, dass sie dies nicht schon bei den früheren Begegnungen festgestellt hatte.

Als sie Nelson beim Dinner ihre Eindrücke mitteilte, stimmte er ihr zu.

»Ich stieß in der Bar auf ihren Mann und stellte fest, dass wir beide nur Mineralwasser tranken, und ich wollte ihn schon darauf ansprechen. Aber ich konnte sein Gesicht im Spiegel näher betrachten, und da ließ ich es lieber bleiben. Es sieht so stumpf und verlebt aus, dass es etwas Anstößiges hat – ein Gesicht, das ein halbes Dutzend Drinks braucht, um auch nur die Augen aufzumachen und den Mund in eine normale Position zu bringen.«

Nach dem Essen hörte der Regen auf, und der Abend draußen war schön. Um Luft zu schnappen, spazierten die Kellys hinunter in den dunklen Park; auf ihrem Weg begegneten sie den beiden, über die sie soeben gesprochen hatten und die nun abrupt in einen Seitenweg einbogen.

»Ich glaube, die wollen uns ebenso wenig kennenlernen wie wir sie«, meinte Nicole lachend.

Sie schlenderten an wilden Rosensträuchern vorbei und an Rabatten mit undefinierbaren Blumen, die feucht-süßlich dufteten. Unterhalb des Hotels, wo die Terrasse dreihundert Meter zum See abfiel, spannte sich ein Collier aus lauter Lichtern: Montreux und Vevey, und weiter ab, in einem matteren Geschmeide, Lausanne; ein undeutliches Flimmern drüben am See war Evian und Frankreich. Von irgendwo da unten – wahrscheinlich aus dem Kursaal – drangen die Klänge eines großen Tanzorchesters herauf – amerikanische Musik, vermuteten sie, obwohl sie jetzt amerikanische Schlager erst Monate später zu hören bekamen – nur ein leises Echo dessen, was dort drüben, in weiter Ferne, gerade gespielt wurde.

Über den Dents du Midi und über einer schwarzen Wolkenbank, welche die Nachhut des abziehenden Gewitters bildete, hob sich der Mond empor, und der See glänzte auf; die Musik und die Lichter waren wie eine Hoffnung, wie jene zauberische Ferne, in der Kinder die Dinge sehen. In ihren Herzen blickten Nelson und Nicole jeder für sich auf eine Zeit zurück, da das Leben noch ganz diesen Zauber hatte. Nicoles Arm schob sich unter seinen und zog ihn dicht heran.

»Wir können das alles wiederhaben«, flüsterte sie. »Können wir's nicht versuchen, Nelson?«

Sie verstummte, als zwei undeutliche Gestalten im nahen Dunkel auftauchten und auf den See hinunterblickten.

Nelson legte den Arm um Nicole und zog sie an sich.

»Es ist ja nur, dass wir nicht verstehen, woran es liegt«, sagte sie leise. »Warum mussten wir Frieden, Liebe und Gesundheit, eins nach dem anderen, verlieren? Wenn wir es wüssten, wenn irgendjemand es uns sagen könnte, dann, glaube ich, könnten wir's versuchen. Ich würde mir solche Mühe geben.«

Die letzten Wolken lichteten sich über den Berner Alpen. Ganz plötzlich und mit letzter Intensität flammte im Westen ein grellweißer Blitz auf. Nelson und Nicole wandten sich um, und gleichzeitig wandte sich auch das andere Paar um, während für einen Moment die Nacht taghell erleuchtet war. Dann Dunkel und ein letztes schwaches Donnerrollen, und von Nicole ein entsetzter Aufschrei. Sie warf sich Nelson an die Brust, und selbst in dem Dunkel sah sie, dass sein Gesicht ebenso bleich und entstellt war wie ihres.

»Hast du gesehen?«, stammelte sie flüsternd. »Hast du sie gesehen?«

»Ja!«

»Sie sind wir! Wir sind es! Siehst du's nicht?«

Zitternd schmiegten sie sich aneinander. Die Wolken

verschmolzen mit der dunklen Masse der Berge; als Nelson und Nicole nach einem Moment um sich blickten, sahen sie, dass sie in dem stillen Mondlicht allein waren.

FRIEDRICH DÜRRENMATT

Mondfinsternis

Tief im Winter, kurz vor Neujahr, fährt ein immenser Cadillac durchs Dorf Flötigen am Ausgang des Flötenbachtals, pflügt sich mühsam durch die verschneite Dorfstraße, hält an einer Garage. Walt Lotcher, ein fast zwei Meter großer Koloss, der sich samt dem Cadillac mit einem gecharterten Flugzeug aus Kanada nach Kloten transportieren ließ, quält sich aus dem Wagen, ein brutales Muskelpaket, etwa fünfundsechzig, krauses graues Haar, struppiger grauer Bart mit schwarzen Strähnen, Pelzmantel, Pelzstiefel. »Schneeketten«, befiehlt er dem Garagisten und fragt ihn, ob er Willu Grabers seiner sei. Er sei sein Jüngster, antwortet der Garagist, verdutzt, dass der Riese berndeutsch redet und dazu noch im Flötenbacher Dialekt, Graber sei seit mehr als dreißig Jahren tot. Ob er seinen Vater denn gekannt habe? »Als Velohändler«, entgegnet Lotcher. Der Garagist schaut ihn misstrauisch an. Wohin er denn wolle, fragt er endlich. »Ins Tal hinauf«, sagt Lotcher. Da hinauf komme er auch mit Ketten nicht, brummt der Garagist, die Wilderer da oben weigerten sich, einen Schneepflug anzuschaffen, nicht einmal das Postauto fahre. »Mach sie trotzdem dran«, sagt Lotcher, stapft im Schnee herum, während der Garagist arbeitet. Er zahlt, steigt ein und fährt ins Tal hinauf, an schlittelnden Kindern vorbei, und lässt, schon arg schleudernd, die letzten Bauernhäuser hinter sich. Wie die Straße flacher wird, gibt er Gas, prallt seitlich an eine Telefonstange, die knickt ab, aber der Cadillac kommt wieder auf die Straße, die steigt, führt in den Wald, in einer Kurve rutscht der Wagen trotz der Schneeketten ab, halb eine steile Böschung hinunter, und bleibt im metertiefen Schnee stecken. Lotcher zwängt sich aus dem Wagen, im tiefen Schnee lässt sich die Türe kaum öffnen. Lotcher steht bis zum Bauch im Schnee, arbeitet sich zur Straße hinauf, rutscht wieder herunter, arbeitet sich wieder hinauf, steht auf der Straße, schüttelt sich, Schnee fällt von seinem Pelz. Er stampft weiter. Die Straße ist manchmal kaum zu erkennen. Die weißen Tannen mit den schwer hängenden Ästen wachsen zu einer unförmigen Schneemasse zusammen. Lotcher stapft wie durch eine Gletscherspalte. Der Himmel über ihm gleißendes Silber. Er stolpert über etwas, fällt hin, steht auf, reißt hoch, worüber er gestolpert ist, hält eine Leiche in den Fäusten, schüttelt sie: Ein alter Mann mit weißen Bartstoppeln im schneebedeckten Gesicht starrt ihn an. Lotcher lässt die Leiche fallen, stapft weiter, kommt zu einer Lichtung, auf den Tannenwipfeln blutiges Licht, die Sonne sinkt hinter einen schwarzen Bergrücken, doch der Himmel blendet immer noch, nur zwischen den Tannen ist es blaudunkel. Ein Reh überquert die Straße, auch es hat Mühe im Schnee, dann ein zweites, glotzt ihn mit Augen voll Todesangst an, fast ist Lotcher bei ihm, da taucht es in den Wald zurück. Vom Schnee niedergedrücktes Unterholz versperrt ihm den Weg, Lotcher zwängt sich durch, steht als ungeheurer Schneemann da und schüttelt die Schneemassen von sich, die auf ihn geprasselt sind. Alles in einem verschwimmenden Zwielicht, der Schnee auf den Tannen, der Himmel, zuerst gläsern gleißend, jetzt rasch zudunkelnd, einmal rutscht Lotcher einen Hang hinunter, kracht gegen eine Tanne, aufs neue prasselt Schnee auf ihn herab, es dauert mehr als eine halbe Stunde, bis Lotcher wieder den Weg erreicht. Lotcher streckt sich, er spürt, wie sein Atem dampft, die Finsternis ist nun vollkommen, er bricht durch Sehneemassen, die er nicht mehr sieht, ist plötzlich frei. Die Tannen weichen zurück, vom Himmel brennen Sterne, fast im Zenith Capella, Orion halb von einem gezackten Grat verdeckt, Lotcher kennt sich in den Sternen aus. Vor ihm wächst in unbestimmten Umrissen ein Felsblock auf, hausgroß, er tastet vorsichtig um ihn herum, erreicht den Weg wieder, Lichter tauchen auf, eine Straßenlaterne, drei, vier erleuchtete Fenster. Auf einmal ist die Straße frei von Schnee, gesalzen. Lotcher betritt den Hotel-Gasthof ›Bären‹, geht durch den schmalen Korridor, öffnet die Türe mit der Aufschrift ›Gaststube‹, steht auf der Schwelle, sieht sich um, am Tisch neben der Reihe kleiner Fenster sitzen Bergbauern, ein dicker Polizist und der Bärenwirt, am Tischende unter dem Foto General Guisans jassen vier. Lotcher setzt sich an den Tisch neben der Standuhr, ohne den Pelzmantel auszuziehen, sagt, ein Toter liege im Schnee auf der Straße im Flötenbachwald. – »Das ist der alte Aebiger«, sagt der Bärenwirt und zündet sich einen Stumpen an. Lotcher bestellt einen Liter Bäzi. Die Serviertochter schaut fragend zum langen Tisch hinüber, der Bärenwirt, ein dicker, untersetzter Mann, erhebt sich, sein Hemd hat keinen Kragen und die Weste ist offen. Er geht zu Lotcher. Einen

Liter Bäzi gebe es hier nicht, sagt er, nur einen Zweier. Lotcher betrachtet ihn. »Schlaginhaufens Seppu ist also der neue Bärenwirt. Wohl auch Gemeindepräsident, he?« – »Denk wohl«, antwortet der Bärenwirt. »Kennt Ihr mich denn?« – »Denk mal nach«, sagt Lotcher. »Mein Gott«, geht dem Bärenwirt ein Licht auf, »bist du nicht Lochers Wauti?« – »Du bist immer langsam im Denken gewesen«, meint Lotcher, »kommt jetzt der Liter Bäzi, oder kommt er nicht?« Auf einen Wink des Bärenwirts bringt die Serviertochter das Verlangte, schenkt ein. Lotcher, immer noch in seinem nassen, verschneiten Pelzmantel, stürzt ein Glas Schnaps hinunter und schenkt sich darauf selber ein. »Wo, zum Teufel, kommst du denn her?«, fragt der Bärenwirt. »Aus Kanada«, antwortet Lotcher, schenkt sich wieder ein und dann noch einmal. Der Bärenwirt zündet sich den Stumpen wieder an. »Da wird sich Kläri wundern«, sagt er. »Welche Kläri?«, fragt Lotcher. »He, Zurbrüggens Kläri«, antwortet der Bärenwirt. »Die dir damals vom Döufu Mani ausgespannt worden ist.« – »Ach so«, sagt Lotcher und schenkt sich wieder ein, »Zurbrüggens Kläri ist jetzt Döufu Manis Frau. Das habe ich ganz vergessen.« – »Trotzdem die Kläri damals von dir schwanger war«, stellt der Bärenwirt fest, »ist sie Frau Mani geworden.« Lotcher stutzt einen Augenblick, trinkt dann. »Was hat's denn gegeben?«, fragt er darauf. »Einen Buben. Auch schon vierzig. Er jasst dort unter dem General Guisan.« Lotcher schaut nicht einmal hin. »Was ist denn in Kanada aus dir geworden?«, fragt der Bärenwirt stumpenrauchend. »Der Walt Lotcher bin ich geworden«, antwortet der andere. »Wout Laatscher«, sagt der Bärenwirt erstaunt. »Ein kurliger Name.« – »So spricht man eben Locher drüben aus«, sagt Lotcher. »Und warum bist du zurückgekommen?«, fragt der Bärenwirt und wird auf einmal misstrauisch, er weiß nicht, warum. »Euch geht's immer noch dreckig«, grinst Lotcher und schwitzt nicht einmal in seinem Pelzmantel, obgleich er Bäzi wie Wasser trinkt. He nun, in diesem Regen- und Schneeloch sei es halt so, meint der Bärenwirt. Das Tal habe den Anschluss an die modernen Zeiten verpasst, die meisten seien ins Unterland gezogen, und eigentlich seien bloß die Dümmeren geblieben, denen es gleichgültig sei, arm wie Kirchenmäuse zu bleiben. Ihm selber sei es auch nicht besonders gegangen. Abgesehen davon, dass es keine Ehre sei, Gemeindepräsident der jämmerlichsten Gemeinde des Oberlandes sein zu müssen, habe er auch persönlich Pech gehabt, seine erste Frau sei Ochsenblutts Emmi gewesen, die sei und sei nicht schwanger geworden, erst ein Wunderdoktor im Appenzell habe geholfen, sie habe Sämu geboren, aber sie sei offenbar schon zu alt gewesen und daran gestorben. Dann habe er ein Jahr später eine Junge geheiratet aus Flötigen, von der habe er Änni, die sei gerade konfirmiert, aber ihre Mutter sei erst zweiunddreißig und er zu alt für so ein Donnersweib, er müsse höllisch aufpassen. Lotcher trinkt unterdessen Schnaps, und es ist nicht festzustellen, ob ihn das Gerede des Bärenwirts interessiert. »In Kanada«, bemerkt er trocken, »besitze ich ein Gebiet, größer als das Berner Oberland. Uran, Öl, Eisen.« Und dann fragt er den Bärenwirt: »Wie viele Haushalte seid ihr denn hier oben noch?« – »Sechzehn«, antwortet der, »die andern sind alle abgewandert.« – »Woher kommen der Lehrer und der Polizist?«, fragt Lotcher. »Die Lehrerin kommt aus der Hauptstadt und der Polizist aus Konigen«, antwortet der Bärenwirt. »Er ist auch Wildhüter.« – »Die Lehrerin und der Polizist zählen nicht«, entgegnet Lotcher. »Das macht vierzehn Familien. Ich vermache euch vierzehn Millionen.« – »Vierzehn Millionen?«, staunt der Bärenwirt, und dann lacht er: »Das kannst du dir gar nicht leisten.« – »Ich kann mir noch viel mehr leisten«, antwortet Lotcher. Dem Bärenwirt wird es ungemütlich. »Vierzehn Millionen? Einfach so?«, fragt er. »Nein«, sagt Lotcher, »ihr müsst mir dafür Döufu Mani umbringen.« »Döufu Mani?« Der Bärenwirt traut seinen Ohren nicht. – »Döufu Mani«, wiederholt Lotcher. »Totschlagen?«, fragt der Bärenwirt. »Den?«, und weiß nicht, was er denken soll. »Glotz nicht so blöd«, sagt Lotcher. »Ich habe einst geschworen, mich zu rächen, ich erinnere mich jetzt auf einmal, und den Schwur halte ich.« Der Bärenwirt starrt Lotcher an. »Du spinnst.« – »Wieso?«, sagt Lotcher. »Du hast einfach zu viel gesoffen«, meint der Bärenwirt und friert plötzlich. »Ich saufe nie zu viel«, sagt Lotcher und gießt sich wieder Bäzi ein. »Kläri Mani ist ein altes Fraueli«, meint der Bärenwirt nachdenklich. »Schwur ist Schwur«, sagt Lotcher. »Du bist einfach verrückt, Wout Laatscher«, stellt der Bärenwirt fest und holt sich auch einen Bäzi, setzt sich wieder. »Einfach übergeschnappt.« – »Auch das kann ich mir leisten«, sagt Lotcher. »An wem willst du dich eigentlich rächen«, fragt der Bärenwirt, dem langsam aufgeht, dass es dem andern ernst ist, »am Kläri oder am Döufu?« Lotcher denkt nach. »Vergessen«, antwortet er endlich, »nur dass ich mich rächen muss, weil ich es geschworen habe, habe ich nicht vergessen.« – »Toll, das ist einfach toll«, sagt der Bärenwirt und schüttelt den

Kopf. »Möglich«, sagt Lotcher. Der Bärenwirt schweigt, trinkt. »Dreißig Millionen«, schlägt er endlich zögernd vor. »Vierzehn«, beharrt Lotcher und trinkt. »Mit denen wisst ihr sowieso nichts Gescheites anzufangen.« – »Wann?«, fragt der Bärenwirt. »In zehn Tagen«, antwortet Lotcher. »Ich rufe morgen die Gemeindeversammlung zusammen«, schlägt der Bärenwirt vor, »ohne den Polizist.« – »Tu das«, sagt Lotcher. »Sie wird ablehnen«, behauptet der Bärenwirt. Lotcher lacht. »Sie wird annehmen. Auch Döufu Mani, ich kenne den Tschumpel.« Dann steht er auf. »Bring mir die Flasche aufs Zimmer.« – »Frieda, richte Nummer vierzehn her«, befiehlt der Bärenwirt. Die Serviertochter flitzt die Treppe hinauf, Lotcher sieht ihr nach. »Eine gute Serviertochter, Binggu Koblers Älteste«, meint der Bärenwirt. »Hauptsache, sie ist gut gewachsen«, sagt Lotcher und steigt die Treppe hoch. Der Bärenwirt folgt ihm. »Hast du denn kein Gepäck?«, fragt er. »Im Wagen«, antwortet Lotcher, »er liegt bei Flötigen am Waldrand im Schnee, unten an der Böschung. Samt den vierzehn Millionen. In Tausenderscheinen.« Sie betreten das Zimmer, wo Frieda das Bett herrichtet. Lotcher wirft den Mantel in die Ecke, öffnet eins der zwei kleinen Fenster, Schnee weht ins Zimmer, er steht in einem Trainingsanzug da, dunkelblau mit gelben Doppelstreifen. Lotcher zieht die Stiefel aus. In der Türe erscheint ein junger Mann, groß, aber etwas zu dick für sein Alter. »Das ist mein Sohn Sämu, achtzehnjährig«, stellt ihn der Bärenwirt vor. Lotcher zieht den blauen Trainingsanzug aus, unter dem er einen roten mit weißen Doppelstreifen trägt, und zieht auch den roten Trainingsanzug aus, geht nackt zum Nachttischchen mit der Schnapsflasche, dreht sie auf, trinkt, Schnee weht wieder durchs Fenster. Lotcher ist riesig, ohne Fett, braungebrannt, nur die Haare sind grau, wuchern überall. In der Türe steht der Bärenwirt, Sämu glotzt, Frieda deckt gesenkten Hauptes das frisch gemachte Bett auf. »Frieda, zieh dich aus«, befiehlt Lotcher, »ich schlafe nie ohne Frau.« – »Aber«, sagt Sämu. »Hau ab!«, herrscht ihn der Bärenwirt an und schließt die Türe. »Komm!« Er poltert die Treppe hinunter. »Du Trottel«, sagt er zu seinem Sohn. »Spann die Rosse vor den Schlitten und sag Ochsenblutts Mäxu, er soll auch mit seinen zwei kommen. Wir müssen Wauti Lochers Wagen heraufschleppen. Du hast keine Ahnung, was wir sonst für eine Chance verpassen. Ewig wird es dich sonst reuen, dass du ihn mit deiner Frieda nicht hast schlafen lassen.« Sie schaffen es mit den vier Rossen, zwar rutscht, saust und poltert eines von Ochsenblutts Tieren die Flötenbachschlucht hinunter, aber am Morgen steht der Cadillac im Hof des ›Bären‹. Blauer Himmel, stechende Sonne, in der Küche sitzt die Bärenwirtin mit ihrer Tochter Änni, und auch Frieda sitzt am Tisch, übernächtigt. Sie trinken Milchkaffee, der Bärenwirt schenkt sich eine Tasse ein. Es solle wieder eine zu ihm hinauf, sagt Frieda und streicht sich Butter aufs Brot. Sie habe heute frei, meint der Bärenwirt. Seine Frau könne servieren. Er wolle aber eine neue, insistiert Frieda und beißt in die Butterschnitte. Der Bärenwirt trinkt Milchkaffee. Übrigens nenne Locher sich jetzt Laatscher, Wout Laatscher, bemerkt er. Die Frauen schweigen. Was denn eigentlich los sei, fragt die Bärenwirtin. Die Chance sei gekommen, die Riesenchance, schreit der Bärenwirt, erhebt sich und poltert die Treppe hinauf, öffnet die Türe. Das Fenster ist zu, im Bett isst Lotcher Spiegeleier mit Schinken, trinkt aus einer großen Tasse Milchkaffee, die Schnapsflasche ist leer. Den Wagen hätten sie heraufgeschleppt, meldet der Bärenwirt. Was mit dem Toten sei, fragt Lotcher. Den hätten sie auch mitgebracht, es sei der alte Aebiger gewesen, sagt der Bärenwirt, warum er sich denn für den Toten so interessiere? Man könne nie wissen, antwortet Lotcher. Ob der Zündschlüssel noch im Anlasser stecke? Ein ganzes Bündel von Schlüsseln, sagt der Bärenwirt. Der Zündschlüssel passe auch für den Kofferraum, sagt Lotcher, er solle den Koffer drin heraufbringen, und im Übrigen wisse der Bärenwirt, was er noch herbeizuschaffen habe. Der Bärenwirt hopst im Zimmer herum, stürmt die Treppe hinunter, hastet zum Wagen, kommt nach einer Weile mit einem großen alten Koffer, stürmt die Treppe wieder hinauf, legt den Koffer bei Lotcher auf den Tisch unter dem kleinen Fenster, dem Bettende gegenüber, öffnet ihn und starrt auf lauter Bündel von Tausendernoten. Wie viel da drin sei, keucht er. Exakt vierzehn Millionen, sagt Lotcher. Er habe also über sie im Dorf Bescheid gewusst, geht dem Bärenwirt ein Licht auf. Er sei eben immer informiert, meint Lotcher. Der Bärenwirt öffnet die Türe, schreit »Änni, Änni«, vielleicht zehnmal. Änni erscheint unten an der Türe mit großen Augen, was er denn wolle. Sie solle heraufkommen. Und wie sie heraufkommt, stößt er sie in Lotchers Zimmer. »Da, da«, schreit er, zeigt auf die Tausender, das sei die Chance, sie solle sich ausziehen und sich zu ›Laatscher‹ legen. Sie sei doch erst konfirmiert, protestiert Änni. »Ach was«, fährt ihr der Bärenwirt über den Mund, mit Hinterchrachens Chrigu habe sie auch schon geschlafen, und ihre Mutter habe es noch vor der Konfirmation getrieben. Änni zieht sich aus, und der Bärenwirt beginnt, mit dem Rücken gegen das Bett, die Tausendernoten zu zählen. Hinter ihm schreit Änni auf. Der Bärenwirt zählt und zählt, alles Bündel von zehn Tausendernoten, die Sonne scheint ihm durch die Scheiben des Fensters direkt ins Gesicht, er zählt und zählt, Änni hinter ihm keucht. Er sieht im Fenster, dessen unterer Teil dank dem Dach des Nachbarhauses wie ein Spiegel wirkt, Ännis nackten Rücken auf- und abtanzen, er zählt, fünfhunderttausend hat er schon geschafft, er will es genau wissen, jetzt wölbt sich hinter ihm der gewaltige Leib Lotchers, schiebt sich nach vorne, schiebt sich zurück, wie eine rangierende Dampfmaschine aus Fleisch. Er zählt, er zählt, Änni schreit, er zählt, eine Million endlich, noch dreizehn Millionen, jeden Tausender muss er sehen. Er wolle jetzt wieder Frieda, kommandiert Lotcher. Sie habe noch nicht genug, keucht Änni. Dann werde er es ihr zeigen, lacht Lotcher. Das Bett fährt hin und her, steht schräg im Zimmer, der Bärenwirt zählt und zählt, die Sonne ist jetzt aus dem Fenster verschwunden, die Scheiben werden immer mehr zum Spiegel, zwei Millionen. Sie könne nicht mehr, schreit Änni. Frieda herbei, befiehlt jetzt der Bärenwirt, und Änni solle auch Ochsenblutts Eusi herbeischaffen. Und Schnaps müsse er auch wieder haben, reklamiert Lotcher, und der Bärenwirt zählt und zählt, und dann fängt es hinter ihm wieder an, zuerst langsam und dann immer schneller, und nicht nur Frieda ist dabei, auch Änni. Ob denn Ochsenblutts Eusi komme, fragt der Bärenwirt, zählend, eine Tausendernote um die andere. Die Mutter hole sie, keucht Änni, in Pausen, stöhnend, und die Mutter hole auch Hackers Züsi, er zählt und zählt, die Finger zittern ihm immer mehr, und wenn er glaubt, er habe sich verzählt, fängt er beim Bündel wieder von vorne an. Stunden sind vergangen, der Himmel verdunkelt sich, er macht Licht, um besser zählen zu können, seit Stunden ist es hinter ihm ruhig geworden, kein Keuchen, Knarren, Hin- und Herrücken und Auf-und-ab-Tanzen mehr, er zählt und zählt. Auf einmal tanzt in der Fensterscheibe wieder ein nackter Rücken auf und ab, Ochsenblutts Eusi oder Hackers Züsi, er zählt und zählt, die Nacht ist draußen hereingebrochen, immer gewaltiger stöhnt, keucht, röchelt, brüllt es wieder hinter ihm. Plötzlich springt der Bärenwirt auf, »exakt vierzehn Millionen«, schreit er, »exakt«, und rennt aus dem Zimmer, die Treppe hinunter, in der Gaststube sind die Bauern schon versammelt, der Bärenwirt ist bachnass, »exakt vierzehn Millionen, genau«, er habe sie nachgezählt, keucht er, stolpert fast über drei, die auf der zweituntersten Stufe der Treppe sitzen, und begibt sich hinter den langen Tisch, neben Hegu Hinterkrachen, den Gemeindeschreiber, überall sitzen die Bauern, an allen Tischen. Ob er protokollieren solle, fragt Hegu. Ob er verrückt sei, regt sich der Bärenwirt auf, hier gebe es nichts zu schreiben, und dann fragt er seinen Sohn, der unten am langen Tisch mit Manis Jöggu, Ochsenblutts Mäxu und Hackers Miggu wie am Abend vorher jasst, ob er das mit dem Polizisten erledigt habe? Einen Korb Roten habe er ihm gebracht, antwortet Sämu, und nun sei er stockbesoffen und schlafe. Ob man eigentlich zur Sache kommen könne, fragt Hermännli Zurbrüggen, es gehe schließlich um diesen ›Uhung‹, um den Mann seiner

Schwester, um Döufu Mani, er sei immer gegen diese Heirat gewesen, man solle ihn am besten gleich hinter dem ›Bären‹ erschlagen und auf dem Flötenbachbödeli begraben, vierzehn Millionen seien vierzehn Millionen, inzwischen könne ja einer zur Lehrerin, damit sie nicht zufällig erscheine, um die Bärenwirtin zu besuchen, zum Beispiel Manis Jöggu, den habe sie doch ganz gern, und Jöggu solle sie bitten, ihm etwas von ihren Reimen vorzulesen, die reime doch immer. Wo die Lehrerin denn sei, fragt der Bärenwirt. Die orgele in der Kapelle, das dauere mindestens noch zwei Stunden, sagt Ochsenblutts Röufu, Ochsenblutts Mäxus Bruder. Schön, dann könne man ja beginnen, überlegt der Bärenwirt, aber er glaube, vor allem habe Döufu Mani das Recht zu reden, sie seien schließlich eine Demokratie. Er habe gar nicht zu reden, sagt Mani, ein hagerer, leicht gebückter Bauer, überhaupt etwas schief, als er sich erhebt, er habe wie alle im Dorf das Geld nötig, er sei nicht so blöd, das nicht einzusehen, auch wenn es ihn das Leben koste, das Leben mache ihm sowieso längst keinen Spaß mehr, sie sollten nur zuschlagen, am besten wie Hermännli Zurbrüggen es vorgeschlagen habe, gerade jetzt. Mani setzt sich wieder. Die Bauern trinken ihren Roten und schweigen. Das mit dem ›Uhung‹ nehme er zurück, meint Zurbrüggen, Mani habe sehr anständig, ungemein anständig gesprochen, nun müsse man einfach wählen, wer ihn hinter dem ›Bären‹ mit dem Beil erschlage. Aber da sagt eine Mädchenstimme von der Treppe her, Woult Laatscher lasse ausrichten, es dürfe dann erst in der nächsten Vollmondnacht geschehen. Es ist Hinterkrachens Mariannli, splitternackt steht es auf der Treppe; die vor ihm sitzen, wenden sich verblüfft um, aber schon verschwindet es nach oben. Ein gutgewachsenes Töchterchen habe er aber, meint Miggu Hacker zum Gemeindeschreiber und mischt die Karten. Er solle das Maul halten, entgegnet der Gemeindeschreiber, sich eine Brissago anzündend, Miggu seine sei auch oben gewesen. Und Sämu sagt, die Karten in seiner Hand ordnend, seine Braut wolle gar nicht mehr aus Wauti Lochers Zimmer, so heiße der schließlich, nicht ›Laatscher‹. Im Dorf gehe es plötzlich wie in den deutschen Illustrierten zu, die man am Kiosk kaufen könne, und dann sagt er, seine Karten betrachtend, Schaufel. Vor der nächsten Vollmondnacht gehe es nicht, überlegt der Bärenwirt bedächtig, sonst hätten sie einen Toten, und der Locher zahle keinen Rappen. Was denn das für ein Tag sei, der nächste Vollmond, fragt ein mickriger steinalter Bauer mit weißem strähnigem Haar, bartlos, und mit einem verwitterten Gesicht, als sei er über hundert. Er wisse es nicht, antwortet der Bärenwirt, zuerst habe Locher in zehn Tagen gesagt, und jetzt sage er, es müsse am nächsten Vollmond sein. Kurlig. Weil am nächsten Vollmond ein Sonntag sei, und zwar der übernächste Sonntag, in genau zehn Tagen, sagt der Bauer und trinkt seinen Roten, da würden sie nur ihre Seelen verspielen. Wauti Locher wisse eben, wann Vollmond sei, und noch der erste im Jahr, aber er wisse das auch, ihn führe Wauti nicht hinters Licht. Hermännli Zurbrüggen schnellt hoch. Das wisse er auch, dass Nobi Geißgraser immer alles besser wisse und hinter allem den Teufel und seine Schwiegermutter vermute, aber ihm sei das scheißegal. Er nehme nichts vom Geld, antwortet der Alte, keinen Zehner. »Umso besser, Vater«, schreit Geißgrasers

Ludi, sein Sohn, auch schon gegen die siebzig, dem Alten entgegen, dann nehme er alles, und er könne verrecken, wie er ja immer gewünscht habe, dass er, sein Sohn, und seine Enkel verreckten, und vom Tisch mit allen acht Geißgrasers kommt's wie im Chor, alles nähmen sie. Schweigen. Da werde er doch wohl noch etwas zu bemerken haben, gibt der Alte seinem Sohn zurück. Aber der lacht nur, nichts habe er zu bemerken, das Maul habe er zu halten, sonst gehe er zum Statthalter in Oberlottikofen und erzähle ihm, von wem seine Schwester ihre zwei unehelichen Idioten habe und von wem seine jüngste Tochter, Bäbi, schwanger sei; wenn einer ein alter Sünder sei, dann sei es Nobi, der alte Geißbock, während sie, wenn sie Mani töteten, es nur tun würden, weil sie eine Million nötig hätten. Ob noch jemand etwas zu sagen habe, fragt der Bärenwirt und wischt sich den Schweiß ab. »Henusode«, sagt Mani und geht zur Türe, sich zwischen den Bauern hindurchzwängend, »so lebt recht wohl.« Er geht hinaus. Schweigen. Jemand müsse Mani bewachen, damit er nicht abhaue, noch besser zwei, am besten, man wechsle ab, sagt Ochsenblutts Mäxu. Das müsse man eben organisieren, meint der Gemeindeschreiber. Wieder Schweigen. Oben auf der Treppe erscheint Frieda, nackt wie Mariannli, und verlangt keuchend und strahlend Schnaps. Sämu solle Bäzi holen, befiehlt der Bärenwirt und setzt sich zufrieden unter den Glasschrank mit dem Silberbecher vom Schwingverein, der schon längst eingegangen ist, schwingt doch der letzte Schwinger des Dorfes, Ochsenblutts Röufu, beim Schwingverein Flötigen. Binggu Kobler murmelt, indem er Frieda anstarrt, das sei doch seine Tochter. Aber wie Sämu seiner splitternackten

Verlobten den Schnaps bringt und sich dabei galant verbeugt, klatschen alle in die Hände. Sämu habe etwas für das Gemeinwohl getan. Sie schwankt nach oben. Nur Res Stierer sinnt vor sich hin, ein dicker Bauer mit einem roten Schnauz und Metzgerhänden, verkündet plötzlich in die Stille hinein, die wieder hereingebrochen ist, es müsse wie ein Unfall aussehen. Mani müsse unter einer Tanne sitzen, und dann müsse man die umschlagen. »Unter einer Buche«, schlägt der Gemeindeschreiber vor und wird sachlich, geschäftsmäßig. Am besten unter der Blüttlibuche. Man habe dem Pfarrer schon längst neue Balken fürs Kirchlein versprochen. Buchige machten sich besser. Dann müsse die Blüttlibuche aber jemand ansägen, meint der Bärenwirt, sonst müssten sie zu lange warten. Das mache er schon mit seinem Bruder Mäxu, meldet sich Ochsenblutts Röufu. Wer denn mit dem Beil schlagen solle, fragt Kobler. Alle, sagt der Bärenwirt, und dann fragt er, wer dafür sei, und alle außer dem alten Geißgraser heben die Hand. Wenn Nobi zur Polizei gehe –, aber der Bärenwirt braucht nicht weiterzureden. Er hindere niemanden daran, zur Hölle zu fahren, antwortet der alte Bauer. Und dann sagt der Bärenwirt noch, das habe er fast vergessen: Der alte Aebiger dürfe erst, nachdem die Sache erledigt sei, begraben werden, ein Begräbnis ziehe Leute an wie frischer Mist Fliegen, und Aebiger habe viele Verwandte in Flötigen und noch anderswo. Das sei kein Problem, die Leiche sei stockgefroren und schon zugenagelt, damit die Füchse nicht drangingen hinter dem Schopf, sagt Aebigers Friedu. Der Bärenwirt will die Sitzung aufheben, da steht zu aller Verblüffung Mani, das Opfer, wieder in der Türe der Gaststube, er habe es sich noch einmal überlegt, sagt er und schneuzt in ein großes rotkariertes Taschentuch. Alle starren ihn entsetzt an, jetzt müsse man ihn doch auf der Stelle totschlagen, denkt der Bärenwirt wie gelähmt. Mani faltet das große Taschentuch sorgfältig zusammen, steht in der Tür, hager, leicht gebückt und schief. Nächster Vollmond sei übernächsten Sonntag, habe Nobi gesagt, am Samstag davor sei die Landwirtschaftliche Ausstellung in Oberlottikofen, die möchte er sich doch anschauen und vielleicht seine Buben, den Jöggu und den Alex, beraten, was sie sich für das viele Geld anschaffen könnten, das sie dann erhielten, er denke sich immer, mit einem neuen Stall und mit einem Traktor wäre sein Leben ein ganz anderes gewesen. Mani schweigt verlegen. Der junge Geißgraser kichert nervös, und Hermännli Zurbrüggen leert seinen Roten, er wisse nicht, er wisse nicht, murmelt er, aber dann leeren auch der Bärenwirt und der Gemeindeschreiber ihre Gläser, und der Bärenwirt beschließt: »Gehen wir am Samstag vor dem Vollmondsonntag alle nach Oberlottikofen.«

Und sie gehen. Schon im Morgengrauen stampfen sie gemeinsam durch den Schnee hinunter nach dem Dorf Flötigen am Talausgang. Döufu Mani zwischen Seppu Schlaginhaufen, dem Bärenwirt, und Ochsenblutts Röufu, der beim letzten Schwinget in Brienz den drittletzten Platz gewonnen hat, und dann besteigen sie den Zug nach Oberlottikofen, Mani immer umklammert, man lässt ihn nicht laufen, morgen ist Vollmond. Durch die Landwirtschaftliche Ausstellung werden sie von einem Männlein mit einem Schnäuzchen und einer rosigen Glatze geführt, das einen

›schottischen Anzug‹ trägt. »Benno von Lafrigen«, stellt sich das Männlein vor, hochdeutsch, und schlägt die Hacken zusammen, »Auslandschweizer.« Von Lafrigen führt sie zuerst über die Festwiese, wo auf einem Marmorsockel aus Plastik eine Kuh aus Plastik steht, davor spielt eine Ländlerkapelle, dann führt er sie zu den Modellställen mit richtigen Kühen. Von Lafrigen winkt den Flötenbachern zu, sich um ihn zu scharen. Er führt aus, dass im modernen Stall bei der Aufstallung von Rindvieh verschiedene Stallarten gebräuchlich seien. Es gebe Anbindeställe, Laufställe und Freiluftlaufställe, und beim Stallneubau werde berücksichtigt, dass sie für andere Tiere Verwendung finden können, ohne dass teure Umbauten vorzunehmen seien. »Das ist ein Laferi, dieser Lafrigen«, sagt Hermännli Zurbrüggen. Der Landwirt könne sich somit bei der Veredelungswirtschaft der Marktlage anpassen, fährt von Lafrigen fort und rückt seine Krawatte zurecht. Die Anbindeställe seien in Europa die gebräuchlichsten. Hier würden die Tiere in einer oder mehreren Reihen in Längsrichtung nebeneinander im Stall angebunden, der zweckmäßigerweise so breit sei, dass man mit einem Wagen durchfahren könne, um das Futter, Grünfutter, in die Tröge abkippen zu können. »Abkippen«, sagt Mani begeistert, »so ein Wagen muss auch her.« Er solle doch still sein, zischt sein Sohn Jöggu hinter ihm. Die Entmistung werde entweder manuell oder automatisch erledigt, erläutert von Lafrigen. Die Laufställe seien weniger aufwendige Bauarten, hier werde das Vieh in einer oder mehreren großen Boxen lose aufgestallt. Wenn eine Kuh etwas fallen lasse, werde dieses Auslandschweizerlein vom Kuhfladen begraben, meint Miggu Hacker. Der

Dung werde erst im Frühjahr oder Herbst mit Frontlader oder Greifer entnommen, versichert von Lafrigen und schnäuzt in ein weißes seidiges Tuch; so gering sei der tägliche Arbeitsaufwand, da nur eingestreut werden müsse, gemolken werde in einem separaten Melkstand, wo unter anderem die Milchkühe entsprechend ihrem Bedarf auch gleichzeitig Kraftfutter erhalten würden. »Kraftfutter, Alex«, sagt Mani, »das müsst ihr euch dann auch anschaffen«, und trottet, immer noch eingeklemmt zwischen dem Bärenwirt und Ochsenbluts Röufu, dem Auslandschweizer nach. Vorwiegend werde der Laufstall jedoch für die Aufstallungen von Mastvieh verwendet, sagt von Lafrigen, und sie betreten einen neuen Stall. Eine Kuh muht. Etwas platscht dumpf. Der Freiluftlaufstall sei die einfachste der Aufstallungen, ein nach der witterungsgünstigen Seite offener Stall ermögliche dem Vieh ständigen Auslauf. Wieder ein Muhen und Platschen. Beim Anbindestall drüben werde dagegen nach der Länge der Standfläche der Tiere in Langstand, Mittellangstand und Kurzstand unterschieden. »Bitte folgen.« Wieder muht und platscht es. »Er kommt, meiner Seel, jedes Mal davon«, sagt Ochsenbluts Mäxu. Der Vortrag geht in einem neuen Stall weiter. Durch die Mechanisierung der Entmistung werde bei neuen Stallungen vorwiegend der Kurzstand bevorzugt, die Standlänge sei hier 10–20 cm kürzer als die Rumpflänge der Tiere, anschließend an die Standfläche sei die Kotrinne, die etwas tiefer liege, diese werde mit Schiebern, die entweder von Seilwinden gezogen oder von kleinen Einachsschleppern geschoben werden, geräumt. »Großartig«, staunt Mani. Bei Schubstangenentmistungsanlagen, erklärt von Lafrigen, werde der Kot, der mit der Einstreu, das heiße mit Stroh, und Futterresten vermischt sei, schubweise weiterbefördert und bis zu einem Kettenförderer bewegt, der den Stalldung dann bis zum Dunghaufen fördere. In den letzten Jahren habe jedoch die noch weniger arbeitsaufwendige Schwemmentmistung immer mehr an Bedeutung gewonnen. Hierbei entfalle das Einstreuen der Tiere ganz. An die Standfläche schließe sich ein Rost an, »bitte näher treten«, unterhalb dessen eine Kotrinne mit einem leichten Gefälle zu einem Behälter, zu der Güllengrube außerhalb des Stalles verlaufe. Es sei Zeit, den Schwätzer selber in die Gülle zu spülen, schlägt Hermännli Zurbrüggen vor, aber von Lafrigen versteht kein Oberländerdeutsch. Der Kot und der Harn flössen dann vermischt in die Güllengrube, erläutert er, die Tiere lägen nicht mehr auf Stroh, sondern auf dem gut isolierten Boden. Er sei entweder aus Kunststoff, Holz oder auch aus Steingut. Die Sauberhaltung der Stallungen sei damit sehr vereinfacht, und die Krankheitserreger seien leichter zu bekämpfen. Die Tiere stünden sauberer, so dass auch die Milchgewinnung hygienischer sei. Der schwätze ständig von Kühen und könne eine Geiß nicht von einem Kalb unterscheiden, meint Hegu Hinterkrachen und zündet sich einen Stumpen an. Von Lafrigen doziert, neben der Mechanisierung des Stalls sei auch die Ausbringung des Stalldungs von größter Wichtigkeit, da die Entmistung von Hand sehr schwer sei und nicht gerade zu den angenehmsten Arbeiten der Landarbeit zähle. Die selbständig in die Grube geflossene Gülle entmische sich bei der Lagerung in dem Behälter sehr stark; schwere Teile setzten sich ab und leichte Bestandteile bildeten so genannte Schwimmdecken, deshalb müssten Güllegruben gemischt werden: mechanisches Mischen, pneumatisches Mischen und hydraulisches Mischen. »Das ist alles schön und gut«, erklärt Mani, eingeklemmt zwischen dem Bärenwirt und Ochsenblutt, aber jetzt wolle er einen Traktor sehen, das sei das Wichtigste, sein Traum; ob man neue Ställe brauche, könne man sich erst überlegen, wenn man einen Traktor besitze. »Dann bitte«, sagt von Lafrigen, führt sie an der Plastikkuh mit der Ländlerkapelle vorbei und in die Maschinenausstellungshalle. Irgendwo singt ein Männerchor. Der Schlepper sei die wichtigste Landmaschine im modernen Bauernbetrieb, beginnt von Lafrigen einen neuen Vortrag und wischt sich den Schweiß von der Stirne; denn neben seiner Aufgabe als Zugmaschine diene der Schlepper immer mehr als Energiequelle für angehängte Maschinen. Wenn er nur besser Schriftdeutsch verstünde, murrt Res Stierer. Warum die denn einen fremden Fötzel schicken müssten, er habe noch nie gehört, dass ein Schweizer ›von Lafrigen‹ heiße, mault Geißgrasers Ludi ganz laut und ungeniert; und der alte Geißgraser, der auch mitgekommen ist, meckert, mit der Schweiz gehe es bachab. An den sogenannten Zapfwellen, fährt von Lafrigen fort, die aus dem Getriebeblock des Schleppers herausragen, werde die Energie abgezapft, der moderne Schlepper besitze drei Zapfwellen: Zwei am Ende des Getriebeblocks unter der Anhängekuppelung, mittels einer Gelenkwelle könne von hier aus die Energie an eine angehängte Maschine abgegeben werden, die dritte Zapfwelle stehe nach vorne aus dem Getriebeblock und diene speziell dem Antrieb eines Anbaumähwerkes. So eines wolle er sehen, aber eines, das für das Flötenbachtal geeignet sei, verlangt Mani, und Röufu und der Bärenwirt umklammern ihn ängstlich, und dann schauen sie sich alle die landwirtschaftlichen Maschinen an, die man an den Schlepper anhängen kann, damit sie Winden und Pflüge heraufziehen, und alle anderen Geräte für steile Hänge. So was müssten sie kaufen, sagt Mani zu seinen Söhnen Jöggu und Alex, und dann verlassen sie von Lafrigen und die Ausstellung. Wie sie auf die Bahnstation von Oberlottikofen wollen, müssen sie am ›Mönch‹ vorbei, in welchem der Oberländische Trachtenverein sein Jahrhundertfest abhält, darauf gehen sie zum ›Eidgenossen‹, zum ›Löwen‹, zum ›Eiger‹, zur ›Jungfrau‹, zur ›Blümlisalp‹, zum ›Wildstrubel‹ und zum ›Wilden Mann‹. Alles ist überfüllt, sie wollen immer noch zur Bahnstation, kommen aber wieder zum ›Mönch‹. Die Frau vom Präsidenten, Aelligs Christine, steht gerade draußen auf der Terrasse und ruft zur Bahnhofstraße hinüber, da komme ja Res Stierer, und schon sind sie im großen Saal und nehmen an der Tanzerei teil. Sämu, Miggu Hacker und Hermännli Zurbrüggen hopsen wie wild und auch Res Stierer. Und Mani, zwischen dem Bärenwirt und Röufu an eine Holzwand hinter einem Tisch gepresst, dass er sich kaum zu rühren vermag, einen Liter Roten auf dem Tisch, ist verwundert, dass der dicke Stierer noch so tanzen kann. Und als Christine bei den dreien vorbeikommt und fragt, warum sie denn so steif an der Wand säßen, meint der Bärenwirt, es sei nichts, nur sei es dem Mani nicht ganz gut, und sie seien schließlich Freunde. »Prost Döufu«, sagt er und trinkt ihm zu. Wie's denn dem Kläri gehe, will Christine wissen. Der gehe es gut, antwortet Mani. Da kommen einige von Unterflötigen und Hinterkrachen Emmis Unehelicher von Mittellottikofen vom ›Eiger‹ herüber in den ›Mönch‹. Sie sind schon ganz betrunken, es gibt eine Mordsschlägerei mit dem Oberlottikofer Trachtenverein, und dann rücken von der ›Blümlisalp‹ die Unterlottikofer heran, die schlagen noch wilder drein. Einer wirft Ochsenblutts Röufu einen Bierkübel an den Kopf, der rührt sich nicht einmal, wischt auch das Blut auf der Stirne nicht ab. Nur keine Polizei, denkt er, nur keine Polizei. Aber es kommt schlimmer. Vom oberen Säli, wo sie gesessen haben, kommen Ständerat Aetti, eigentlich Härdu Aetti, der in Oberlottikofen aufgewachsen ist, Regierungsrat Schafroth und Gemeindepräsident Emil Müetterli. Die Unter-, Mittel- und Oberlottikofer erstarren, die Ehre ist für sie ungemein. Sie sollen sich ruhig weiterprügeln, meint der Ständerat. Gelächter. »Super-Aetti«, schreit einer, alles setzt sich. Das Trachtenfest geht weiter, aber der Ständerat, der Regierungsrat und der Gemeindepräsident nehmen ausgerechnet gegenüber dem Bärenwirt und Röufu mit Mani dazwischen Platz. Der Mönchswirt serviert persönlich, die drei Ehrengäste nehmen eine Flasche Dézaley, und der Ständerat, ein noch nicht vierzigjähriger wuchtiger Bauer, wie man meinen könnte, der aber in Wirklichkeit sowohl der erfolgreichste Rechtsanwalt als auch der gerissenste Politiker im Kanton ist, fragt die drei an der Wand ihm gegenüber, woher sie denn kämen, von Oberlottikofen auf alle Fälle nicht. Der sei der Bärenwirt aus dem Flötenbachtal, sagt Müetterli und weist auf Schlaginhaufen, und er erlebe es zum ersten Mal, dass der auf seinem Maul hocke, er führe sonst ein besonders großes. So so, die Mannen kämen aus dem Flötenbachtal, ei ei, er habe in seinem Departement sagen hören, sie wollten die Straße nicht schneefrei machen, potz potz, so etwas Störrisches habe er seit langem nicht erlebt. Da könne er nichts dafür, antwortet der Bärenwirt endlich, in Todesängsten, der Mani könnte reden. Sie seien nicht so blöd, das Postauto gehöre der Postdirektion, und darum müsse der Herr Regierungsrat den Schneepflug bezahlen. Die Straße brauche ja nicht nur sein Departement, sondern auch die Gemeinde, entgegnet der Regierungsrat. Das sei ihnen egal, meint der Bärenwirt, worauf der Regierungsrat lacht, dann würden sie eben noch lange im Schnee steckenbleiben, ihretwegen lasse er die Straße nicht auf Kantonskosten räumen, und plötzlich wird er wütend und sagt, aber er lasse sie räumen und werde ihnen die Rechnung samt Buße schicken. Der Ständerat Aetti lacht und schenkt den drei Flötenbachern ein, eine weitere Flasche Dézaley bestellend. Wenn er Schafroth wäre, würde er als Sozi sich mit den Bauern im Oberland nicht einlassen, wenn die keinen Schneepflug wollten, dann wollten sie eben keinen, und wozu sollten die Flötenbacher einen brauchen. Das seien noch echte Bergbauern, und ihr Tal sei noch wie früher, Gott sei Dank, während hier in Oberlottikofen auf jeden Hügel ein Sessellift hinaufführe, und Emil Müetterli, der da neben ihm sitze, wolle sogar die Idee durchstieren, innen im Odhorn einen Liftschacht bis zum Gipfel anzulegen, weil es so verschissen sei, kein Wunder, Tausende Touristen würden von den Bergführern hinaufgeschoben, und dutzendweise fielen jene, die es im Alleingang versuchten, herunter, es gehöre zur Mode, auf dem Odhorn gewesen zu sein. Was denn Härdu Aetti plötzlich gegen den Fortschritt habe, fragt der Gemeindepräsident Müetterli verwundert.

Nichts, sagt der Ständerat, aber dass man nichts als Geld im Kopf habe, ekle ihn langsam an, die Eidgenossenschaft habe nichts anderes mehr im Kopf als Geld, Luxus, Ferien, Schweinereien; was eine Hure verdiene, sei unwahrscheinlich, mehr als ein Gymnasiallehrer; doch wenn einmal einfache Bergbauern, wie diese drei, den Tanz ums Goldene Kalb nicht mitmachen und ihre einfachen sauberen Sitten bewahren wollten und die Schönheit ihres Tals – denn was gebe es Erhabeneres als ein eingeschneites Dorf –, dann käme prompt die Regierung mit Repressalien. Aber nun müssten sie zu den Unterlottikofern, sonst gebe es böses Blut. Die drei verabschieden sich, und der Bärenwirt ist so erleichtert, dass er auch einen Dézaley bestellt und dann noch zwei und dann Kaffee und Schnaps. Er zahle alles.

So ist es denn schon Morgen, als sie von Oberlottikofen mit dem Frühzug ins Dorf am Talende kommen. Wie sie an der Kirche und dem Pfarrhaus vorbei die hier noch schneefreie Straße hinaufgehen, steht plötzlich der Pfarrer vor ihnen. So, ihr Steckköpfe, sagt er, weil sie ihren Beitrag nicht leisten wollten für den Schneepflug, müsse er nun auch zu Fuß zu ihnen hinauf für seine monatliche Predigt. Dafür schlügen sie auch heute Nacht die Blüttlibuche für das Gebälk des Kirchendachs, antwortet der Bärenwirt. Endlich einmal eine christliche Tat, für die er sich gern revanchiere, strahlt der Pfarrer: Er habe heute vor, seiner seelsorgerischen Pflicht mit besonderer Genauigkeit nachzukommen und jede Familie zu besuchen, es nehme ihn doch wunder, wo sie der Schuh drücke, auch wolle er nachsehen, wie es seine ehemaligen Konfirmandinnen trieben, Schlaginhaufens

Änneli, Ochsenblutts Elseli, Hackers Züseli und Hinterkrachens Mariannli seien ja besonders fröhliche und fromme Kinder gewesen, auch so richtig essen wolle er im ›Bären‹, Bernerplatte, und am Abend Spiegelei und Rösti, Zeit habe er ja, heute sei Vollmond, er freue sich, in dessen mildem Licht wieder ins Tal hinunterzuwandeln. Die Bauern, dicht um den Pfarrer geschart, geraten von der Dorfstraße auf die noch immer tiefverschneite Flötenbachtalstraße. Neben dem Bärenwirt stapft der Pfarrer durch den Schnee und zwischen dem Bärenwirt und Ochsenblutt, in sich versunken wie ein Verhafteter, Mani. Eigentlich begreift er nicht, warum alle so misstrauisch sind, er ist ja einverstanden; und der Pfarrer denkt, eigentlich sei es ein Glück heute Morgen, sonst sei es ein Kreuz mit diesen Berggemeinden, ein wahres Golgatha, so primitiv seien diese Leute, aber jetzt sei es möglich, sich etwas populär zu machen, es sei eben leider so, dass der Dogmatiker Wunderborn stolz darauf sei, einmal in Ömiswyl ein beliebter Dorfpfarrer gewesen zu sein. In Ömiswyl, ausgerechnet in diesem bigotten Kaff, und jetzt predige Wunderborn die Theologie ohne Gott, aber jeder, der sein Nachfolger werden wolle, müsse wie er ein populärer Pfarrer gewesen sein, möglichst auch in einer Berggemeinde, das sei die Hauptbedingung. Sie kommen in den Wald, und der Bärenwirt denkt, was man nur mit dem Pfarrer machen solle, diese verflixte Predigt, und dann noch die Hausbesuche, wenn nur einer rede, seien die Millionen bachab, auf Nimmerwiedersehen, und Hackers Miggu denkt, er schmeiße den Pfarrer einfach in den Flötenbach, die andern würden schon das Maul halten. Die Sonne bricht durch die verschneiten Tannen. Den Pfarrer überfällt ein Glücksgefühl. Sein *Fundament Freude*, eben vierbändig erschienen, sei wirklich der theologische Wurf, leuchtet es ihm nun auch selber ein, der das dritte Jahrtausend einläute, wie Niederhauer in der ›Rundschau‹ geschrieben habe, Hut ab vor Niederhauer, aber das Problem, wie Barth in Bloch und beide zusammen unter Berücksichtigung von Solle, Söltermann und Gläuberich in Hegel zurückzuintegrieren wären, sei nun einmal die letzte theologische Aufgabe des zwanzigsten Jahrhunderts gewesen, und er, der Pfarrer der kleinen Berggemeinde Flötigen, habe diese Aufgabe gelöst, unmöglich, dass Wunderborn ihn jetzt übergehen könne. Ob es denn überhaupt einen lieben Gott gebe, fragt Mani plötzlich und bleibt stehen. Ochsenblutts Röufu bleibt stehen, der Pfarrer bleibt stehen, nur der Bärenwirt geht weiter, weil er gerade überlegt – als ob er Hacker Miggus Gedanken wüsste –, wie es wäre, wenn man den Pfarrer in die Flötenbachschlucht würfe, man könnte dann ja sagen, er sei ausgerutscht; aber wie er zurückschaut, weil er plötzlich allein durch den Schnee stapft, befindet sich zu seinem Entsetzen neben Mani schon der Pfarrer, erschüttert von der Dummheit der Frage: Da neige sich das zwanzigste Jahrhundert dem Ende zu, und die Bauern hätten theologisch überhaupt noch nichts begriffen, stellt er bitter fest, und da solle er bei diesen Neandertalern noch populär sein. Die Bauern rücken zusammen, nah an den Pfarrer. Mani werde reden, spüren sie alle instinktiv, und auch wenn es bis zum Flötenbach fast eine Stunde dauere, müsse man dem Pfarrer jetzt das Handwerk legen. Ihre Augen glitzern. Aber der Pfarrer legt los, zorniger, als er eigentlich will,

»Bauer«, sagt er, ob er nun Locher, Ochsenblutt oder sonst wie heiße, wer könne sich schon diese komplizierten Namen merken, das gehe ja zu wie in russischen Romanen, ob er ihm wirklich allen Ernstes eine so dumme Frage stelle, ›Gott‹, das Wort könne er als Pfarrer gar nicht mehr hören. Ob er ihm denn das Märchen aufbinden solle, in der Eiger-Nordwand, auf dem Wetterhorn, in der Blümlisalp, im Finsteraarhorn oder auf dem Ödhorn sitze ein alter Mann mit einem weißen Bart und regiere die Welt? Auf die Freude komme es an, Bauer, habe man die, so brauche man nicht zu fragen, wie Kinder fragen. Da seien sie vom Bahnhof gekommen, fröhlich, glücklich, nach einer Tanzerei in Oberlottikofen, wie er sich denken könne, und vorher hätten sie voller Freude die Landwirtschaftliche Ausstellung bewundert, doch kaum hätten sie ihren Pfarrer gesehen, sei die Freude von ihnen gewichen, weil er sie eben an bestimmte Fragen erinnere, zum Beispiel, ob es einen Herrgott gebe, ob Christus wirklich Gottes Sohn gewesen sei, ob er auferstanden sei und ob sie selber einmal auferständen, da werde man düster; aber wenn man etwas Schönes, Einfaches erblicke, ein neugeborenes Kälblein oder ein hübsches Fraueli oder diesen prächtigen Wald oder den Vollmond, da würden sie auf einmal wieder freudig, und so sei es mit dem Christentum, es sei die Freude selbst, und weil es die Freude selbst sei, stellten sich alle die Fragen, die sich sonst stellten, überhaupt nicht mehr, das seien angesichts der Freude gleichgültige Fragen. Und während der Pfarrer so weiterredet von der Freude als dem Urfundament, wird der Bärenwirt selbst freudig, er hat auf einmal eine Idee, bleibt stehen, bis er, wie die Bauern an ihm vorbeistampfen, zu Hackers Miggu kommt, der immer noch entschlossen ist, den Pfarrer in den Flötenbach zu schmeißen. »Miggu«, sagt der Bärenwirt, »der Pfarrer schwatzt und schwatzt«, so komme Mani zum Glück nicht dazu, ihm etwas zu verraten, Miggu solle ins Dorf abhauen und das Kirchlein leerhalten, niemand dürfe hinein. Da beginnt Miggu zu spurten, schießt an den Bauern vorbei, talaufwärts, und der Pfarrer, immer noch mit der Freude beschäftigt, merkt es nicht einmal. Wie sie ins Dorf kommen, dankt Mani dem Pfarrer für den Bescheid und geht zu seinem Hof neben Ochsenblutts Scheune. Auch die andern Bauern gehen auseinander, der Pfarrer steht mit dem Bärenwirt allein vor dem ›Bären‹. Es sei höchste Zeit, sagt der Pfarrer, in das Kirchlein zu gehen, die Fraueli und die Mädchen würden schon auf ihn warten. Dass die Bauern heute nicht kämen, verstehe er, aber dann stutzt er: Ein Mädchen huscht an ihnen vorbei in den ›Bären‹, ohne sie zu grüßen. Ob das nicht Hackers Züseli sei, fragt der Pfarrer verdutzt. Er habe nicht hingeschaut, antwortet der Bärenwirt. Doch, doch, sagt der Pfarrer, Hackers Züseli, sein liebstes Konfirmandenkind, es wundere ihn aber sehr, dass es in den ›Bären‹ statt in das Kirchlein gehe, doch nun eile es mit der Predigt, im Übrigen freue er sich nach den ersten Hausbesuchen auf die Bernerplatte. So macht er sich denn auf zum Kirchlein, das zwischen dem ›Bären‹ und Stierers Gehöft etwas einsam am Hang klebt, doch wie er hineinkommt, bleibt er verwundert stehen, das Kirchlein ist leer, nur an der Orgel über der Empore sitzt Fräulein Claudine Zäpfel, die Lehrerin, auch sie fassungslos. Was denn los sei, warum denn niemand hier sei, stottert der Pfarrer, warum denn niemand läute (was ihm erst jetzt auffällt). »Also gut«, wenn er es denn durchaus wissen wolle, sagt der Bärenwirt hinter ihm, der dem Pfarrer gefolgt ist, die Kirche sei leer, weil die Gemeinde mit ihm nichts anfangen könne. Eben, als sie das Tal hinaufgegangen seien, habe ihn Mani gefragt, ob es einen Gott gebe, und er, der Herr Pfarrer, habe geantwortet, das spiele keine Rolle, er solle sich nichts als freuen, das aber wollten sie nicht hier oben, was der Herr Pfarrer da predige, seit er in ihr Dorf gekommen sei, das sei nichts für sie, sie wollten den alten lieben Herrgott wieder und den Heiland und die Auferstehung, was er denn, der Bärenwirt, etwa denken solle, wenn sein letztes Stündlein schlage, oder Mani, wenn er beim Holzen unter eine Tanne käme oder unter eine Buche? Punktum, sie verlangten andere Predigten, fromme Predigten, sonst würden sie lieber katholisch, und weil der Herr Pfarrer die nicht zustande bringe, weil er ja nicht einmal an den lieben Gott glaube, möchten sie ihn alle da oben nicht mehr als Pfarrer haben, darum sei die Kirche leer, er selbst, der Gemeindepräsident, werde das der Kirchenbehörde schreiben. Der Bärenwirt kehrt dem Pfarrer den Rücken zu und geht durch die Kirchentüre in den Schnee hinaus. Der Pfarrer glaubt einen Augenblick, er falle in Ohnmacht, Wunderborns wegen, dessen Professur er doch haben möchte und die er nur bekommt, wenn er ein ebenso populärer Pfarrer ist wie Wunderborn in Ömiswyl. Einen Augenblick nur schwankt er, dann fragt er Claudine Zäpfel, ob sie ihm in der Sakristei in den Talar helfe, da der Sigrist offenbar auch nicht da sei, und nachdem Claudine Zäpfel ihm in den Talar geholfen und ihm auch das Beffchen umgebunden hat, schickt er die

Lehrerin fort und besteigt die Kanzel, schlägt die Bibel auf, blättert, beginnt mit plötzlich heiserer Stimme die Predigt: »Ich lese aus der Apostelgeschichte, Kapitel 23, Vers 26: Claudius Lysias, dem teuren Landpfleger: Freude zuvor! Liebe Bänke, lieber Taufstein, liebe Orgel, liebe Empore, liebe Fenster, liebe Mauern, liebe Balken, liebes Dach, meine liebe leere Kirche. Die Worte der Bibel, die ihr vernommen habt, sind der Beginn eines Briefes. Claudius Lysias ist der Absender, der Landpfleger der Empfänger, ›Freude zuvor‹ der Gruß. Wenn ich euch aber jetzt erklären würde, wer Claudius Lysias und wer der Landpfleger gewesen ist, so wären euch dieser Claudius Lysias und dieser Landpfleger, oder gar der Mann, um dessentwillen dieser Brief geschrieben wurde, der Apostel Paulus nämlich, mit Recht völlig gleichgültig, denn was begreift ihr Balken oder Mauern schon, wer diese Leute sind, aber wenn jetzt – wie sonst jeden vierten Sonntag – die Bauern und Bäuerinnen auf euch säßen, meine Bänke, wie wären sie neugierig darauf, denn sie interessieren sich in ihren Bergen seit eh und je nur für das Nebensächliche. Aber das Wichtigste, wichtiger als alles Vergangene, das, was lebt, einst, jetzt und immerdar, das, was diese Bauern und Bäuerinnen nicht fühlen, das Wesentliche vom Wesentlichen, das fühlst du jetzt, meine leere Kirche, dieses ›Freude zuvor‹, indem du diese ›Zuvor-Freude‹, diese Urfreude, geradezu körperlich erlebst, erfüllen dich doch die Ausdünstungen dieser Bauern und Bäuerinnen nicht mehr, so wie auf euch, ihr Bänke, ihr Gewicht nicht mehr lastet, und von euch, ihr Mauern, ihr Schnarchen nicht mehr widerhallt und ihr jämmerlicher Gesang, den du, Orgel, begleiten musst. Du bist befreit, leere Kirche, und weil du befreit bist, begreifst du auch, die du mit deinem Holz, Stein, Metall und Glas schlechthin Staub bist, den Briefschreiber, den Oberhauptmann Claudius Lysias, und den Grund seines Briefes, den Apostel Paulus, und den Empfänger des Briefes, den Landpfleger, sind sie doch auch schlechthin Staub geworden, und werde ich doch auch einmal schlechthin Staub sein, so wie diese Bauern und Bäuerinnen einmal Staub werden, ja schon Staub sind, ohne es zu wissen. Weil aber Staub Staub begreift, erkennen wir uns alle ineinander wieder, ein Spiegel in einem anderen Spiegel, und bekennen: Freude zuvor dem Landpfleger, wobei nebensächlich ist, wie wir diesen Landpfleger nennen, ob Felix, wie in der Apostelgeschichte, ob Gott, ob Weltall, Hauptsache, dass jeglicher Staub, ob Holz, Steinklotz, Gewürm, Getier, Mensch, Erde, Sonne, Milchstraßensysteme, ins Nichts hineinjauchzt: Freude zuvor! Deshalb nämlich, leere Kirche, weil wir als Staub, als Staub von Staub, als Stäublein eines Stäubleins existieren, und sei es nur kurze Zeit, einige Jahre, einige Monate, einige Stunden, ja einige Sekunden oder gar, wie einige Teilchen eines Millionstel Stäubchens, nur einige Millionstel Sekunden: Auch diese jubilieren! Gibt es doch für alles und jegliches kein anderes Fundament als dieses: Freude zuvor, denn allein die Freude fragt nicht, allein die Freude grübelt nicht und allein die Freude tröstet nicht, weil allein die Freude keinen Trost braucht, ist sie doch zuvor, die Freude zuvor. Amen.« Damit schmettert der Pfarrer von Flötigen die große schwere Bibel zu, steigt würdig von der Kanzel, begibt sich in die Sakristei, bindet sich das Beffchen ab, zieht den Talar aus, legt ihn zusammen und steht, wie er ins

Freie treten will, vor Claudine Zäpfel. Die Lehrerin glüht mit großen Augen, der Pfarrer sei gewaltig gewesen, stottert sie, sie habe die ganze Predigt gehört. Er starrt Claudine Zäpfel an, ihn erfasst ein ungeheurer Zorn, eine Wut gegen die ganze Welt, gegen Wunderborn und gegen seine Frau, eine geborene Ramseier, die nichts unternimmt, ihn populär zu machen, wen interessieren auch ihre Ehekurse? Er reißt Claudine Zäpfel in seine Arme, ›Freude zuvor‹, küsst Claudine Zäpfel wild, übermorgen sei seine Frau in Königen mit ihrem Ehekurs, brüllt mächtig auf, dass es ins Tal schallt: Denen habe er es aber gegeben; und dann rennt der Pfarrer, eine verküsste, überglückliche Claudine Zäpfel zurücklassend, am ›Bären‹ vorbei das Tal hinunter, sich nur noch einmal umwendend, als er den Flötenbachwald erreicht, die Faust drohend schüttelnd: Freude zuvor. Aber der Bärenwirt, der aus der Türe des Gasthofs tritt, grinst, den Pfarrer hätten sie abserviert, und als er in die Gaststube zurückkehrt, fragt er Sämu, wer denn beim Locher sei. Wieder die Frieda, sagt Sämu unzufrieden. Na und, als Koblers Tochter erbe sie jetzt ganz schön, er solle nicht dumm sein, auch Änni und alle im oberen Tal schliefen nun einmal mit Wauti. Damit gibt er Sämu eine Flasche Bäzi, »da, bringt sie ihm hinauf«, auch solle er dem Polizisten noch vier Flaschen Algerier bringen, damit der diese Nacht nicht störe, er sei froh, wenn der Vollmond heute komme, dann sei bald alles vorüber, er meine, das würden wohl die anderen auch denken, darum blieben sie auf ihren Höfen, statt bei ihm in der Gaststube zu sitzen und zu jassen, aufgeregt sei halt schon jeder ein wenig.

Es wird endlich Mittag, und ein Nachmittag bricht an, der nicht aufhören will, der Himmel wie eine dunkelblaue Wandtafel, kein Windstoß, keine Bewegung, nur Weltallkälte, einmal donnert es vom Gurgelengrund her, eine Lawine, und gegen fünf kommt vom Welschwäldli Mani, gekleidet wie immer, nicht einmal ein Halstuch oder einen Hut, und in einiger Entfernung folgen ihm Res Stierer und dessen Sohn Stöffu. Vor seinem Haus stellt Mani den Stock an den Türpfosten, betritt durch die Küche die Wohnstube, wo am Tisch Jöggu und Alex sitzen, und am Fenster steht Manis Frau und schaut hinaus gegen den Mannerenwald, während draußen der alte Stierer sich auf die Bank setzt und der junge hinters Haus geht. Er habe noch einen Gang gemacht, sagt Mani, zum Wasserfall, der sei ganz vereist, und eben sei die Sonne hinter dem Zollengrat hinabgegangen. »Ganz groß und rot.« Nach ein, zwei Tagen dann komme wieder Schnee, sagt Alex, und Jöggu meint, Herr Mani hätte einen Mantel anziehen sollen in dieser Kälte, sonst könne er sich einmal noch erkälten. Warum er denn auf einmal ›Herr Mani‹ zu ihm sage, fragt der Bauer. Weil Wauti Locher sein Vater sei, antwortet Jöggu. So, das habe Wauti also dem Jöggu gesagt, stellt Mani seiner Frau gegenüber fest. Die sagt nichts. Jöggu erhebt sich, ein großer, sonst gutmütiger Bauer. Und als sie von ihm schwanger geworden sei und der Locher sie nach Kanada habe mitnehmen wollen, meint er wütend, habe seine Mutter, diese Kuh, stattdessen Mani geheiratet mit seinem kleinen Hof, sonst wäre er, Jöggu, jetzt in Kanada und hätte Millionen, statt hier zu sitzen als seines Stiefvaters unbezahlter Knecht, der sich nicht einmal eine Frau leisten könne. Eine Million würden sie jetzt ja kriegen, antwortet Mani. Dass es hier schwer gewesen sei, gebe er zu, der Hof sei eigentlich mehr eine Hütte, aber das werde jetzt ja alles besser und damit auch wirtschaftlicher, mit dem modernen Stall und dem Traktor, und nicht nur seiner Frau und Jöggu und Alex werde es besser gehen, auch dem ganzen Dorf. Die Million teile er aber nicht mit Alex, sagt Jöggu, die gehöre ihm, und ein moderner Stall und Traktor kämen auch nicht in Frage, mit der Million gehe er nach Kanada, und Locher werde schon mit sich reden lassen und ihm noch einige Millionen geben. Locher sei schließlich sein Vater, und alle sagten, er gleiche ihm. Das sei wahr, tut endlich Alex das Maul auf, all die landwirtschaftlichen Neuerungen seien Unsinn, aber auf die Hälfte der Million verzichte er nicht, er sei jetzt achtunddreißig, und mit einer halben Million könne man in der Stadt besser leben als hier. Wer denn von einer Million rede oder einer halben, antwortet Mani, die Million bekomme die ganze Familie, seine Frau eine drittel Million und Jöggu und Alex je eine drittel Million. Sie nehme nichts vom Geld, sagt plötzlich die Frau, kommt um den Tisch herum und schaut ihrem Mann ins Gesicht. Sie ist abgearbeitet, scheint aber viel jünger, als sie ist, wenn auch ihre Haare schneeweiß sind, dafür ist sie immer noch gut gewachsen und gesund. »Ich habe dich damals geheiratet, Mani«, sagt sie, »weil du ein anständiger Bursche gewesen bist und weil du mich zur Frau gewollt hast, trotzdem ich schwanger gewesen bin. Ich habe damals gewusst, dass ich mich auf Locher nicht verlassen kann. Wie recht ich gehabt habe, siehst du jetzt. Er ist nicht gekommen, um sich an dir zu rächen, wie du dir wahrscheinlich einbildest, er will sich einen Spaß mit uns armen Menschen erlauben, weil er uns verachtet, heute und damals. Und auch unser Schicksal amüsiert ihn: Die im Dorf werden untereinander Streit bekommen, das siehst du ja schon bei Jöggu und Alex, weil eine Familie Kinder hat, dass es nur so wimmelt, so etwa die Geißgrasers, und eine andere nur aus zwei Personen besteht wie die Stierers. Ich sage dir, Mani, in diesem Dorf wird es wie in der Hölle zugehen, wenn sie dich erschlagen haben, alle möchten dann übereinander herfallen wie die Wölfe, und es doch nicht wagen, aus Angst, jemand werde reden. Aber was rede ich da. Du musst sterben, nicht ich. Aber weil wir nun halt einmal Abschied nehmen müssen für immer, lass es dir gesagt sein, Mani, du bist der anständige Mensch geblieben, den ich geheiratet habe, aber ich weine nicht darüber, dass sie jetzt die Blüttlibuche über dich fällen, ich bin bloß froh, dass ich nicht über deine Dummheit lachen muss, weil sie einfach zu blödsinnig ist. Geschuftet hast du, weiß Gott, all die vielen Jahre, wie wir alle geschuftet haben, Jöggu und Alex und ich vielleicht am meisten, und wie nun dieser Aufschneider aus Kanada mit den Millionen kommt, was tust du? Du opferst dich! Wozu? Hast du etwas vom Geld? Wenn es wenigstens einen Sinn hätte bei denen im Dorf. Aber die haben es noch nicht einmal, und schon ist alles verhurt, und nicht nur die Mädchen. Dabei hättest du dich jeden Tag retten können, du, der du alle Wege und Stege in diesem Tal wie kein Zweiter kennst. Hast du den Polizisten eingeweiht? Nicht einmal das, der Bärenwirt weiß genau, warum der nichts wissen darf, der hätte sie schön erpresst. Und im ›Mönch‹ in Unterlottikofen, hast du dem Ständerat und dem Nationalrat und dem Gemeindepräsident gegenüber das Maul aufgetan? Geschwiegen hast du. Und durch Flötigen seid ihr alle gezogen, und du hast nicht gebrüllt ›Leute, die wollen mich für vierzehn Millionen ermorden‹, dabei sind die doch so voll gewesen, dass du dich einfach hättest davonmachen können, so leicht wäre das gewesen, und dem Pfarrer hast du es da auch nicht gesagt, im Wald wäre es ja zu spät gewesen, da hätten sie ihn womöglich in den Flötenbach geschmissen. Und warum hast du dich nicht gewehrt? Ich will es dir sagen: Weil es immer dein Traum gewesen ist, ein Leben lang, einen modernen Stall und einen Traktor zu haben, und weil du dir eingebildet hast, Jöggu und Alex möchten das auch haben. Deshalb hast du dich nicht gewehrt, und nun siehst du selber, niemand will einen modernen Stall und einen Traktor, weder Alex noch Jöggu und niemand im Dorf. Sie wollen alle nur Geld. Döufu Mani, dir ist nicht mehr zu helfen.« – »Lass gut sein, Frau«, sagt Mani, »es ist nun einmal so.« In der Türe steht der Bärenwirt und sagt, es sei so weit, und dann sagt er zu Ochsenblutts Röufu hinter ihm, es sei besser, er bleibe hier. »Leb wohl«, sagt Mani zu seiner Frau. Sie schweigt. Darauf gehen alle außer Röufu mit Mani am ›Bären‹ vorbei direkt zum Tal und über den dort zugefrorenen Flötenbach in den Mannerenwald. Über den Balzenhubel schwebt der Mond gegen das Ödhorn, das nur vom Mannerenwald aus zu sehen ist, es wird fast taghell; wie der Wald ansteigt, kommen sie mühsam, sich im Schnee hinaufarbeitend, aufs Blüttli, eine Lichtung, in deren Mitte eine große Buche steht, die Blüttlibuche. Die Bauern umringen sie, in ihren Händen lange, große Beile, aus ihren Mündern stößt der Atem wie

Dampf. Ob die Blüttlibuche angesägt sei, fragt der Bärenwirt. Das hätten sie heute Nachmittag getan, sagt Ochsenblutts Mäxu. »Setz dich, Mani«, sagt der Bärenwirt. Mani stampft an der im Vollmond liegenden Seite der Buche den Schnee noch fester und setzt sich mit dem Rücken gegen die Buche, dort, wo sie angesägt ist. »Beginnen wir«, sagt der Bärenwirt, und dann schlagen Hackers Chrigu und Geißgrasers Nobi ihre Beile in die Blüttlibuche, die Beile prallen zuerst ab am eisenharten Stamm, die Schläge hallen durchs Tal, mächtig sind sie im Dorf zu hören, dann dringen die Beile langsam ein, jetzt schlagen Res Stierer und Binggu Kobler, und der Bärenwirt sieht, wie Mani, an den Baum gelehnt, die Lippen bewegt. Der Bärenwirt gibt ein Zeichen, Kobler und Stierer hören auf zuzuhauen, und der Bärenwirt neigt sich zu Mani und fragt, ob er noch etwas wolle. »Der Vollmond«, antwortet Mani mit großen Augen. »Der Vollmond?«, fragt der Bärenwirt und schaut verständnislos hin. »Was soll mit dem sein?« Dann wendet er sich wieder den beiden mit den Beilen zu. »Es ist nichts, schlagt weiter.« – »Ich weiß nicht«, sagt Binggu, und Res sagt: »Schau dir doch noch einmal den Vollmond an, Bärenwirt.« Der betrachtet ihn. »Der ist nicht mehr ganz rund«, sagt er dann. »Ein kleines Stück ist weg«, sagt hinter ihm Sämu furchtsam. Dem Bärenwirt geht ein Licht auf. »Eine Mondfinsternis«, erklärt er, »das kommt jeden Monat vor.« »Noch nie gesehen«, mault Hermännli Zurbrüggen. Ob sie denn je den Mond betrachtet hätten oder die Sterne, fragt der Bärenwirt. Jede Nacht säßen sie ja bei ihm in der Gaststube, und wenn sie heimgingen, sähen sie sowieso den Mond nicht, so voll seien sie dann; eine Mondfinsternis sei etwas beinah Allwöchentliches, er habe schon den Halbmond so halb gesehen, dass er wie ein Viertelkäse ausgesehen habe, in Minuten sei jede Mondfinsternis vorüber. »Die nimmt aber zu«, sagt Binggu, »der Mond wird immer weniger.« Alle schweigen, und dann kommt vom Waldrand der alte Geißgraser auf die Bauern zu wie ein Gespenst im Mondlicht, das unmerklich immer schwächer wird. »Ihr Kälber, merkt ihr nun, warum euch Wauti Locher mit seinen Millionen verführt hat, Mani in dieser Vollmondnacht totzuschlagen«, meckert der Alte schadenfreudig, »weil heute der Mond zerplatzt, weil er von innen zu glühen beginnt, ihr werdet es sehen. Ich habe das schon einige Male beobachtet, aber noch nie an einem Sonntag. Der Mond wird heute in Stücken auf die Erde fallen, jedes Stück größer als Europa, und die Erde und die Welt werden untergehen. Darum gibt auch der Locher seine Millionen her, weil sie ihm sowieso nichts mehr nützen.« Der Alte lacht, hopst vor Freude im Schnee herum, aber sein Sohn Ludi schreit ihm zu: »Halt's Maul.« Und Binggu schlägt mit dem Beil wie wild auf die Blüttlibuche ein, und dann fängt auch Res an zuzuschlagen, ebenso wild, ebenso trotzig, im höllischen Takt. »Aufhören«, schreit der Bärenwirt entsetzt, »der Mond verschwindet.« Die beiden glotzen wie die anderen den Mond an. »Er verschwindet nicht«, meint Res Stierer, »etwas rostiges Braunes legt sich über ihn.« – »Das ist die Sonne«, überlegt sich Binggu Kobler. »Ich glaube, Australien«, korrigiert ihn Zurbrüggens Sämi, »ich glaube, ich habe das in der Schule gelernt.« – »Unsinn«, sagt Res, »die Erde ist rund, da können die nicht gleichzeitig da oben sein, sonst können die in Australien ja auf dem Mond spazieren gehen, so ein Blödsinn.« Die Bauern starren und starren. Der Mond verfinstert sich immer unerbittlicher, wechselt von einem erdigen Braun zu einem rostigen Braun und ist von brennenden Sternen umgeben, die vorher nicht da waren, wird endlich zu einem glühenden zerfressenen Auge, mit grässlichen Geschwüren übersät, das bösartig auf den dunkelrot verfärbten Schnee und die Bauern glotzt, deren Beile wie mit Blut beschmiert scheinen. »Hau ab, Mani«, brüllt der Bärenwirt, »hau ab«, und fällt auf die Knie. »Unser Vater, der Du bist im Himmel«, beginnt er zu beten, und die andern Bauern beten mit, »Dein Name werde geheiligt.« Nur der alte Geißgraser wälzt sich im Schnee, der Mond platze von innen, sein Eiter werde alles überschwemmen, und dann gehe die Welt unter; er grölt, jubelt, lacht. »Dein Reich komme«, beten die Bauern. Mani scheint nicht begriffen zu haben, dass er frei ist, sitzt immer noch unbeweglich. »Dein Wille geschehe auf Erden wie im Himmel.« Endlich kommt Mani hoch, da bricht es hinter dem feuerrot glühenden Geschwür am Himmel hervor, ein weißheller Funke. »Er kommt wieder«, schreit Hermännli Zurbrüggen. »Der Mond kommt wieder, der Mond.« Die Bauern schnellen hoch, ein einziger Freudenschrei, die Furcht fällt von ihnen ab, je mehr der gleißende Funke wächst, zu einem Stück des alten Vollmonds wird. »Haut zu«, schreit der Bärenwirt, und schon schlagen Res und Binggu in den Baum, in mächtigem Takt, hinein mit den Beilen in den Stamm, gegen den sich Mani lehnt, sitzend, die Beine gespreizt im Schnee, der sein gespenstisches Dunkelrot verliert, dann schlagen wieder Nobi und Chrigu zu, der Mond tritt immer prächtiger hervor hinter dem blutigen Geschwür, das sich in nichts auflöst, die Sterne verschwinden, jetzt schlagen auch Hinterkrachen und der alte Zurbrüggen zu, Aebiger, Fäser, Aellen und Bödelmann, dann alle Bauern, auch der Bärenwirt, jeder springt vor, ein Schlag, dann der Nächste; und wie die Blüttlibuche niederfällt, ist der Vollmond, wie er vor der Mondfinsternis war, groß, rund, milde, sanft, der Himmel schwimmendes silbernes Licht. Nun müssten sie ihn noch unter dem Stamm hervorkratzen, die Blüttlibuche sei mordsdick, befiehlt der Bärenwirt, Mani sehe schön zerquetscht aus, so weit man es sehe, ein einziger Brei. Und daher ist denn auch um acht, wie es Tag wird, der Bärenwirt etwas enttäuscht, als Lotcher die Leiche nicht sehen will, sondern meint, er glaube es ihm ja, dass Mani verunglückt sei, warum solle er denn noch die Leiche besichtigen.

Lotcher ist zum ersten Mal seit jener Nacht, als er aus der Winterdunkelheit in die Gaststube trat, von seinem Zimmer heruntergekommen. Er ist schon in Pelzmantel und Stiefeln, sitzt am langen Tisch und trinkt Milchkaffee aus einer großen Tasse, ihm gegenüber sitzen Frieda und Änni. Es kommt dem Bärenwirt vor, als zitterten Lotchers Hände, auch scheint er ihm älter geworden zu sein, grauer und bleicher das Gesicht. Das Geld sei oben, sagt Lotcher. Der Bärenwirt poltert nach oben, reißt Lotchers Zimmer auf, auf dem Tisch unter dem Fenster liegt noch immer der Koffer, unverschlossen, er klappt den Deckel auf, voller Geld. Im Bett liegt seine Frau. Mani sei unter die Blüttlibuche geraten, sagt er, das Geld anstarrend, die Kapelle brauche neue Balken. Sie hätten die Schläge gehört, gähnt Lisette.

Er starrt die Tausendernotenbündel an, er zählt, zehntausend, zehntausend, zehntausend, er spürt, etwas stimmt nicht, zehntausend, neuntausend, er zählt noch einmal, neuntausend, zehntausend, achttausend. »Ihr Weiber habt Tausendernoten genommen, alle habt ihr Tausendernoten genommen.« Lisette lacht: »Wir kosten auch; wenn es euch nicht passt, haben wir etwas zu erzählen.« Der Bärenwirt schließt den Koffer, trägt ihn in das Schlafzimmer, will ihn wegschließen, es fällt ihm ein, dass seine Frau einen zweiten Schlüssel hat, und so geht er denn mit dem Koffer nach unten. Lotcher ist nicht mehr in der Gaststube. Wo Wauti sei, fragt der Bärenwirt noch auf der Treppe das Änni. Sie wisse es nicht, antwortet sie, und als er befiehlt, sie solle in die Küche gehen und abwaschen, entgegnet Änni, das falle ihr nicht ein, sie habe dort nichts zu suchen, und als er Frieda anbrüllt, sie hätte sich an die Arbeit zu machen, statt da herumzuhocken, antwortet sie, sie kündige; als Tochter eines Millionärs und bald Schwiegertochter eines anderen Millionärs, des Bärenwirts nämlich, da sie ja Sämu heirate, arbeite sie nicht mehr. Dem Bärenwirt läuft Schweiß über das Gesicht, und durch die kleinen Scheiben sieht er, wie draußen der Cadillac vorbeifährt. Der Wagen gleitet aus dem Dorf und talabwärts, beim Felsen, bevor die Straße in den Wald gerät, holt er die Frau des toten Mani ein. Nach bald vierzig Jahren sieht er Zurbrüggens Kläri wieder. Sie trägt einen Koffer. Der Cadillac hält. Sie geht weiter. Er lässt die Scheibe hinuntergleiten, neigt sich aus dem Fenster und sagt: »He, Kläri, steig ein.« Sie bleibt stehen, betrachtet ihn, sagt dann: »Wenn du mich schon einlädst, Wauti Locher.« Er öffnet die rechte Türe, sie legt ihren Koffer auf den Hintersitz und setzt sich neben ihn und sagt: »Du siehst aus wie ein Hundertjähriger.« – »Wir sind beide alt geworden«, sagt Lotcher. »Wo willst du hin?«, fragt er, als sie schon im Wald sind. »Nach Oberlottikofen, Arbeit suchen«, antwortet sie. Der Wagen gleitet vorsichtig ins Tal hinunter. Kurz vor der Flötenbachschlucht reißt Lotcher das Steuer herum, so heftig, dass sich der Wagen quer zur Straße stellt. Er stellt den Motor ab. Er schweigt, schaut vor sich hin. »Kläri«, sagt er dann, »du hast mir verschwiegen, dass du von mir schwanger gewesen bist.« – »Mani und ich wollten heiraten, es war unsere Angelegenheit, nicht deine«, antwortet sie. »Es hat Mani nicht gestört?«, fragt er. »Kind ist Kind«, sagt sie. Er schweigt nachdenklich, meint endlich: »Es ist besser gewesen, dass du Mani geheiratet hast. Wir sind aus dem gleichen Holz geschnitzt. Wir passen nicht zueinander«, öffnet seinen Pelzmantel, die Verschlüsse des blauen und des roten Trainingsanzugs und macht seinen Hals frei. »Der Schmerz ist wieder da«, sagt er, »der gleiche wie vor einem halben Jahr.« Er lehnt sich zurück, lässt die Arme fallen. »Ich komme aus dem Spital. Ich hatte einen Herzinfarkt.« Die beiden schweigen. Der Himmel über den weißen Tannen ist von einem milchigen Grau, irgendwo verdichtet es sich zu einer leuchtenden konfusen Masse, ohne dass die Sonne sichtbar ist. Er reibt mit der rechten Hand unter den Trainingsanzügen langsam und gleichmäßig seine Brust. »Zugegeben, als ich das Dorf verlassen habe, damals, hatte ich eine Riesenwut, aber schon hier im Wald hatte ich die Wut vergessen, so sehr packte mich mit einem Mal die Sehnsucht, das alles zu verlassen, dieses Land und das übrige blöde Europa. Nun wohl, ich bin drüben reich geworden, unehrlich oder ehrlich, frag nicht, wie. Ich habe mich nie darum gekümmert, und frag mich auch nicht nach meinen Weibern auf der anderen Seite des miesen Atlantischen Ozeans und nach meinem Sohn, der alles erben wird, ein zehnmal größerer Schuft als ich. Und euch in eurem schäbigen Tal hatte ich längst vergessen, ja, um ehrlich zu sein, ich habe, seit ich damals von Flötigen mit dem Zug abgedampft bin, nie mehr an euch zurückgedacht, ihr seid aus meinem Gedächtnis verschwunden gewesen.« Er schweigt, tastet mühsam mit der rechten Hand, als wäre der linke Arm gelähmt, an der linken Türe herum, geräuschlos versinken die Fensterscheiben, nasskalte Luft umgibt sie, die Frau erscheint neben dem jetzt Uralten plötzlich wie jung. »Mitten in der Brust«, sagt er gleichgültig, »bis zum Kinn hinauf. Und der linke Arm, von der Achsel bis zu den Fingerspitzen.« Er schweigt wieder, die Frau neben ihm rührt sich nicht, er weiß nicht einmal, ob sie ihm zugehört hat. »Dann ist der Herzinfarkt gekommen«, sagt Lotcher, »nicht so heftig wie jetzt, aber arg genug. Wie ich dann wochenlang im Bett gelegen habe, kommt mir auf einmal wieder das Dorf in den Sinn, niemand sonst, einfach das Dorf. Eigentlich nur dieser Wald. Dann habe ich über das Dorf Erkundigungen einholen lassen; das erste Mal, dass ich einen schweizerischen Konsul gesehen habe. Darauf lande ich in Zürich und hebe vierzehn Millionen von einem meiner Nummern-Kontos ab.« Er denkt nach. »Aus Gutmütigkeit wahrscheinlich. Um euch etwas auf die Beine zu bringen, was sind schon vierzehn Millionen. Aber wie mir der Bärenwirt sagt, du seist damals von mir schwanger gewesen, packt mich die alte Riesenwut wieder, und ich stelle die Bedingung, du kennst sie ja, man müsse Mani totschlagen. Eigentlich hätten sie dich totschlagen sollen, aber so groß ist die Wut wieder nicht gewesen, so hat eben Mani dran glauben müssen, aber jetzt, wo ich zurückdenke, an diesen Abend mit dem Bärenwirt, weiß ich nicht, ob es eigentlich Wut gewesen ist. Ob nicht einfach eine ungeheure Gier über mich gekommen ist, noch einmal zu leben, wozu dieser Vorschlag gehört hat, weil, will man leben, will man auch morden, will man nicht nur Weiberschöße – wer alles in diesen zehn Tagen da oben in meinem Bett gelegen hat, um sich einen oder mehrere Tausenderscheine zu holen, ist mir gleichgültig, so wie es mir gleichgültig ist, wen sie totgeschlagen haben. Es hätte auch ein anderer sein können als Mani, ich habe die Leiche nicht angeschaut, und wenn sie niemanden totgeschlagen hätten, hätte ich ihnen das Geld auch gegeben.« Er schweigt. Ein großer schwarzer Vogel lässt sich auf der Vordertüre neben Lotcher nieder. »Dohlen kommen immer zu mir, schon damals sind sie immer zu mir gekommen«, sagt Lotcher, und der schwarze Vogel hüpft ins Innere des Wagens auf seine rechte Hand auf dem Steuer. Sie sagt: »Als sie die Landwirtschaftliche Ausstellung besucht haben, hätte ich nach Flötigen gehen und dich anzeigen sollen.« – »Du hast es nicht getan«, stellt er fest. Sie schweigt. »Ich hätte nachher Mani verachtet«, sagt sie dann, und er meint gleichgültig: »Das nützt ihm nichts, er ist tot.« Sie schweigt wieder, und nach einer Weile sagt sie ebenso gleichgültig: »Und jetzt verachte ich mich.« – »Was ist das schon«, sagt Lotcher, »ich habe mich immer verachtet.« Die Dohle hüpft auf die Vordertür. »Ich muss gehen«, sagt sie, »sonst verfehle ich noch den Zug nach Oberlottikofen.« Er antwortet nicht. Die Dohle fliegt in den nun gleichmäßig milchigen Morgenhimmel davon. Dann beginnt es leicht zu schneien. Sie öffnet die Wagentür, nimmt den Koffer vom Hintersitz, klettert um den Kühler. Sie stapft durch den Schnee, immer weiter die Straße hinunter ins Weiße. Sie kommt auf die Lichtung, dann in den dichteren Wald mit den größeren Tannen, die Flocken schweben mehr, als sie fallen, sie sind groß und luftig wie Blütenblätter, manchmal trägt sie den Koffer mit der Linken, und als sie Flötigen erreicht, hört es auf zu schneien. Sie geht an der Kirche vorbei, gelangt zum Bahnhof, der Personenzug ist schon abgefahren. Sie löst eine Fahrkarte, setzt sich auf die grüne Bank neben dem Stellwerk. Die Glocke gibt an. Der Stationsvorstand Bärtschi kommt aus seinem Raum. »Frau Mani«, sagt er, »der nächste Personenzug nach Oberlottikofen kommt erst in einer Stunde zehn Minuten, Sie frieren sich hier ja zu Tode.« Sie friere nie, antwortet sie. Sie sitzt unbeweglich, und es wird kälter. Auf einem Starkstrommast sitzt eine Dohle, fast nicht zu erkennen vor dem aufgetürmten schwarzen Koloss des Ödhorns. Der Pfarrer kommt mit seiner Frau, die Glocke gibt wieder an, der Personenzug von Oberlottikofen biegt um Riesers Wäldchen, hält, der Kondukteur springt vom Zug, schreit »Flötigen«, der Pfarrer küsst seine Frau, sie steigt ein, der Stationsvorstand hebt die Kelle, der Personenzug setzt sich in Bewegung, der Kondukteur springt auf den Zug, der Pfarrer winkt, kehrt sich um, sieht Frau Mani, will grüßen, grüßt dann aber nicht, geht weg. Von der Kirche schlägt es zehn. Vom Schulhaus her Kindergeschrei, die große Pause, die

Dohle fliegt wieder weg, dem Flötenbachwald zu. Oben, im Flötenbachwald, viel später, kommt er jäh zu sich, die Fenster sind immer noch offen, Schnee liegt im Wagen, auf seinem Mantel, auf seinem blauen und seinem roten Trainingsanzug, einen Augenblick lang glaubt er, es sei entsetzlich kalt, etwas Warmes, Süßes, Schwarzes quillt aus seinem Mund, aber er fühlt keinen Schmerz, eine große Ruhe ist über ihn gekommen. Mechanisch hantiert er am Instrumentenbrett, der Motor heult auf, er hantiert an der automatischen Kupplung, ohne dass er sein Hantieren wahrnimmt, der Wagen schnellt nach hinten, dann nach vorn, dann die Straße hinab, durchbricht die Schneeböschung, fällt in die Tannen, lautlos im tiefen Schnee, liegt quer im Dickicht. Eine seltsame Helligkeit schimmert durch den dunklen Schnee um ihn. Von der Straße hört er singen: »Der Mond ist aufgegangen, die goldnen Sternlein prangen am Himmel hell und klar.« Er begreift verwundert, dass jemand oben auf der Straße vorübergeht und dass es Nacht ist, und er erinnert sich, dass es vorher Morgen gewesen ist und irgendjemand bei ihm war, er weiß nicht mehr, wer. »Wie ist die Welt so stille und in der Dämmrung Hülle so traulich und so hold!«, singt die Frauenstimme, und dann ist ihm noch, als ob das Lied fern und ferner, dann wieder näher und dann ganz ferne in endlosen Strophen verklinge.

Es ist noch zu notieren: Claudine Zäpfel, die da singend durch den Schneewald die beschwerliche Straße nach Flötigen hinuntersteigt, braucht am nächsten Morgen nicht wieder zu Fuß ins Dorf zurück, um die wenigen Schüler und Schülerinnen zu unterrichten. Als sie bei Tagesanbruch, gegen acht, unbeachtet durch die Hintertüre des Pfarrhauses schlüpft, einen vor Erschöpfung tief schlafenden Pfarrer zurücklassend, und dem Waldrand entlang gegen die Straße vordringt, wird ihr gerade ihr Unbeachtetsein zum Verhängnis, schiebt sich doch eine riesige Schneeschleuder, gefolgt von einem Schneepflug, einem Tankwagen und einem Entsalzer, umwimmelt von schaufelnden Straßenarbeitern in orangefarbenen Mänteln, talaufwärts. Und überrascht von den Schneemassen, die sich aus der Schleuder auf sie stürzen, wird Claudine Zäpfel begraben, so vollständig, dass sie unzweifelhaft erstickt wäre, hätte nicht Ständerat Dr. Michael Aetti, der in einem Landrover mit Regierungsrat Schafroth der Maschinen- und Menschenkarawane folgt und als Kind des Landes das ganze Unternehmen kommandiert und anfeuert, das Unglück bemerkt und die unglückliche Lehrerin ausgraben lassen. Noch etwas von einem Frühzug murmelnd, mit welchem sie in Flötigen angekommen sei, in Wolldecken eingewickelt zwischen dem Stände- und dem Regierungsrat sitzend, rollt sie nun wie im Traum das Tal hinauf. Das geht nur langsam, die unermesslichen Schneemassen stellen die mächtige Schleudermaschine vor schier unlösbare Aufgaben, obgleich sie dermaßen ungestüm arbeitet und gleichsam Sturzfälle von Schnee erbricht, dass der Cadillac, der irgendwo unten am Waldrand liegt, im Vorbeifahren vollends zugedeckt wird; im Tannen- und Schneedickicht ist er ohnehin nur schwer zu erkennen gewesen. Aber so mühsam sich auch die Schlacht mit der Unmasse von Schnee und Eis gestaltet, ja obgleich ein heftiger Schneefall einsetzt, der der Expedition einen ähnlichen Kampf beim Rückweg androht, erreicht man doch das Dorf, wo sich schon die Bewohner versammelt haben, unter ihnen der seit mehr als zehn Tagen nicht gesehene, endlich nüchtern gewordene Polizist. Alle bestaunen die Ungeheuer von Maschinen, weshalb sich denn auch Claudine Zäpfel unbemerkt ins Schulhaus schleichen kann, froh, hier keine Schulkinder vorzufinden. Ihr Fehlen wird umso weniger bemerkt, als Ständerat Dr. Aetti – während der Regierungsrat Schafroth mit fröhlichem Gesicht danebensteht – auf den beunruhigten Bärenwirt zugeht, um den sich die Bauern finster scharen, ihm die Hand schüttelt und ihm erklärt, in seiner Eigenschaft als Ständerat und beeindruckt von der Unbeirrbarkeit der Flötenbacher, ihr Tal noch ursprünglich zu erhalten, wie er es im ›Mönch‹ in Oberlottikofen persönlich habe feststellen können, sei er zur Tat geschritten: Es sei Aufgabe der Gemeinschaft, ihr hartes Los hier oben zu lindern, ihnen freund-eidgenössisch beizustehen, weshalb er denn kurzerhand noch am Sonntagmorgen den zuständigen Bundesrat aus dem Bett geholt und die Direktoren der großen Versicherungen zusammengetrommelt habe, um ihnen zu erklären, die Gegend des Flötenbachs sei das einzige Bergtal des Landes, welches noch nicht durch Sessellift und Bauten für die Fremdenindustrie verschandelt und dessen Ökologie noch natürlich sei und wo man noch mit den Skiern auf eine Alp oder auf einen Berg steigen müsse, um hinunterzusausen oder zu wedeln, so dass es denn auf der Hand liege, hier das längst geplante Winter-Vita-Parcours-Zentrum für die Volksgesundheit zu errichten, mit Fitnessräumen, Turnhallen, Eisbahnen, Hallenschwimmbädern, Hotelblöcken, Spital und vielleicht doch einigen kleinen Sessellifts für jene, die für den echten Vita-Parcours noch zu schwächlich seien. Dazu käme notwendigerweise noch der Ausbau der Flötenbachstraße mit Anschluss an die Autobahn, kurz, ein Projekt, das allgemein eingeleuchtet, ja sogar Begeisterung gefunden habe, umso mehr, als die nötigen Gelder, zehn Millionen vom Bund, fünf Millionen vom Kanton und fünfundzwanzig Millionen von den Versicherungen schon längst von den verschiedenen Instanzen und Parlamenten bewilligt worden seien, bevor man sich auf den Ort geeinigt habe, so dass er nur noch auszurufen habe, auch ihnen in dieser einsamen Bergwelt leuchte jetzt eine bessere Zukunft; womit der Ständerat seine Rede beendet, die alle Flötenbacher, die eine ganz andere Ansprache erwartet und sich schon in Oberlottikofen vor dem Geschworenengericht gesehen haben, in wachsende Erregung versetzt, bis Rede und Erregung in eine tiefe Stille münden, die durch den Schrei einer Dohle, die über den Verstummten kreist, noch spürbarer wird, während das Gesicht des Gemeindepräsidenten und Bärenwirts Schlaginhaufen sich verklärt, der darauf mit Tränen in den Augen, deren er sich nicht schämt, mit schlichten Worten, den Ständerat spontan duzend, herzlich dankt: »Aetti, wir danken dir, Gott hat uns gesegnet.«

ARTHUR CONAN DOYLE

Das letzte Problem

Wenn ich jetzt zum Stift greife, dann schweren Herzens, weil ich die einmaligen Fähigkeiten meines Freundes Mr Sherlock Holmes hier zum allerletzten Mal dokumentiere. Ich habe auf eine planlose und, wie mir deutlich bewusst ist, absolut unzulängliche Art versucht, unsere gemeinsamen Erlebnisse zu schildern, angefangen mit der »Studie in Scharlachrot« aus der Anfangszeit unserer Freundschaft bis zum Fall des gestohlenen Flottenabkommens – ein Fall, dessen Ermittlungsergebnisse fraglos gravierende internationale Spannungen verhinderten. Dort sollte Schluss sein, denn das Ereignis, das vor zwei Jahren eine tiefe und noch immer nicht gefüllte Lücke in mein Leben riss, wollte ich eigentlich ausklammern. Die Schriften, die Colonel James Moriarty kürzlich publiziert hat, um die Weste seines Bruders reinzuwaschen, lassen mir jedoch keine Wahl, und so sehe ich mich gezwungen, der Öffentlichkeit den wahren Ablauf der Ereignisse zu schildern. Ich bin der Einzige, der die ganze Wahrheit kennt, und ich denke, dass es in Anbetracht der gegenwärtigen Umstände zwecklos wäre, sie weiter unter Verschluss zu halten. Soweit ich weiß, gibt es nur drei Berichte darüber: den Artikel im *Journal de Genève* vom sechsten Mai 1891, die Reuters-Meldung an die britische Presse vom siebten

Mai und die erwähnten Schriften. Die ersten beiden sind sehr kurz, und die dritte Veröffentlichung stellt die Tatsachen, wie ich gleich zeigen werde, komplett auf den Kopf. Deshalb halte ich es für meine Pflicht, zum ersten Mal wahrheitsgetreu zu berichten, was sich damals zwischen Professor Moriarty und Mr Sherlock Holmes abgespielt hat.

Wie man sich vielleicht erinnert, führten meine Heirat und der nachfolgende Beginn meiner Tätigkeit als Hausarzt dazu, dass sich die engen Freundschaftsbande zwischen Holmes und mir etwas lockerten. Er bat mich zwar gelegentlich um Beistand bei seinen Ermittlungen, meldete sich aber immer seltener, und so liegen für das Jahr 1890 nur Notizen zu drei Fällen vor. Wie ich der Zeitung entnahm, ermittelte er vom Winter jenes Jahres bis zum Frühjahr 1891 im Auftrag der französischen Regierung in einem brisanten Fall, und ich erhielt jeweils einen Brief aus Narbonne und Nîmes, durch die ich erfuhr, dass sich sein Frankreichaufenthalt in die Länge zog. Deshalb war ich ziemlich verdutzt, als er am Abend des vierundzwanzigsten April mein Behandlungszimmer betrat. Er wirkte noch blasser und schmaler als sonst.

»Ja, ich habe mit meinen Kräften nicht gerade gehaushaltet«, antwortete er eher auf meinen Blick als auf meine Worte. »In letzter Zeit habe ich unter starkem Druck gestanden. Darf ich die Fensterläden schließen?«

Im Zimmer brannte nur die Lampe, in deren Schein ich gelesen hatte. Holmes glitt an der Wand entlang, warf die Fensterläden zu und schob alle Riegel vor.

»Haben Sie Angst?«, fragte ich.

»Um offen zu sein: ja.«

»Und wovor?«

»Vor Luftgewehren.«

»Mein lieber Holmes, wie meinen Sie das?«

»Sie kennen mich gut genug, um zu wissen, dass ich kein Hasenfuß bin, Watson. Aber wenn man eine drohende Gefahr verdrängt, zeugt das nicht von Mut, sondern von Dummheit. Haben Sie vielleicht ein Streichholz?« Er inhalierte den Rauch seiner Zigarette, als wäre er dankbar für dessen beruhigende Wirkung.

»Bitte verzeihen Sie die späte Stunde«, sagte er. »Außerdem muss ich Sie bitten, mir zu erlauben, Ihr Haus nachher etwas unorthodox über die Gartenmauer zu verlassen.«

»Was ist denn los, Holmes?«, fragte ich.

Er reckte eine Hand, und ich sah im Lampenschein, dass zwei Fingerknöchel aufgeschrammt und blutig waren.

»Wie Sie sehen, bilde ich mir nichts ein«, sagte er lächelnd. »Stattdessen sind die Gründe für meine Befürchtungen so konkret, dass ich mir fast die Hand gebrochen hätte. Ist Mrs Watson daheim?«

»Sie macht auswärts einen Besuch.«

»Aha? Dann sind Sie allein?«

»Denke schon.«

»In diesem Fall fällt es mir leichter, Sie zu bitten, mich eine Woche auf den Kontinent zu begleiten.«

»Wohin genau?«

»Ach, irgendwohin. Ist gehüpft wie gesprungen.«

Ich fand das sehr befremdlich. Planlos in Urlaub zu fahren war nicht seine Art, und sein bleiches, verhärmtes Gesicht verriet mir, dass seine Nerven bis zum Zerreißen gespannt waren. Er sah die Frage in meinen Augen und erklärte mir die Situation, die Ellbogen auf den Knien und die Fingerspitzen aneinandergelegt.

»Sie haben sicher noch nie von Professor Moriarty gehört, oder?«, fragte er.

»Nein.«

»Tja, das ist das Verrückte und Geniale an der Sache!«, rief er. »Der Mann hat ganz London unterwandert, und niemand kennt seinen Namen. Genau das verschafft ihm einen Spitzenplatz in der Kriminalgeschichte. Ganz im Ernst, Watson – wenn ich diesen Mann besiegen und die Gesellschaft von ihm befreien könnte, dann wäre das die Krönung meiner Karriere, und ich würde danach glatt eine ruhigere Kugel schieben. Unter uns gesagt, habe ich an den letzten Fällen, in denen ich für das skandinavische Königshaus und die Republik Frankreich ermittelt habe, genug verdient, um mich ganz auf meine chemischen Forschungen konzentrieren und das beschauliche Leben führen zu können, das mir am meisten liegt. Doch ich wäre ruhelos und könnte nicht still im Sessel sitzen, Watson, wenn ich wüsste, dass jemand wie Professor Moriarty immer noch frei durch London läuft.«

»Was hat er auf dem Kerbholz?«

»Zunächst einmal hat er einen beeindruckenden Lebenslauf. Er stammt aus gutem Haus, ist hoch gebildet und obendrein das geborene Mathematikgenie. Mit einundzwanzig publizierte er eine Abhandlung über den Binomialsatz, die in ganz Europa Furore machte und ihm eine Professur an einer unserer kleineren Universitäten bescherte. Er hätte eine glanzvolle wissenschaftliche Karriere vor sich gehabt, nur zeichnet er sich, wohl erblich bedingt, durch eine geradezu teuflische Seite aus, und diese kriminelle Ader wird durch seine Genialität nicht gemäßigt, sondern ganz im Gegenteil auf die bedrohlichste Stufe gehoben. In der Universitätsstadt rankten sich so dunkle Gerüchte um seine Person, dass er am Ende seinen Stuhl räumen und nach London gehen musste, wo er jetzt als Tutor für Offiziersanwärter tätig ist. So weit die allgemein bekannten Fakten. Alles Weitere beruht auf eigenen Ermittlungen.

Wie Sie wissen, Watson, gibt es keinen besseren Kenner der professionellen Verbrecherkreise Londons als mich. Ich hatte schon lange die Ahnung, dass hinter vielen kriminellen Taten eine geheime Macht steckt, die die Täter beschützt, alle Strippen zieht und sich dem Gesetz beharrlich in den Weg stellt. Dies war in den unterschiedlichsten Fällen spürbar – ob bei Raub, Fälschung oder Mord –, und auch viele rätselhafte Vergehen, bei denen ich nicht hinzugezogen wurde, ließen vermuten, dass diese Macht im Hintergrund wirkte. Ich habe viele Jahre versucht, ihren Schleier zu lüften, und hatte schließlich das Glück, einen Faden aufnehmen zu können, der mich nach zahllosen raffinierten Windungen zu Moriarty führte, ehemaliger Professor und gefeierter Mathematiker.

Dieser Mann ist der Napoleon des Verbrechens, Watson. Er organisiert nicht nur die Hälfte dessen, was in dieser Stadt an Bösem geschieht, sondern auch alles, was im Verborgenen vor sich geht. Er ist ein Genie, ein Philosoph, ein abstrakter Denker. Ein wahrer Gehirnakrobat. Er liegt ebenso reglos auf der Lauer wie eine Spinne im Zentrum ihres Netzes, doch sein Netz hat Tausende von Fäden, und er kontrolliert das Beben eines jeden einzelnen. Persönlich rührt er keinen Finger. Er tüftelt nur die Pläne aus und hat zahllose, gut organisierte Schergen an der Hand. Soll ein Verbrechen begangen werden, etwa der Diebstahl von Unterlagen, der Einbruch in ein Haus oder die Beseitigung einer Person, dann informiert man den Professor, der die Sache plant und anleiert. Vielleicht wird der Täter gefasst. In diesem Fall wird Geld für die Kaution oder einen Verteidiger gestellt. Doch der wahre Drahtzieher, jener, der sich des Ausführenden bedient hat, wird nie erwischt – ja er gerät nicht einmal in Verdacht. So sieht die Organisation aus, auf deren Existenz ich geschlossen hatte, Watson, und die ich nun unter Aufbringung all meiner Energie zu enttarnen und zu zerschlagen versuche.

Der Professor verschanzt sich allerdings hinter so geschickt konstruierten Schutzwällen, dass ich trotz aller Bemühungen keine Möglichkeit sah, ihn auf Grundlage handfester Beweise vor Gericht zu bringen. Sie kennen meine Fähigkeiten, mein lieber Watson, und dennoch musste ich mir nach drei Monaten eingestehen, zum ersten Mal auf einen intellektuell ebenbürtigen Gegenspieler gestoßen zu sein. Mein Entsetzen über seine Verbrechen wich der Bewunderung seines Könnens. Schließlich leistete er sich doch einen Fehler – einen kleinen, ja winzigen Fehler –, den er sich, weil ich ihm so dicht im Nacken saß, aber nicht hätte erlauben dürfen. So bot sich mir endlich eine Gelegenheit, und ich konnte davon ausgehend ein Netz um ihn weben, das sich in Kürze schließen wird. In drei Tagen – also am nächsten Montag – ist es so weit, dann werden sich der Professor und seine wichtigsten Komplizen in der Gewalt der

Polizei befinden. Danach wird es zum größten Strafprozess des Jahrhunderts kommen, der zur Aufklärung von über vierzig rätselhaften Fällen beitragen und alle Tatbeteiligten an den Galgen bringen wird. Wenn wir voreilig handeln, könnten sie den Kopf allerdings noch im letzten Moment aus der Schlinge ziehen, verstehen Sie?

Alles wäre in schönster Ordnung, wenn Professor Moriarty ahnungslos wäre, nur ist er leider viel zu klug. Er war sich jedes Schrittes bewusst, den ich tat, um die Schlinge enger zu ziehen, und versuchte wiederholt, sich zu entwinden, aber es gelang mir stets, ihm eine Nasenlänge voraus zu sein. Ganz ehrlich, alter Freund – könnte man die Geschichte dieses im Stillen ausgefochtenen Kampfes in allen Einzelheiten erzählen, dann wäre es zweifellos einer der brillantesten Schlagabtausche der Kriminalgeschichte. Weder habe ich mich jemals zu solchen Höhen aufgeschwungen, noch wurde ich jemals so hart von einem Gegner bedrängt. Er teilte heftig aus, aber ich konnte jeden Schlag um Haaresbreite parieren. Heute Morgen, ich hatte letzte Maßnahmen ergriffen und wusste, dass der Fall in drei Tagen abgeschlossen sein würde, saß ich im Wohnzimmer und durchdachte alles noch einmal, als die Tür aufging. Im nächsten Moment trat Professor Moriarty ein.

Ich habe ziemlich starke Nerven, Watson, muss aber gestehen, dass ich erschrak, als ich den Mann vor mir sah, mit dem ich mich so lange beschäftigt hatte. Sein Erscheinungsbild war mir vertraut. Er ist extrem groß und mager, seine Stirn wölbt sich wie eine weiße Kuppel nach vorn, und seine Augen liegen tief im Schädel. Er ist bartlos und blass, strahlt etwas Asketisches aus und hat sich gewisse professorale Züge bewahrt. So geht er aufgrund der andauernden Forschungsarbeit etwas gebeugt und dreht seinen nach vorn gereckten Kopf wie ein Reptil unaufhörlich hin und her. Er musterte mich extrem neugierig aus seinen faltigen Augen.

›Ihre Stirnpartie ist schwächer ausgeprägt als erwartet‹, sagte er schließlich. ›Ist übrigens nicht ganz ungefährlich, geladene Schusswaffen in der Tasche seines Morgenmantels zu befingern.‹

Tatsache ist, dass mir bei seinem Eintreten schlagartig bewusst wurde, in welcher Gefahr ich schwebte, denn er konnte seine Haut nur retten, indem er mich zum Verstummen brachte. Also klaubte ich den Revolver aus der Schublade und schob ihn in meine Tasche. Bei seinen Worten holte ich die Waffe heraus und legte sie mit gespanntem Schlagbolzen auf den Tisch. Moriarty lächelte und blinzelte, aber irgendetwas in seinem Blick verriet mir, dass ich froh sein konnte, einen Revolver zur Hand zu haben.

›Sie scheinen mich nicht zu kennen‹, sagte er.

›Im Gegenteil‹, erwiderte ich, ›und das sollten Sie eigentlich wissen. Bitte nehmen Sie Platz. Ich gebe Ihnen fünf Minuten Zeit, falls Sie vorhaben, aus Ihrem Herzen keine Mördergrube zu machen.‹

›Alles, was ich sagen könnte, ist Ihnen sicher schon durch den Kopf gegangen‹, meinte er.

›Dann dürfte Ihnen meine Antwort auch schon durch den Kopf gegangen sein‹, sagte ich.

›Sie machen also weiter?‹

›Natürlich.‹

Er griff in die Tasche, und ich riss den Revolver vom

Tisch, doch er fischte nur ein Büchlein aus der Tasche, in dem er ein paar Daten notiert hatte.

›Sie haben meinen Weg am vierten Januar gekreuzt‹, sagte er. ›Am dreiundzwanzigsten sind Sie mir in die Quere gekommen; Mitte Februar haben Sie mich ernsthaft behindert; Ende März konnte ich meine Pläne nicht umsetzen; und nun, gegen Ende April, befinde ich mich durch Ihre ständigen Nachstellungen in einer Lage, die zur Folge haben könnte, dass ich meine Freiheit verliere. Die Situation wird allmählich unerträglich.‹

›Irgendwelche Vorschläge?‹, fragte ich.

›Lassen Sie es, Mr Holmes‹, sagte er und drehte den Kopf hin und her. ›Ich rate Ihnen dringend, es zu lassen.‹

›Nach dem kommenden Montag‹, sagte ich.

›Ts-ts!‹, sagte er. ›Sie sind eindeutig zu intelligent, um nicht zu begreifen, dass diese Angelegenheit nur auf eine Art beendet werden kann. Es ist zwingend notwendig, dass Sie sich nicht weiter einmischen. Sie haben die Sache so weit getrieben, dass uns nur noch eine Wahl bleibt. Es war mir ein intellektuelles Vergnügen, Ihre Vorgehensweise beobachten zu dürfen, und ich sage Ihnen aufrichtig, dass ich es zutiefst bedauern würde, zu drastischen Maßnahmen greifen zu müssen. Sie lächeln, Sir, aber ich versichere Ihnen, dass ich davor nicht zurückschrecke.‹

›Gefahr gehört zu meinem Geschäft‹, bemerkte ich.

›Ich rede nicht von Gefahr‹, sagte er, ›sondern von unausweichlicher Vernichtung. Sie stehen einer mächtigen Organisation im Weg, deren ganzes Ausmaß Sie trotz Ihrer Schlauheit nicht erfasst haben. Treten Sie zur Seite, Mr Holmes, wenn Sie nicht zertrampelt werden wollen.‹

›Ich fürchte‹, sagte ich, indem ich mich erhob, ›dass ich über unsere nette Plauderei wichtige Geschäfte vernachlässige.‹

Er stand ebenfalls auf, sah mich schweigend an und schüttelte betrübt den Kopf.

›Gut, gut‹, sagte er schließlich. ›Ist ein Jammer, aber ich habe es versucht. Sie können bis Montag nichts unternehmen. Es war ein Duell zwischen Ihnen und mir, Mr Holmes. Sie hoffen, mich auf die Anklagebank zu bringen. Sie werden mich niemals auf die Anklagebank bringen, glauben Sie mir. Sie hoffen, mich zu besiegen. Sie werden mich niemals besiegen, glauben Sie mir. Und sollte es Ihnen doch gelingen, mich zu vernichten, dann zahle ich es Ihnen mit gleicher Münze heim, verlassen Sie sich darauf.‹

›Sie haben mir so einige Komplimente gemacht, Mr Moriarty‹, erwiderte ich. ›Ich will mich revanchieren, indem ich sage, dass ich Letzteres im Interesse des Allgemeinwohls mit Freuden in Kauf nehmen würde, wenn ich hundertprozentig sicher wäre, dass mir Ersteres gelingt.‹

›Letzteres ist Ihnen gewiss, Ersteres nicht‹, knurrte er, kehrte mir den runden Rücken zu und verschwand blinzelnd und herumäugend aus dem Zimmer.

So weit mein etwas bizarres Gespräch mit Professor Moriarty. Ich gestehe, dass es unangenehm in mir nachhallte. Seine leise, präzise Redeweise bewies deutlicher als brutale Schläge, wie ernst es ihm war. Sie fragen sich bestimmt: ›Warum lässt er ihn nicht von der Polizei verhaften?‹ Weil ich genau weiß, dass er einen seiner Handlanger zuschlagen lassen wird. Dafür habe ich konkrete Beweise.«

»Sie wurden schon attackiert?«

»Professor Moriarty ist niemand, der den lieben Gott einen guten Mann sein lässt, Watson. Gegen Mittag hatte ich in der Oxford Street zu tun. Als ich an der Ecke Bentinck und Welbeck Street vorbeiging, wurde ein Zweispänner herumgerissen und raste blitzschnell auf mich zu. Ich konnte mich in letzter Sekunde durch einen Sprung auf den Bürgersteig retten. Die Kutsche bog in die Marleybone Lane ein, und weg war sie. Danach blieb ich auf dem Bürgersteig, aber in der Vere Street fiel ein Backstein vom Dach und ging direkt vor meinen Füßen zu Bruch. Ich rief die Polizei und ließ das Haus untersuchen. Wegen anstehender Reparaturarbeiten lagern Backsteine und Schieferplatten auf dem Dach, und man wollte mir weismachen, der Stein sei durch den Wind abgerutscht. Ich wusste es besser, konnte aber nichts beweisen. Danach nahm ich eine Droschke und verbrachte den Tag in der Wohnung meines Bruders in Pall Mall. Auf dem Weg zu Ihnen wurde ich von einem Typen mit Totschläger angegriffen. Ich schlug ihn nieder, und die Polizei nahm ihn fest, aber ich bin mir absolut sicher, dass man keine Verbindung zwischen dem Gentleman, dessen Vorderzähne durch meine Faust entfernt wurden, und unserem Mathematikprofessor a.D. herstellen kann, der knapp zehn Meilen von hier vermutlich gerade Berechnungen auf einer Schultafel anstellt.

Verstehen Sie jetzt, warum ich nach dem Betreten dieses Zimmers sofort die Fensterläden geschlossen und Sie gebeten habe, Ihr Haus auf einem diskreteren Weg als durch die Vordertür verlassen zu dürfen, Watson?«

Ich hatte den Mut meines Freundes oft bewundert, aber noch nie so sehr wie jetzt, als er seelenruhig mehrere

Attentate aufzählte, die diesen Tag zu einer wahren Hölle für ihn gemacht haben mussten.

»Wollen Sie hier übernachten?«, fragte ich.

»Nein, alter Freund, ich wäre ein gefährlicher Gast. Meine Pläne stehen, und es wird schon werden. Die Sache ist inzwischen so weit gediehen, dass die Verhaftung ohne mich erfolgen kann. Für eine Verurteilung ist meine Anwesenheit allerdings erforderlich. Deshalb wäre es am besten, wenn ich während der Tage verreise, die es noch dauert, bis die Polizei zuschlägt, und ich würde mich sehr freuen, wenn Sie mich auf den Kontinent begleiten würden.«

»In der Praxis ist nicht viel los«, sagte ich, »und ich habe einen hilfsbereiten Nachbarn. Ich komme gern mit.«

»Gleich morgen früh?«

»Wenn es eilt.«

»O ja, es eilt sehr. Sie müssen einige Anweisungen befolgen, und zwar aufs Wort, wenn ich bitten darf, denn Sie mischen ab jetzt bei einem beidhändigen Spiel gegen den intelligentesten Kriminellen und das mächtigste Verbrechersyndikat Europas mit. Hören Sie gut zu! Heute Abend lassen Sie Ihr Gepäck ohne Adressanhänger von einem Boten, dem Sie voll vertrauen, zur Victoria Station schaffen. Morgen früh soll Ihr Bursche eine Droschke rufen, aber weder die erste noch die zweite, die sich anbietet. Sie springen hinein, fahren zum Strand und lassen vor dem Eingang zur Lowther Arcade halten, einer Adresse, die Sie auf einem Zettel notieren und dem Kutscher mit der Bitte geben, sie nicht wegzuwerfen. Halten Sie das Geld bereit, denn wenn die Droschke hält, rennen Sie sofort durch die Arkade zur anderen Seite. Sie müssen pünktlich um Viertel nach neun dort sein. An der Bordsteinkante wartet ein Brougham, dessen Kutscher einen schweren, schwarzen Mantel mit rotem Kragen trägt. Er bringt Sie rechtzeitig zur Abfahrt des Expresszuges zur Victoria Station.«

»Wo finde ich Sie?«

»Im Zug. Im zweiten Wagen von vorn ist ein Abteil erster Klasse für uns reserviert.«

»Treffpunkt ist also das Abteil?«

»Ja.«

Ich bat Holmes vergebens, den Abend bei mir zu verbringen. Es lag auf der Hand, dass er verschwand, weil er befürchtete, Unheil über seinen Gastgeber zu bringen. Wir sprachen noch kurz über die Pläne für den nächsten Tag, dann ging er mit mir in den Garten, kletterte über die Mauer zur Mortimer Street und pfiff sofort nach einer Droschke. Ich hörte, wie sie mit ihm abfuhr.

Am folgenden Morgen hielt ich mich genau an Holmes' Anweisungen. Um zu vermeiden, dass ich in eine extra für mich platzierte Droschke stieg, wurde nicht die erstbeste gerufen. Nach dem Frühstück fuhr ich sofort zur Lowther Arcade und spurtete dort zur anderen Seite, wo mich ein Brougham mit einem sehr dicken, in einen dunklen Mantel gehüllten Kutscher erwartete. Kaum war ich eingestiegen, da trieb er das Pferd an und rumpelte zur Victoria Station. Nachdem ich ausgestiegen war, wendete er die Kutsche und raste davon, ohne mich eines Blickes gewürdigt zu haben.

Bis dahin war alles wunderbar glattgegangen. Mein Gepäck stand bereit, und ich fand das von Holmes genannte Abteil auf Anhieb, zumal es das einzige mit dem Schild »Reserviert« war. Beunruhigend war nur das Ausbleiben von Holmes. Der Zug, das verriet mir die Bahnhofsuhr, fuhr in sieben Minuten. Ich ließ den Blick über die Gruppen von Reisenden und Abschied nehmenden Menschen schweifen, ohne eine Spur meines hochgewachsenen Freundes entdecken zu können, und half dann einem greisen italienischen Priester, der dem Schaffner in gebrochenem Englisch zu erklären versuchte, dass sein Gepäck nach Paris gehen solle. Das dauerte einige Minuten, und nachdem ich mich ein letztes Mal nach Holmes umgeschaut hatte, kehrte ich in mein Abteil zurück, nur um festzustellen, dass mir der Schaffner trotz Reservierung den gebrechlichen Priester als Reisebegleiter zugeteilt hatte. Ich konnte ihm nicht erklären, dass er im falschen Abteil saß, denn mein Italienisch war noch lausiger als sein Englisch, und so zuckte ich resigniert mit den Schultern und hielt weiter angespannt Ausschau nach meinem Freund. Bei dem Gedanken, dass er ausblieb, weil ihn nachts ein Unglück ereilt hatte, beschlich mich leise Furcht. Die Türen waren schon geschlossen, und der Pfiff ertönte, als …

»Mein lieber Watson«, sagte jemand, »sehr unhöflich von Ihnen, mir nicht guten Morgen zu wünschen.«

Ich fuhr maßlos erstaunt herum. Der greise Priester wandte mir das Gesicht zu, und ich sah, wie sich die Falten glätteten und die Nasenspitze anhob, wie sich die schlaffe Unterlippe straffte und das Murmeln verebbte, wie sich die krumme Gestalt aufrichtete und ein Funkeln in die trüben Augen trat. Im nächsten Moment verwandelte sich Holmes wieder zurück in den Priester.

»Meine Güte!«, rief ich. »Haben Sie mich erschreckt!«

»Wir müssen weiter auf der Hut sein«, flüsterte er. »Ich

habe Anlass zu der Vermutung, dass sie uns dicht auf den Fersen sind. Ah, da ist Moriarty höchstpersönlich.«

Der Zug hatte sich während seiner Worte in Bewegung gesetzt. Durch das Fenster erblickte ich einen großen Mann, der sich auf dem Bahnsteig wütend durch die Menge drängelte und eine Hand schwenkte, als wollte er befehlen, den Zug zu stoppen. Doch es war zu spät, denn wir gewannen rasch an Fahrt und rasten aus dem Bahnhof.

»Wie Sie sehen, haben wir es trotz aller Vorsichtsmaßnahmen nur knapp geschafft«, sagte Holmes lachend. Er stand auf, entledigte sich der schwarzen Soutane und des Hutes und stopfte beides in eine Reisetasche.

»Haben Sie heute Morgen in die Zeitung geschaut, Watson?«

»Nein.«

»Sie wissen also nichts von dem Vorfall in der Baker Street?«

»Welcher Vorfall?«

»Unsere Wohnung wurde letzte Nacht in Brand gesteckt. Der Schaden hält sich aber in engen Grenzen.«

»Verflucht, Holmes, das ist unsäglich!«

»Nach der Verhaftung des Schlägers haben sie mich wohl aus den Augen verloren, denn sonst hätten sie nicht geglaubt, ich wäre heimgekehrt. Aber wie es scheint, hat man Sie vorsichtshalber observiert, und das hat Moriarty zur Victoria Station geführt. Haben Sie sich auf dem Weg dorthin vielleicht einen Fehler geleistet?«

»Ich habe mich strikt an Ihre Anweisungen gehalten.«

»Sie haben den Brougham also gefunden?«

»Ja, er stand bereit.«

»Haben Sie den Kutscher erkannt?«

»Nein.«

»Es war mein Bruder Mycroft. In solchen Fällen ist es gut, wenn man keinen Dienstleister einweihen muss. Nun müssen wir uns allerdings überlegen, was wir gegen Moriarty unternehmen.«

»Wir sitzen in einem Schnellzug, der uns direkt zum Schiff bringt. Ich würde also meinen, dass wir ihn abgeschüttelt haben.«

»Mein lieber Watson, Sie scheinen nicht begriffen zu haben, was ich mit den Worten gemeint habe, er sei mir intellektuell ebenbürtig. Ihnen sollte bewusst sein, dass mich, wäre ich der Verfolger, ein so banaler Rückschlag nicht entmutigt hätte. Wie kommt es, dass Sie den Mann so unterschätzen?«

»Was wird er tun?«

»Was ich auch getan hätte.«

»Und das wäre?«

»Einen Sonderzug mieten.«

»Der käme aber zu spät.«

»O nein. Unser Zug hält in Canterbury, und es dauert immer eine gute halbe Stunde, bis das Schiff ablegt. Dort holt er uns ein.«

»Man könnte meinen, wir wären die Kriminellen. Am besten, wir lassen ihn bei seiner Ankunft verhaften.«

»Dann wäre die Arbeit dreier Monate umsonst gewesen. Wir hätten zwar den großen Fisch, aber die kleinen würden links und rechts aus dem Netz flutschen. Am Montag fangen wir alle. Nein, eine Verhaftung ist nicht drin.«

»Was dann?«

»Wir steigen in Canterbury aus.«

»Und danach?«

»Danach fahren wir über Land nach Newhaven und setzen nach Dieppe über. Moriarty wird daraufhin wieder tun, was auch ich getan hätte – er wird nach Paris reisen, unsere Koffer ausfindig machen und zwei Tage vor der Gepäckaufbewahrung lauern. Derweil gönnen wir uns zwei Reisetaschen, steigern in den Ländern, die wir durchqueren, den Absatz von Textilien und gelangen über Luxemburg und Basel ganz gemütlich in die Schweiz.«

Also stiegen wir in Canterbury aus, mussten jedoch feststellen, dass der nächste Zug nach Newhaven erst in einer Stunde ging.

Ich sah dem rasch abdampfenden Gepäckwagen, in dem sich meine Kleidung befand, betrübt nach, als Holmes an meinem Ärmel zupfte und auf die Strecke zeigte.

»Sehen Sie? Da kommt er schon.«

Eine dünne Rauchwolke stieg in der Ferne über den Wäldern Kents auf. Eine Minute später erschien eine Lokomotive mit einem Wagen und ging rasant in die zum Bahnhof führende Kurve. Wir hatten uns gerade hinter einen Haufen Gepäck geduckt, da raste sie fauchend und ratternd vorbei und blies uns heißen Dampf ins Gesicht.

»Da fährt er hin«, sagte Holmes, als wir dem auf den Schienen schwankenden Zug nachschauten. »Wie Sie merken, hat die Intelligenz unseres Freundes ihre Grenzen. Hätte er gefolgert, was ich gefolgert hätte, und dementsprechend gehandelt, dann wäre das ein *coup-de-maître* gewesen.«

»Und was, wenn er uns eingeholt hätte?«

»Er hätte sicher versucht, ein tödliches Attentat auf mich zu verüben, ein Spiel, das allerdings beide Seiten spielen können. Die Frage lautet jetzt, ob wir hier zeitig zu Mittag essen oder das Risiko auf uns nehmen, vor dem Erreichen des Büfetts in Newhaven zu verhungern.«

Am Abend desselben Tages erreichten wir Brüssel, blieben dort zwei Nächte und fuhren am dritten Tag nach Straßburg. Am Montag Morgen kabelte Holmes der Londoner Polizei, und am Abend lag die Antwort in unserem Hotel für ihn bereit. Er riss den Umschlag auf, überflog das Telegramm und warf es dann mit einem grimmigen Fluch ins Feuer.

»Ich hätte es wissen müssen!«, stöhnte er. »Er ist entkommen!«

»Moriarty?«

»Man hat die ganze Bande geschnappt – bis auf ihn. Er ist der Polizei entwischt. Nach meinem Verlassen des Landes gab es zwar niemanden mehr, der ihm gewachsen gewesen wäre, aber ich hatte geglaubt, den Behörden die Beute auf dem Silbertablett zu servieren. Sie sollten besser nach England zurückkehren, Watson.«

»Warum?«

»Weil ich ab jetzt ein gefährlicher Reisebegleiter bin. Der Mann hat keine Beschäftigung mehr. In London ist der Boden zu heiß für ihn, und wenn ich seinen Charakter richtig einschätze, wird er alles daransetzen, sich an mir zu rächen. Das hat er ja schon während unseres kurzen Gesprächs angekündigt, und er meint es offenbar ernst. Ich rate Ihnen nachdrücklich, zu Ihrer Praxis zurückzukehren.«

Dieser Appell stieß bei mir, seinem langjährigen Freund

und Mitstreiter, natürlich auf taube Ohren. Wir diskutierten im Straßburger *Salle à manger* eine geschlagene halbe Stunde über die Frage, setzten unsere Reise aber noch am gleichen Abend fort und erreichten bald darauf Genf.

Während der nächsten Woche wanderten wir durch das bezaubernde Tal der Rhône, bogen bei Leuk ab, überquerten den tiefverschneiten Gemmipass und wanderten von Interlaken nach Meiringen. Eine herrliche Route, denn unten war alles frühlingshaft grün, oben alles winterlich weiß, doch ich wusste, dass Holmes den Schatten, der auf ihm lastete, keine Sekunde vergaß. Seine pfeilschnellen, forschenden Blicke und das scharfe Studieren eines jeden Gesichts, das uns in beschaulichen Alpendörfern oder auf einsamen Bergpässen begegnete, verrieten seine Überzeugung, dass wir der Gefahr, die uns im Nacken saß, nicht entrinnen konnten, egal, wie weit wir liefen.

Ich weiß noch, dass sich einmal, wir passierten auf dem Weg über den Gemmipass gerade den melancholischen Daubensee, auf dem Kamm ein Felsbrocken löste, rechts von uns den Hang hinunterpolterte und hinter uns in den See klatschte. Holmes raste in Sekundenschnelle auf den Kamm und reckte den Hals, auf einer Felsnadel stehend, in jede Richtung. Unser Führer versicherte ihm vergebens, dass es an dieser Stelle während des Frühlings immer wieder zu Steinschlag komme. Holmes schwieg dazu, lächelte mich jedoch an, als hätten sich seine Befürchtungen bestätigt.

Trotz aller Wachsamkeit war er nicht bedrückt. Stattdessen habe ich ihn niemals strahlender erlebt. Er kam wiederholt darauf zu sprechen, dass er seiner Karriere mit Freuden ein Ende setzen würde, wenn er die Gewissheit hätte, dass die Gesellschaft von Professor Moriarty befreit wäre.

»Ich würde die Behauptung wagen, Watson, dass ich nicht ganz umsonst gelebt habe«, bemerkte er. »Sollte meine Akte heute Nacht geschlossen werden, dann könnte ich sie relativ zufrieden durchblättern. Sollte die Luft in London sauberer sein, dann wäre das mir zu verdanken. Soweit ich weiß, habe ich meine Fähigkeiten in über tausend Fällen niemals auf der falschen Seite eingesetzt. In letzter Zeit habe ich mich überwiegend mit den Problemen beschäftigt, die die Natur mit sich bringt, weniger mit den oberflächlichen, für die unser künstlich fabriziertes Gemeinwesen verantwortlich ist. Der Tag, an dem ich den gefährlichsten und fähigsten Kriminellen Europas fasse oder vernichte, wird den Schlusspunkt Ihrer Memoiren bilden, Watson.«

Das wenige, was noch folgt, werde ich möglichst knapp, aber präzise erzählen. Ich beschäftige mich nur ungern mit diesen Ereignissen, bin mir jedoch bewusst, dass ich die Pflicht habe, kein Detail auszulassen.

Wir erreichten das kleine Dorf Meiringen am dritten Mai und nahmen Zimmer im Englischen Hof, damals geführt von Peter Steiler senior, einem intelligenten Mann, der nach drei Jahren als Kellner im Londoner Grosvenor Hotel fließend Englisch sprach. Auf seinen Tipp hin brachen wir am Nachmittag des vierten Mai auf, um über die Hügel zum Weiler Rosenlaui zu wandern, wo wir übernachten wollten. Steiler hatte uns sehr nachdrücklich empfohlen, auf halber Strecke einen Abstecher zu den Reichenbachfällen zu machen.

Ein furchteinflößender Ort, wirklich. Die Wasserfluten,

durch die Schneeschmelze weiter angeschwollen, stürzen in eine bodenlose Tiefe, aus der Gischt wölkt wie Rauch aus einem brennenden Haus. Der Fluss strömt in einen gewaltigen Abgrund mit Wänden aus glänzendem, kohlrabenschwarzem Fels, der sich unten zu einem brodelnden, schäumenden und unergründlich tiefen Schlund verengt. Dieser wiederum kocht ständig über und treibt den Fluss über seine zerklüftete Lippe. Das unablässig in die Tiefe donnernde grüne Wasser und der ebenso unablässig in die Höhe schießende dichte, wabernde Nebel aus Sprühwasser sorgen für einen solchen Wirbel und Lärm, dass einem der Kopf schwirrt. Wir standen dicht am Rand und sahen zu, wie sich das Wasser tief unten an den schwarzen Felsen brach, lauschten dem fast menschlichen Stöhnen, das mit dem Sprühwasser zu uns heraufdrang.

Der Weg, den man freigeschlagen hat, führt aus Gründen der besseren Aussicht halb um den Wasserfall, endet aber jäh und zwingt den Reisenden zur Umkehr. Wir wollten gerade zurückgehen, als wir einen Jungen mit einem Brief in der Hand auf uns zulaufen sahen. Der Umschlag mit dem Zeichen des Hotels, in dem wir wohnten, war vom Wirt an mich adressiert worden. Offenbar war kurz nach unserem Aufbruch eine englische Dame eingetroffen, die an Tuberkulose im letzten Stadium litt. Sie hatte in Davos-Platz überwintert und nun zu Freunden nach Luzern reisen wollen, aber plötzlich eine Hämorrhagie erlitten. Man gebe ihr nur noch wenige Stunden, hieß es, und es wäre ihr ein großer Trost, einen englischen Arzt zu sehen, wenn ich also bitte kommen könnte usw. Der gute Steiler versicherte mir in einem Postskriptum, dass ich ihm damit einen großen

Gefallen tun würde, denn die Dame wolle partout keinen einheimischen Arzt, und er habe das Gefühl, eine große Verantwortung zu tragen.

Das war eine Bitte, die ich nicht ignorieren konnte. Es war mir unmöglich, den Wunsch einer Engländerin auszuschlagen, die in der Fremde im Sterben lag. Bei dem Gedanken, Holmes allein zu lassen, war mir jedoch etwas mulmig zumute. Wir vereinbarten schließlich, dass der junge Bote als Führer und Begleiter bei ihm bleiben solle, während ich nach Meiringen eilte. Mein Freund sagte, er wolle noch kurz beim Wasserfall verweilen und dann über den Hügel nach Rosenlaui schlendern, wo ich abends zu ihm stoßen solle. Als ich mich abwandte, sah ich, dass er auf die stürzenden Fluten hinabschaute, die Arme vor der Brust verschränkt und den Rücken gegen einen Felsen gelehnt. Es sollte das letzte Mal sein, dass ich ihn auf dieser Welt erblickte.

Ich hatte den Abstieg fast bewältigt, als ich mich noch einmal umdrehte. Von dieser Stelle aus war der Wasserfall nicht mehr zu sehen, dafür aber der dorthin führende Schlängelpfad, und ich erinnere mich, dass ein Mann auf diesem Pfad mit raschen Schritten den Hügel erklomm.

Seine schwarze Gestalt zeichnete sich deutlich vor dem grünen Hintergrund ab. Ich sah ihn, nahm auch seinen energischen Schritt zur Kenntnis, vergaß ihn aber rasch, während ich zum Hotel eilte.

Nach einer guten Stunde erreichte ich Meiringen. Der alte Steiler stand im Eingang seines Hotels.

»Da bin ich«, sagte ich, als ich auf ihn zulief. »Ich hoffe, der Zustand der Dame hat sich nicht verschlechtert.«

Ein Ausdruck des Erstaunens überflog sein Gesicht,

und als er sich anschickte, die Augenbrauen hochzuziehen, wurde das Herz in meiner Brust zu Blei.

»Haben Sie das denn nicht geschrieben?«, fragte ich und zog den Brief aus der Tasche. »Gibt es in Ihrem Hotel etwa keine kranke Engländerin?«

»Bestimmt nicht!«, rief er. »Ist aber das Zeichen des Hotels! Ha – das muss der lange Engländer geschrieben haben, der nach Ihrem Aufbruch eingetroffen ist. Er sagte …«

Ich wartete die Erklärung des Wirtes nicht ab, sondern rannte angstbebend durch das Dorf zu dem Pfad, auf dem ich kurz zuvor gekommen war. Der Abstieg hatte mich eine Stunde gekostet, und obwohl ich mich sputete, waren insgesamt zwei Stunden verstrichen, als ich wieder am Reichenbachfall stand. Holmes Alpenstock stand noch an dem Felsen, gegen den er sich bei meinem Aufbruch gelehnt hatte, er selbst war nicht in Sicht. Ich rief nach ihm, aber die einzige Antwort bestand im Echo meiner Stimme, die von den umliegenden Felswänden widerhallte.

Beim Anblick des Alpenstocks wurde mir schlecht vor Angst. Holmes war also nicht nach Rosenlaui gewandert, sondern auf dem gut einen Meter breiten, zwischen der steilen Felswand und dem gähnenden Abgrund verlaufenden Pfad geblieben, bis er von seinem Verfolger eingeholt worden war. Der Junge war auch verschwunden. Er hatte vermutlich im Dienst Moriartys gestanden und die zwei Männer allein gelassen. Aber was war dann passiert? Wer konnte mir sagen, was danach geschehen war?

Ich war vor Entsetzen wie gelähmt und stand eine Weile da, um mich zu sammeln. Dann dachte ich an die Methoden von Holmes und wandte sie an, um die Tragödie zu rekonstruieren, was leider Gottes nicht allzu schwierig war. Während unseres Gesprächs waren Holmes und ich nicht ganz bis zum Ende des Pfades gegangen, und der Alpenstock lehnte dort, wo wir zuletzt gestanden hatten. Wegen des ständigen Sprühwassers ist die schwärzliche Erde so feucht, dass sogar ein Vogel seine Abdrücke hinterlassen würde. Die deutlich sichtbaren Spuren zweier Männer führten auf dem Pfad weiter. Keiner der beiden war zurückgekehrt. Wenige Meter vor dem Ende des Pfades war der Boden stark zertrampelt, die Dorngewächse und Farne am Rand waren zerzaust und zerknickt. Ich legte mich hin und reckte den Kopf über die Kante ins Sprühwasser. Inzwischen war die Dämmerung angebrochen, so dass ich nur das Glitzern nasser Felswände und das Blitzen der tosenden Wasser unten im Abgrund sehen konnte. Ich brüllte, aber die einzige Antwort bestand in dem fast menschlichen Heulen des in die Tiefe rauschenden Wasserfalls.

Trotzdem hatte ich das Glück, einen letzten Gruß von meinem Freund und Kameraden zu erhalten. Der Alpenstock lehnte wie erwähnt am Rand des Pfades an einem vorspringenden Felsen. Oben darauf glitzerte etwas, und als ich mich reckte, erblickte ich das silberne Zigarettenetui, das Holmes stets bei sich trug. Als ich danach griff, flatterte ein kleiner Zettel zu Boden, den es beschwert hatte. Nach dem Auseinanderfalten stellte ich fest, dass es sich um drei an mich adressierte Seiten aus seinem Notizbuch handelte. Charakteristischerweise war der Inhalt so klar, die Handschrift so sauber und flüssig, als hätte er die Worte in seinem Arbeitszimmer geschrieben:

Mein lieber Watson,
ich schreibe diese Zeilen dank der Freundlichkeit Mr Moriartys, der sich in Geduld fasst, bis ich ihm zur endgültigen Klärung der noch offenen Fragen zur Verfügung stehe. Er hat mir erläutert, wie er der Londoner Polizei entkommen konnte und sich über unsere Reiseroute informiert hat, was die sehr hohe Meinung, die ich von seinen Fähigkeiten habe, erneut bestätigt. Ich bin sehr froh darüber, die Gesellschaft in Kürze von seiner Person und seinen Machenschaften befreien zu können, fürchte aber, dass meine Freunde, vor allem jedoch Sie, mein lieber Watson, einen schmerzhaften Preis dafür bezahlen müssen. Wie schon erwähnt, hat meine Karriere ohnehin ihren Zenit erreicht, und ich kann mir keine bessere Art denken, sie zu einem Abschluss zu bringen. Offen gestanden wusste ich genau, dass der Brief aus Meiringen eine Finte war, ließ Sie aber ziehen, weil ich fest davon ausging, dass sich eine Situation entwickeln würde, wie sie sich nun ergeben hat. Richten Sie Inspektor Patterson aus, dass die Unterlagen, die für die Verurteilung der Bande nötig sind, in einem blauen Umschlag mit der Aufschrift »Moriarty« im Postfach M liegen. Vor meiner Abreise habe ich sämtliche Formalitäten geregelt und meinen Bruder Mycroft als Erben meines Besitzes eingesetzt. Bitte grüßen Sie Mrs Watson, und was Sie betrifft, lieber Freund, so verbleibe ich als Ihr tief verbundener Sherlock Holmes

Der Rest ist rasch erzählt. Eine Untersuchung durch Experten ließ keinen Zweifel daran, dass der Kampf der beiden Männer zwangsläufig dazu führte, dass sie, miteinander ringend, in den Abgrund stürzten. Alle Überlegungen zur

Bergung der Leichen wurden als vollkommen unrealistisch verworfen, und so liegen die beiden herausragenden Vertreter ihrer Generation, der gefährlichste Kriminelle und der erfolgreichste Streiter für Recht und Gesetz, auf dem Grund dieses tiefen, tosenden Schlundes. Der Junge, zweifellos einer der vielen Schergen Moriartys, wurde nie gefunden. Wie bis heute allgemein bekannt sein dürfte, lastete die Hand des toten Holmes schwer auf den Verbrechern, deren kriminelle Strukturen durch die von ihm zusammengetragenen Beweise komplett zerschlagen wurden. Während des Prozesses wurde wenig Neues über ihren dämonischen Anführer bekannt, und wenn ich seinen Werdegang hier ausführlich geschildert habe, dann nur, weil gewisse skrupellose Personen den Versuch unternommen haben, seine Weste im Nachhinein durch Attacken gegen den besten und klügsten Menschen reinzuwaschen, den ich jemals gekannt habe.

ALEX CAPUS

Eigermönchundjungfrau

Am Tag, an dem ich starb, machte ich einen Fehler: Ich stieg auf Gleis 11 in den Zug und fuhr nach Bern.

Das hat mich das Leben gekostet. Die Berner Altstadt hat mich mit all ihrer Schönheit umgebracht. Natürlich hätte die ganze Sache an vielen anderen Orten auch geschehen können, aber Bern war eben ganz besonders gefährlich. Ich hätte es wissen müssen. Ich hätte nicht fahren dürfen. Jetzt ist es zu spät.

Dabei wäre auch unterwegs noch Zeit zur Umkehr gewesen. In Langenthal hätte ich aussteigen können, in Herzogenbuchsee oder allerspätestens in Burgdorf. Ein höhnisches Lächeln hätte ich dem nach Bern eilenden Zug hinterherschicken können; »mit mir nicht«, hätte ich gezischt, das Perron hätte ich gewechselt, um einfach wieder zurückzufahren an jenes Ende der Welt, das Orten wie Bern entgegengesetzt ist.

Stattdessen blieb ich in meinem Abteil sitzen und musterte durchs Fenster misstrauisch die unfassbare Idylle des Berner Hinterlandes. An mir zogen vorbei: schmucke Bauernhöfe, sanfte Hügellandschaften, goldene Herbstwälder, weidendes Simmentaler Fleckvieh. Aufrechte Bauern zogen auf ihren von den Ahnen ererbten Äckern schnurgerade

Furchen zum Horizont hin, gesunde Buben und Mädchen in kurzen Hosen und rot-weiß karierten Röcken fuhren auf ihren Rädern zur Schule, auf einer Bank saß ein zufriedener Greis und winkte mit dem Stock dem vorbeifahrenden Zug.

Ich wurde argwöhnisch. Dieser Friede, diese Eintracht, diese Harmonie – gab es so etwas wirklich? Oder wollte mich da jemand hereinlegen, unter Vorspiegelung falscher Tatsachen? Was steckte dahinter? Wie auch immer; solange wir mit 120 Stundenkilometern durch die Landschaft preschten, konnte ja nicht viel passieren.

Wenn jetzt bloß die Lokomotive keine Panne hat, dachte ich. Dann fühlte ich erste Anzeichen dafür, dass mein Verdauungstrakt durcheinandergeriet. Es rumpelte und polterte in meinem Magen, dass ich den Taktschlag der Räder auf den Schienen kaum mehr hören konnte. Ich kannte das: So reagierte ich zu Lebzeiten immer, wenn ich nervös wurde.

Die Lokomotive hielt durch, der Zug blieb nicht stehen. Nach Burgdorf verbesserte sich das Bild. Ein paar Lagerhäuser zeigten sich, zwei oder drei große Einkaufszentren, der Schweizer Hauptsitz einer japanischen Autofirma. Links bauten Bagger Autobahnspuren, rechts pflügten Bulldozer eine neue Bahnlinie durch den Wald. Mein Magen beruhigte sich.

Aber bei der Einfahrt in die Stadt Bern ging es wieder los, kurz vor sieben Uhr morgens. Ich röhrte aus dem Bauch wie ein Bauchredner, der einen brünstigen Elch nachahmt:

Tief unter der Brücke zog die Aare ganz naturfarben, smaragdgrün und träge dahin, in der Morgendämmerung begrüßte mich die Skyline von Bern – Münster, Altstadt, Bundeshaus und so weiter –, und dahinter, es durften keine anderen Berge sein, glühten doch tatsächlich Eiger, Mönch und Jungfrau im Morgenrot. Die Postkarte. Widerlich.

Weiter.

Was ich eigentlich an jenem Morgen in Bern zu schaffen hatte, weiß ich nicht mehr. Etwas Berufliches wird es wohl gewesen sein; solche Dinge verlieren erstaunlich schnell an Bedeutung, wenn man tot ist. Ich erinnere mich aber deutlich, dass sich mein Magen umgehend entkrampfte, als wir in den Bahnhof einfuhren. Es ist ein guter Bahnhof: massive Betonkonstruktion von international gültiger Hässlichkeit, frei von jedem Anspruch, heimelig oder gemütlich oder nett oder hübsch zu sein. Ich war erleichtert. Nach dem Anblick von Eigermönchundjungfrau hatte ich Schlimmeres erwartet: eine Chalet-Imitation vielleicht oder eine Kopie der Bruder-Klaus-Kapelle. Aber nichts dergleichen – in diesem Bahnhof gab es kein Holz, keine Geranien, keine Berner Trachten, nichts. Mein Magen fand sein Gleichgewicht wieder. Beruhigt und voller Selbstvertrauen stieg ich hinunter auf das Perron. Vorsichtshalber würde ich mich trotzdem mit einem Kaffee stärken, bevor ich mich dieser glücklichen Stadt stellte. Die Bahnhofscafeteria mit ihrem hellblauen Neonlicht schien mir geeignet.

Der Angriff kam hinterrücks und unerwartet. »Weit der o grad no nes Gaffää?«, fragte mich eine pausbäckige Serviertochter und strahlte mich rosig an. Giftige Gase begannen meinen Magen aufzublähen. Die Frau war glücklich, ganz ohne Zweifel – aber weshalb, um Himmels willen, weshalb? Weil sie mir am Montagmorgen um sieben Uhr einen Kaffee bringen durfte? Mein Misstrauen steigerte sich zu panikartiger Wachheit. Zwar machte ich der pausbäckigen Serviertochter die Freude und bestellte einen Kaffee; gleichzeitig aber befiel mich eine wilde Sehnsucht nach den Quartierkneipen x-beliebiger Industriestädte, wo einem übellaunige Serviertöchter den Kaffee auf den Tisch knallten. Ich leerte meine Tasse und flüchtete.

Kaum hatte ich den schützenden Beton des Bahnhofs verlassen, stand ich auch schon mitten in der Altstadt, unbestrittenermaßen eine der schönsten Altstädte Europas, wenn nicht der ganzen Welt, jawohl. Aus Japan und den USA reisten die Leute an, um in Sandstein gebaute Lauben zu bestaunen, aus Südafrika, Schweden und Arabien kamen sie, um die Gassen zu fotografieren und die Brunnen und das Kopfsteinpflaster, den Zeitglockenturm, das Münster und all das. Und wenn die Touristen alles gesehen hatten, wurden sie aufgesogen von den Hunderten von Ladenpassagen, welche die mittelalterlichen Häuserzeilen zerfressen hatten wie der Rinderwahnsinn das Gehirn einer Kuh. Dort konnten sie dann alles kaufen, was sie zu Hause auch bekommen hätten, und waren glücklich.

Ich sah das alles und litt Schmerzen. Mein Bauch blähte sich über den Gasen wie eine riesige Kaugummiblase. Ich schnallte den Gurt zwei Löcher lockerer und ging weiter.

Die Altstadt war voller Menschen. Widerwillig ließ ich mich treiben durch die glückliche Herde, weiter und weiter durch die Gassen, die abwärts zum Fluss führten, und schaute in die Gesichter der Menschen, die an mir vorüberzogen. Ich geriet in hellgelbe Panik: Nicht nur die Touristen waren glücklich und jene perverse Serviertochter am Bahnhof – sondern alle, alle, alle! Am glücklichsten waren die Einheimischen: So zufrieden waren sie, so im Reinen mit sich und der Welt, so glücklich, »o vo Bärn« zu sein, dass ich mir einsam und verdreckt vorkam wie ein Kohlegrubenarbeiter in einer Hochzeitsgesellschaft. Und alle, alle waren gesund und hatten Wangen, so rosa und leuchtend wie Eiger, Mönch und Jungfrau im Morgenrot. Ich lehnte mich an eine Sandsteinmauer und krümmte mich unter Krämpfen. Welche Suppe brodelte da in meinem Bauch? Ich wollte mich erleichtern, jetzt, sofort. Ich presste wie eine werdende Mutter in den Wehen, aber die Gase wollten ihren Weg durch meine Gedärme nicht finden. Also kämpfte ich mich vorwärts.

Bis dahin hätte ich es vielleicht noch schaffen können zurück zum Bahnhof und hinaus ins richtige Leben. Aber dann war ich einen Moment unaufmerksam, und so nahmen die Dinge ihren Lauf. Ich gaffte gerade einer besonders glücklichen Kleinfamilie nach – perfekt nach deutscher Industrienorm (DIN) gefertigt, sieht man selten, heutzutage –, da stieß ich mit einem Fixer zusammen und warf ihn über den Haufen. Ich schaute auf ihn nieder und war erschüttert: Vor mir auf dem Kopfsteinpflaster lag ein glückliches Häuflein Elend. Oder war es ein elendes Häuflein Glück? Ein häufiges Elend im Glück? Item: Der Fixer war mager und bleich und zittrig wie alle Fixer überall auf der Welt, aber er war glücklich. Auch er hatte sich dem Imperativ des Glücks gebeugt, der in dieser Stadt herrschte.

»Oh, hoppla!«, sagte der Fixer und lächelte selig zu mir hoch.

Ich packte den Mann an seinem von tausend Nadelstichen vernarbten Arm und stellte ihn wieder auf die Beine. Der glückliche Fixer sagte »Danke vielmals«. Das hätte ich vielleicht ja noch ertragen. Aber dann griff er in seine Jackentasche und bot mir seinen Pausenapfel an. Das hätte er nicht tun dürfen. Das war zu viel für meinen Verdauungsapparat: Der Magen verdoppelte seine Gasproduktion, und die Gedärme verkrampften sich derart, dass an den erlösenden Furz gar nicht mehr zu denken war. Mächtig wölbte sich mein Bauch, die Hose spannte, bis der Knopf abriss und leise über das Kopfsteinpflaster davonrollte.

Ich ließ den Fixer stehen und ging weiter. Nach zwei Schritten blieb ich abrupt stehen. Hatte ich plötzlich Siebenmeilenstiefel an? Während dieser zwei Schritte waren ein ganzes Gartenrestaurant und eine halbe Modeboutique an mir vorübergezogen. Ich drehte mich nach dem Fixer um: Er stand gut und gerne zehn Meter hinter mir und streckte mir immer noch lächelnd seinen Pausenapfel entgegen. Zehn Meter in zwei Schritten, das widersprach all meinen Erfahrungswerten. Vorsichtig hob ich den linken Fuß und setzte zu einem Schritt an – schon waren die halbe Boutique und ein Viertel des Gartenrestaurants wieder an mir vorbeigehuscht.

Mir war sofort klar, was los war. Es waren die Gase – ich war auf dem besten Weg, ein humanoider Heißluftballon zu werden. Entweder ließ ich jetzt auf der Stelle einen viertelstündigen Furz fahren, oder ich musste Ballast zuladen, wenn ich von meinen Biogasen nicht in die Stratosphäre entführt werden wollte. Ich schloss die Augen und versuchte meine Gedärme zu entkrampfen.

Erfolglos.

Die Erlösung kam in Gestalt einer weißhaarigen Frau, die mit zwei prallgefüllten Migros-Einkaufstaschen auf mich zukam.

»Diese Taschen – darf ich Ihnen diese Taschen abnehmen, Madame?«

Ich schnappte mir die Taschen, bevor die Frau antworten konnte. Gemeinsam gingen wir die Gerechtigkeitsgasse hinunter. Die Frau nannte mich einen netten jungen Mann und wollte wissen, ob ich »o vo Bärn« sei, während ich neben ihr herglitt wie ein halbgefüllter Luftballon, den der Wind übers Kopfsteinpflaster treibt.

Aber schon nach wenigen Schritten wollte die Frau partout in ein Tram einsteigen. Die zwei Einkaufstaschen nahm sie mit. Ich blieb stehen und schaute dem Tram nach, das mit fröhlichem Gebimmel unter dem Zeitglockenturm verschwand. Mit einer Hand hielt ich mich an einer Halteverbotstafel fest, um nicht vom Winde verweht zu werden, mit der anderen strich ich über meinen mächtigen, gasgefüllten Bauch. Trotz der schmerzhaften Krämpfe musste ich lachen: Die Gase hatten mich so weit aufgetrieben, dass ich mit den Fingerspitzen den Bauchnabel nicht mehr erreichte. Was war ich dick! So schlimm war es noch nie gewesen. Meiner gesprengten Hose und meines über dem Bauch in Fetzen gerissenen Hemdes schämte ich mich nicht. Sollten die Leute doch gaffen, wenn sie wollten. Von ihnen ging keine Gefahr aus. Was mich bedrohte, war das Blau des Himmels, das mich mit gewaltiger Kraft magnetisch anzog. Versuchsweise hob ich vorsichtig beide Füße, während ich mich an der Halteverbotstafel festhielt. Rund einen Meter über dem Kopfsteinpflaster verschränkte ich die Beine zum Schneidersitz. Nur langsam, langsam, rutschte meine Hand der Stange entlang abwärts, bis mein Hintern sachte auf dem Boden aufsetzte und zwei-, dreimal nachfederte. Ich war ein Heißluftballon. Ein richtiger kleiner Zeppelin. Ein aufgeblasener Ikarus. Ein gasgefüllter Engel ohne Flügel.

Am Halteverbotsschild lehnte ein altes holländisches Damenfahrrad, gut zwanzig Kilogramm schwer, genau das Richtige für meinen Zweck. Das Hinterrad war mit einer dicken Eisenkette abgeschlossen. Das war mir egal. Ich wollte das Velo nicht fahren, sondern tragen.

Ich kann es heute zwar nicht mehr beschwören, aber wahrscheinlich war ich in jenem Moment noch immer unterwegs zu meiner beruflichen Verabredung. Im Nachhinein ist doch kaum zu glauben, zu welch schwerwiegenden Fehlentscheiden der Mensch fähig ist: Denn selbstverständlich hätte ich angesichts meiner lebensbedrohlichen Situation alle professionellen Pflichten in den Wind schlagen müssen. Hätte ich jenes Damenfahrrad zum Bahnhof getragen und wäre in den nächsten heimwärts fahrenden Zug geschwebt, so hätte ich spätestens in Rothrist einen gewaltigen Wind fahren lassen. Schnell hätte ich das Fenster meines Abteils aufgerissen, die Gase hätten sich himmelan verflüchtigt, behende wäre ich im Bahnhof Olten ausgestiegen, im Vollbesitz meiner Erdenschwere wäre ich hinunter ins Industriequartier gelaufen, hätte ein Bad genommen im ewigen Wogen stinkender Lastwagen, mürrischer Staplerfahrer und verbitterter Fließbandarbeiterinnen, und alles wäre gut gewesen.

Stattdessen ging ich weiter die Berner Gerechtigkeitsgasse hinunter. Der Auftrieb der Gase und das Gewicht des Fahrrads hielten sich in etwa die Waage, so dass ich mich fast so unauffällig fortbewegte wie ein Einheimischer mit harmonieresistentem Verdauungstrakt. Mit dem Unterschied allerdings, dass ich ein holländisches Damenfahrrad auf der Schulter trug, das mit einer Eisenkette abgeschlossen war.

Dann sah ich zwei Polizisten. Zwei typische Berner Polizisten. Leicht dicklich – so was weckt Vertrauen – und gemütlich. Sie waren eben dabei, mit ihren Gummiknüppeln zufrieden grinsend einen glücklichen Penner aus einer Ladenpassage zu prügeln. Auf dem Trottoir ging der Penner mit blutendem Schädel zu Boden. Schelmisch lachend zeigte er den Polizisten den Drohfinger, als diese seinen Schlafsack in den regennassen Rinnstein warfen und darauf herumtrampelten. Dann gingen alle ihrer Wege. Der Penner wischte sich das Blut aus den Augen und schüttelte sich vor Lachen, bis er in der Menschenmenge verschwand. Die Polizisten setzten sich in ihr Auto und gaben ihren neusten Streich über Polizeifunk zum Besten.

Die zwei Polizisten wirkten zwar gemütlich und Vertrauen erweckend, aber ich wollte mich trotzdem nicht vor ihnen zeigen. Ich befürchtete, dass das abgeschlossene Damenfahrrad auf meiner Schulter die beiden Ordnungshüter irritieren würde. Und dass sie für meine Verdauungsstörungen Verständnis aufbrachten, konnte ich nun wirklich nicht erwarten. Ich zog mich deshalb diskret in eine Seitengasse zurück, als die beiden wieder aus dem Streifenwagen ausstiegen. Unglücklicherweise klapperte in dem Moment eine Pferdekutsche einschließlich eines glücklich wiehernden Schimmels heran. Auf dem Bock saß eine blondgezopfte Jus-Studentin, die sich auf diese vergnügliche Art das Stipendium aufbesserte. In der Kutsche selbst hatte – hol's der Teufel! – die glückliche DIN-Familie Platz genommen. Erst jetzt fiel mir auf, dass die zwei Kinder Pfadfinderuniformen trugen. Sie sangen ihrer Mutter ein Liedlein.

Das gab mir den Rest: Denn erstens produzierte mein Magen einen weiteren Schub Gase, dass ich glaubte, ich müsse zerplatzen wie der Frosch im Märchen; und zweitens war ich gezwungen, auf der Flucht vor den Pferdehufen wieder auf die Gerechtigkeitsgasse hinauszulaufen – direkt in die Arme der zwei gemütlichen Polizisten.

»He he, nume nid gschprängt«, sagte der eine Polizist.

Ich sagte Entschuldigung.

»Was heit dir de da binech?«, fragte der andere Polizist.

»Ein Damenfahrrad«, sagte ich. Mit Entsetzen fühlte ich, dass meine Schuhe kaum mehr das Kopfsteinpflaster berührten. Ich schwebte. Ich musste unbedingt Ballast zuladen.

Das Gegenteil geschah. »Zeiged emau«, sagte der erste Polizist und nahm mir das Fahrrad von der Schulter.

Ich ließ es geschehen. Mir fehlte die Kraft, mich an das Fahrrad zu klammern, zu streiten, zu erklären, zu beschwören und um noch mehr Ballast zu bitten. Ich wusste, dass ich von vornherein auf verlorenem Posten stand. So ließ ich denn kampflos zu, dass das Rad langsam von meiner Schulter glitt; und in dem Moment, als sich dessen Gewicht definitiv von mir löste, nahm ich meinerseits Abschied vom Planeten Erde. Ich verlor den Boden unter den Füßen, mein Körper machte eine Vierteldrehung um den Bauchnabel, und dann schwebte ich, meinen gewaltigen Wanst der Sonne entgegengestreckt, sanft wie eine Seifenblase himmelan. Einige halbherzige Versuche unternahm ich noch, mich an der Fassade des nahen Patrizierhauses festzuklammern; ich bekam aber nur ein paar Geranien zu fassen, von denen mir nichts als die roten Blütenblätter in den Händen blieben. Schnell hatte ich die Giebel der schönsten Altstadt der Welt unter mir zurückgelassen. Ich drehte mich auf den Bauch, um der Welt beim Kleinerwerden zuzuschauen.

Auf etwa 2000 Meter Höhe betrachtete ich die Geranienblütenblätter in meiner Hand. Soll ich sie mitnehmen oder loslassen?, dachte ich noch. Dann erfor ich ziemlich schnell und war tot, und seither fliege ich tiefgefroren durchs All auf der Suche nach jenem Ort, der möglichst weit entfernt ist von Städten wie Bern. Die Blütenblätter habe ich immer noch in der Hand. Ich lasse sie nicht los, was immer auch geschehen mag.

DONNA LEON

Kriminelle Phantasien im Gotthardtunnel

Eine gewisse Deformation professionnelle droht wahrscheinlich in jedem Metier. Ich zum Beispiel bin, seit ich angefangen habe, Kriminalromane zu schreiben, auf Verbrechen fixiert. So unaufhaltsam, wie eine Purpurwinde dem Licht zustrebt oder eine Kürbisranke über den Komposthaufen emporklettert, kreist mein Denken beharrlich um dieses eine Thema. Das geht sogar so weit, dass meine Phantasie selbst die harmlosesten Situationen kriminalisiert und Verbrechen ersinnt, die daraus entstehen könnten, wenn ein habgieriger oder gewalttätiger Mensch sie sich zu Nutze machte.

Wann immer ich bei einem Weinhändler ein paar Flaschen Prosecco kaufe, lasse ich in meiner Vorstellung stets auch einige Flaschen Tignanello oder Gaja mitgehen, die ich, in Stiefelschäften oder Jackenärmeln versteckt, aus dem Laden schmuggle. Ich weiß nicht, in wie vielen Modeboutiquen Venedigs ich schon mit dem Plan geliebäugelt habe, beim Anprobieren mehrere Kaschmirpullis übereinander anzuziehen, bevor ich die Preisschilder entferne, in meinen Blazer schlüpfe und mich unauffällig verdrücke. Und es gibt keinen Füller, kein Notizbuch in den Regalen der Schreibwarenhandlung Testolini, die ich nicht schon heimlich stibitzt hätte.

Doch ich begnüge mich nicht allein mit Ladendiebstahl: Vielmehr habe ich schon so manche Geldbörse aus achtlos vor dem Katzenfutterregal bei Billa geparkten Einkaufswagen entwendet oder mich auf überfüllten Vaporetti als Taschendieb versucht. Und es ist erst wenige Wochen her, dass ich in London, in der St.-George-Kirche am Hanover Square, wie gebannt auf jenes Portemonnaie starrte, das neben mir auf der Kirchenbank aus einer offenen Handtasche lugte, während die leichtsinnige Besitzerin am Abendmahl teilnahm.

Bei so viel krimineller Phantasie können Sie sich vielleicht vorstellen, was mir alles in den Sinn kommt, sobald mein Zug sich, mal von Norden, mal von Süden her, dem Gotthardtunnel nähert. Auf dem Weg in die Schweiz haben wir die Zollkontrolle da schon hinter uns, weshalb ich die elegante Dame im Auge behalten muss, die in Como zugestiegen ist und deren Koffer sicher nicht bloß Kleidung zum Wechseln enthält. Ganz zu schweigen von dem Typen mit dem schlechten Haarschnitt: garantiert ein Kurier, der größere Mengen Drogen, Diamanten oder Plastiksprengstoff, am Körper festgeklebt, außer Landes schmuggelt. Und warum haben die Beamten sich nicht den Pass des Mannes zeigen lassen, der zunehmend nervös wurde, als die Grenze näher kam?

Auf der Rückreise nach Italien führen alle übrigen Passagiere natürlich haufenweise Bargeld mit, auch wenn ich mir nicht vorstellen kann, wofür der ganze Zaster bestimmt ist. Zum Ankauf von Waffen? Mädchen? Politikern?

Meine Schmuggelware, zu der ich mich freimütig bekenne, beschränkt sich auf Parmigiano aus Italien und Schokolade aus der Schweiz. Zwei Produkte, mit denen ich, sollte der Zug je im Gotthardtunnel steckenbleiben, gute Chancen hätte, zur neuen besten Freundin all meiner Abteilgenossen zu avancieren, habe ich doch jeweils genug Proviant dabei, um die ganze Siebte Flotte mindestens eine Woche lang zu verköstigen.

Die Bahnreise von Venedig nach Zürich und zurück ist etwas, worauf ich mich immer wieder freue. Denn sie beschert mir jeweils acht Stunden ohne Telefon, Fax oder E-Mail. Acht Stunden reiner Lesezeit, unterbrochen von nichts als meiner Phantasie.

Die funkt allerdings kräftig dazwischen. Als ausgesprochener Kinomuffel kenne ich Katastrophenfilme zwar nicht aus eigener Anschauung, aber ich habe immerhin so viel darüber gelesen, dass die brennenden Gebäude und sinkenden Schiffe mir ebenso geläufig sind wie jene Riesenkrabben, die sich nach irgendeinem atomaren Desaster die Erde untertan machen werden. Aus der Lektüre einschlägiger Bücher kenne ich überdies die Formel: Wann immer sich eine Katastrophe zusammenbraut, bricht sie auch aus. Irgendein Unheil lauert immer vor der Haustür. Oder im Tunnel.

Folglich beginne ich schon zehn Kilometer vor Airolo, die Mitreisenden zu mustern und abzuschätzen, wie sie sich wohl verhalten werden, wenn das Unvermeidliche geschieht: Der Zug fährt in den langen Tunnel ein, und dann, genau in der Mitte, kommt es zu einem Störfall, der die Gleise in beide Richtungen blockiert. Wer wird den Helden geben, wer den Feigling und wer den Schurken? Wie lange werden wir festsitzen? Eine Überlegung, die mich zwangsläufig zu den Wasservorräten führt: In den vierzig Jahren, die ich nun schon auf dem europäischen Schienennetz unterwegs bin, habe ich mich immer wieder gefragt, ob das Acqua wirklich non potàbile ist. Wie lange werden die Cracker und die Panini im Bordbistro reichen? Wird die Beleuchtung ausfallen? Könnte ich mich dazu überwinden, eine Cola zu trinken? Werden wir von meinem Parmigiano nicht alle schrecklichen Durst bekommen?

Da ich im Tunnel ungern lese, behalte ich die Protagonisten des Dramas im Auge, das ich gerade so eifrig zusammenbastle. Doch die gebärden sich weder heldenmütig noch feige oder schurkenhaft, sondern bleiben ruhig auf ihren Plätzen, lesen, plaudern, schlafen und ahnen nichts von dem packenden Schicksal, das ich ihnen auf den Leib schreibe.

Etwa auf halber Höhe des Tunnels muss ich mich leider jedes Mal von meinen abenteuerlichen Phantasien verabschieden. Denn in den fünfzehn Jahren, die ich nun schon zwischen Venedig und Zürich unterwegs bin, ist es noch nie vorgekommen, dass ein Zug seine Fahrt im Tunnel auch nur verlangsamt hätte. So viel zu den Riesenkrabben.

Die eine oder andere Reise bleibt gleichwohl durch irgendeinen besonderen Vorfall in Erinnerung. So die nach Zürich vor ein paar Jahren an Ferragosto, dem Feiertag, der für die Italiener den Start in die Sommerferien bedeutet und an dem der große Exodus aus den Städten beginnt. Im Radio hatte man schon seit Tagen vor der Blechlawine gewarnt, die sich an diesem Wochenende in Gang setzen würde. Da ich als Bahnreisende nicht davon betroffen war, hatte ich mir nicht gemerkt, auf wie viele Zehntausende von Autos sich die Schätzungen beliefen. Aber als ich dann im Zug saß und ein paar Kilometer vor dem Tunnel beiläufig nach rechts blickte, wo die Autostrada parallel zu den Gleisen verläuft, da bot sich mir vor dem Fenster eine Szene wie aus einem jener Katastrophenfilme: Kilometerweit war der Verkehr vollständig zum Erliegen gekommen. Die Insassen tigerten um ihre Fahrzeuge herum, etliche hatten die Motorhaube hochgeklappt, bei manchen drang Dampf aus dem Kühler. STAU! Fehlte nur noch die Riesenkrabbe, die sich aus der Schlucht emporwindet und die kreischenden Autofahrer über die Böschung stürzt.

An jenem Abend erfuhr ich, dass sich die Schlange vor dem Tunnel allein auf italienischer Seite über vierzehn Kilometer erstreckt hatte. Wir dagegen waren glatt durchgekommen und pünktlich ans Ziel gelangt.

Ein besonderes Vergnügen – das der Bahnreisende vornehmlich auf der Nordroute genießt, wenn sich die italienischen Passagiere vom heimischen Herd entfernen – ist die gemeinsame Mahlzeit. Das Land Italien mag sich offiziell zum katholischen Glauben bekennen, doch seine wahre Religion ist das Essen. Sicher hängt es mit dem Einfluss der heiligen Kommunion zusammen, dass Italiener sich geradezu moralisch verpflichtet fühlen, ihre Mahlzeiten mit allen Anwesenden zu teilen. Ich jedenfalls bin noch nie mit Italienern im selben Abteil gereist, ohne dass man mir nicht etwas angeboten hätte. Lehne ich dankend ab, so bestehen sie darauf, dass ich mich nicht ziere und ein Stück, eine Hand voll oder die Hälfte von Was-auch-immer annehme. Mindestens aber eine Kostprobe – »eigens von meiner Mutter zubereitet!«. Was die Einladung tatsächlich in die Nähe eines Sakraments rückt.

Seit ich sicher weiß, dass solche Angebote nicht aus bloßer Höflichkeit gemacht werden, nehme ich sie meistens an und komme so auf meinen Reisen in den Genuss von allerlei Obst, Sandwichhälften, riesigen Käsewürfeln. Nicht selten begleitet von einem Glas Wein oder frischgepresstem Saft aus Trentiner Äpfeln. Umgekehrt versteht es sich natürlich von selbst, dass ich, als ich mich einmal auf dem Heimweg in einem Abteil mit fünf Italienern wiederfand, meine Pralinenschachtel Cru Sauvage anbrach und herumreichte.

Ein eigenartiges Phänomen, das ich auf Bahnfahrten wahrnehme, ist meine eigene Unsichtbarkeit. Die daher rührt, dass ich eine Frau im gewissen Alter bin, die weiße Haare hat und liest. Deshalb gehen die Zollbeamten an meinem Abteil vorbei und übersehen mich ganz einfach. Sie achten auf junge Frauen, junge Männer, bemerken jeden, der wie ein Nichteuropäer aussieht oder einen besonders großen Koffer mitführt. Aber sie haben kein Auge für weißhaarige Frauen, die bloß dasitzen und lesen. Dadurch, dass ich mir meine Unsichtbarkeit an der Grenze nicht zunutze mache, verspiele ich womöglich die Chance auf eine interessante Verbrecherkarriere. Ich bin mir dessen wohl bewusst, tröste mich aber mit dem Gedanken an den Parmigiano und die Schokolade.

Die Bahn ist, ich gebe es unumwunden zu, mein bevorzugtes Verkehrsmittel. Man geht zum Bahnhof, besteigt den Zug, setzt sich ins Abteil, liest während der Fahrt, steigt wieder aus und ist am Ziel. Wer stattdessen von Venedig aus fliegen will, muss erst mit dem Boot zum Piazzale Roma, dann weiter mit dem Bus zum Flughafen, dort einchecken, Zoll- und Sicherheitskontrolle passieren und bis zum Abflug nicht selten längere Wartezeiten oder Verspätungen erdulden. Nach der Landung folgen neuerliche Kontrollen, Warten aufs Gepäck, Zugfahrt in die Stadt, endlich Ankunft. Die Zeitersparnis beträgt nur wenige Stunden, und überdies lässt der Stakkatorhythmus einer Flugreise die Ruhe und Beschaulichkeit vermissen, die man zum Lesen benötigt.

Hinzu kommen emotionale und ästhetische Erwägungen. Flugpassagiere sind in der Regel mürrisch und in Eile – Bahnreisende dagegen geduldig und gesprächsbereit. Flughäfen sind – seien wir doch einmal ehrlich – verkappte Shoppingcenter, in denen von der Sonnenbrille bis zur Babywindel alles sehr viel teurer verkauft wird als außerhalb des Airports. Und auch wenn mancher davon schwärmt, wie wunderbar es sei, ein Flugzeug abheben zu sehen, leuchtet mir nicht ein, was daran schöner sein soll als an einem Zug, der aus dem Bahnhof rollt.

Apropos Schönheit: Wolken sind – Wolken, was sonst? Und auf die Landstriche unten erhasche ich, da ich im Flieger nie einen Fensterplatz belege, nur hie und da einen flüchtigen Blick. Gut, zugegeben, der Anflug auf Venedig (sofern man rechts vom Gang sitzt, einen Fensterplatz und einen klaren Tag erwischt hat) ist atemberaubend. Doch das gilt ebenso für die Bahnreise in der Gegenrichtung, und zwar beiderseits der Strecke, sobald der Zug Como verlassen hat und die herrliche Alpenlandschaft durchquert. Seen, Kühe, Schafe, noch mehr Seen, schäumende Wasserfälle; und wenn man Glück hat, wölbt sich über den schneebedeckten Gipfeln jener durchdringend klare Berghimmel, dessen Bläue mit keinem anderen Blau der Welt zu vergleichen ist.

Vor uns aber, vor uns gähnt der Eingang des Tunnels, der mich, auch wenn ich ihn all die Jahre ohne Zwischenfall passiert habe, immer noch auf den Beginn eines Abenteuers hoffen lässt.

BENEDICT WELLS

Unterm Pilatus

Ein Tag im Januar, graues, rußiges Abendlicht fiel ins Abteil, die Wolken bekamen an den Rändern einen metallenen Glanz. Der Zug verlangsamte seine Geschwindigkeit, rollte aus, kam zum Stehen. In Luzern erwartete mich Alva auf dem Bahnsteig. Sie küsste mich dreimal auf die Wangen, dann führte sie mich zu ihrem Wagen, wo ihr Mann auf mich wartete.

»Ich kann nicht glauben, dass du wirklich gekommen bist«, sagte sie im Gehen und fasste damit zusammen, was ich mir ebenfalls dachte. A. N. Romanow war bereits siebenundsechzig, sah jedoch mindestens zehn Jahre jünger aus. »Alexander«, sagte er und reichte mir die Hand. »Sehr erfreut, Sie kennenzulernen.«

Sein Akzent war kaum herauszuhören. Romanow war eine schlanke, große, distinguierte Erscheinung mit gewellten grauen Haaren, an jenem Abend noch elegant mit Anzug und Hemd, dessen oberste Knöpfe er offen ließ. Sein kantiges Gesicht war wie gemeißelt, er hatte einen spitzbübischen Zug um den Mund und strahlte darüber hinaus etwas altmodisch Männliches aus; man konnte sich nicht vorstellen, dass er früher einer Schlägerei ausgewichen war oder nicht wusste, wie man ein undichtes Abflussrohr reparierte.

Alva nannte ihren Mann nicht Alexander, sondern Sascha, die russische Koseform. Während sie uns zum Chalet hinauffuhr, erklärte mir Romanow die Gegend. Ich war davon überwältigt, der sonoren Stimme dieses Mannes zuzuhören, von dem ich so viele intime niedergeschriebene Gedanken kannte. Romanow hatte seinen Durchbruch mit Anfang zwanzig gehabt, ein intellektueller Dandy, dessen Romane und Novellen in dreißig Sprachen übersetzt worden waren. Inzwischen war sein Ruhm allerdings verblasst und nur noch im Internet existent, wo ich neben Berichten über seine erste Ehe auch mehrere Schwarzweißfotos gefunden hatte, mal mit berühmten Künstlern seiner Zeit, mal einsam rauchend vor einem Club in Camden.

Alva und er lebten nicht mehr in Luzern, sondern seit zwei Jahren in einem kleinen Bergdorf namens Eigenthal, am Fuße des Pilatus. Die Gegend war ländlich, außer einigen Bauern und Einheimischen wohnte kaum jemand hier oben, die meisten Ferienhäuser schienen unbewohnt. In der Ferne das melodische Hupen des gelben Postautos.

Wir erreichten ein weitläufiges Grundstück, eingefasst von einem morschen Lattenzaun. Das Chalet selbst war ein mächtiger Bau mit einem Fundament aus Stein, die oberste, schindelgedeckte Etage war aus Holz. Dahinter erstreckten sich ein Garten und eine Wiese, die von einer feinen Eisschicht überzogen war. Ein abgeschiedener Ort, der nie ganz den Zugang zur Welt gefunden zu haben schien. Ich verstaute meine Sachen im Gästezimmer und überlegte einen Moment, was ich hier eigentlich tat.

Zum Abendessen gab es Raclette, Kartoffeln und Weißwein. Das Grammophon auf der Kommode spielte Jazz.

»*Time Further Out*«, sagte ich. »So etwas hören Sie beim Abendessen?«

Romanow war erfreut. »Manchmal. Gefällt es Ihnen?«

»Meine Mutter mochte Brubeck gern.«

»Ich habe Dave mal in San Francisco erlebt. Sehr umgänglicher Typ, wir landeten nach einer Show in derselben Bar, haben Stunden miteinander geredet.«

Alva warf mir einen Blick zu. »Du musst wissen, dass Sascha ihn die ganzen 60er hindurch gestalked hat. Er ist ihm von Konzert zu Konzert hinterhergereist. Irgendwann hat Brubeck aus Mitleid fünf Minuten mit ihm geredet.«

Romanow legte seine Hand auf ihre. »Ich weiß sie kaum noch zu beeindrucken. Ich biete ihr Dave Brubeck, aber sie will immer noch mehr.«

Alva strich ihm vergnügt über den Handrücken. Es schmerzte mich, wie sie vertraute Blicke austauschten. Wie ihr seine Art gefiel, sein hintergründiges Lächeln, als habe er als Einziger etwas Lustiges bemerkt, das er jedoch für sich behielt. Ich stellte mir die glücklichen Jahre vor, die sie mit ihm verbracht haben musste. Wie sie anfangs vielleicht noch abweisend gewesen und dann an seiner Seite aufgetaut war. Früher hatte sie mir oft Romanows Bücher ausgeliehen. Einige Stellen waren unterstrichen gewesen, sie hatten vom Tod seines Vaters oder von der zersetzenden Angst gehandelt, nicht glücklich sein zu können. Und selbst jetzt noch bewunderte sie ihn, ich sah es genau.

»Auf der Fahrt hierher habe ich noch mal *Ein unbeugsames Herz* von Ihnen gelesen«, sagte ich. »Neben *Schnee auf dem Kilimandscharo* von Hemingway die beste Kurzgeschichte, die ich kenne.«

»Danke, aber sie wird ein wenig überschätzt.« Romanow pfefferte seinen Käse. »Sie müssen wissen, ich war zwanzig, als ich sie schrieb. Das ist jetzt mehr als … es ist lange her. Die Geschichte ist unpräzise, kitschig und voller Fehler.«

»Mich hat sie berührt.«

Romanow blickte zu Alva. »Wie viel hast du ihm gezahlt, dass er das sagt?«

»Unsere Konten sind jetzt leer.«

Er reichte mir wie schon am Bahnhof die Hand. »Jules, ich danke Ihnen für Ihre Worte.«

Nach dem Essen setzten wir uns ins Wohnzimmer. Wir tranken alle etwas zu viel Wein, Romanows Wangen waren gerötet. Gutgelaunt erzählte er uns, dass er genaue Vorstellungen davon habe, wie seine Seele aussehe. »Sie ist im Durchmesser ungefähr fünfundzwanzig Zentimeter groß und schwebt auf Brusthöhe«, sagte er. »Sie schimmert gräulich-silbern, und wenn man sie anfasst, ist es, als würde man mit der Hand über feinsten Samt streichen, ehe man durch sie hindurchfährt wie durch Luft.«

Später erzählte er von seiner Freundschaft zu Nabokov und von einer Chinareise. »Ich war in Ihrem Alter und bin mit Freunden jeden Abend in einem illegalen Casino in Macau gewesen.« Romanow stellte sein Weinglas ab, um mit beiden Händen gestikulieren zu können. »Es herrschte eine wunderbare Verbrecherstimmung, es gab die eindeutigsten Angebote, man flirtete und unterhielt sich mit Kriminellen und zwielichtigen Geschäftsleuten. Am ersten Abend wollen meine Freunde zu den Automaten, ich dagegen zum Roulette, wir machen also aus, dass wir uns um Punkt Mitternacht an der Geldwechselstube wieder treffen.

Mit ein bisschen Anfängerglück gewinne ich in den folgenden Stunden zweitausend Dollar, damals eine unfassbare Summe für mich. Pünktlich um Mitternacht warte ich am vereinbarten Treffpunkt, aber meine Freunde sind noch nicht da.« Romanow trank einen Schluck. »Beim Warten fällt mir auf, dass an einem Tisch bereits sagenhafte dreiundzwanzigmal hintereinander Rot kam. Das ist der ideale Moment, denke ich, also gehe ich hin und setze hundert Dollar auf Schwarz. Kein Risiko. Es kommt wieder Rot. Ich setze noch einmal hundert Dollar auf Schwarz, es kommt jedoch zum fünfundzwanzigsten Mal Rot. Um mein Geld zurückzuholen, setze ich zweihundert Dollar auf Schwarz. Wieder Rot. Nun muss ich schon vierhundert Dollar setzen. Wieder nichts. Achthundert Dollar. Rot. In diesem Moment kommen meine Freunde. Ich leihe mir Geld und setze zweitausend auf Schwarz. Zweitausend! Doch es kommt zum neunundzwanzigsten Mal Rot. Und während ich als gebrochener Mann das Casino verlasse, höre ich noch den Croupier in meinem Rücken rufen: Schwarz.«

Eigentlich keine herausragende Anekdote, aber Romanow erzählte sie mit einem so meisterlichen Timing, dass man bei der Pointe lachen musste.

Er kramte aus einem silbernen Etui eine Zigarette hervor. »Meine Gute-Nacht-Zigarette. Möchten Sie auch?«

Ich lehnte dankend ab und bewunderte, wie lustvoll er den Rauch zur Decke steigen ließ, wie sehr er diesen simplen Moment genießen konnte. »Alva sagt, Sie kennen sich seit Ihrer Jugend?«

»Das stimmt.«

»Wieso haben Sie einander aus den Augen verloren?«

»Weil …« Ein Blick zu Alva, doch sie hielt den Kopf gesenkt. Eine seit Jahren verdrängte Szene kam mir in den Sinn: Ein kahles, lieblos eingerichtetes Haus. Wie ich damals die Treppen nach oben gerannt war und wie es mich insgeheim erregt hatte, Alva nackt zu sehen, während im selben Moment unsere Freundschaft zerbrach. Und wie so oft fragte ich mich: Hatte ihre Mutter mich bewusst nach oben geschickt?

Romanow musterte erst mich, dann sah er zu Alva, und in seinem Blick lag mit einem Mal etwas Melancholisches.

Er stand auf und kam auf mich zu. Wir waren gleich groß. »Sie sind jung, Jules. Merken Sie sich das. Sie haben Zeit.« Die nachdrückliche Art, mit der er das Wort »Zeit« aussprach, faszinierte mich. Er nahm noch einen letzten Zug, dann drückte er die Zigarette im Aschenbecher aus. »Es ist schön, dass Sie unser Gast sind. Bleiben Sie, solange Sie wollen, Sie werden sehen, man schläft hier oben ausgezeichnet.« Er küsste Alva, dann ging er mit bedächtigen Schritten die Treppe hinauf.

Als er weg war, ließ ich mich auf die Couch fallen und schenkte mir vom Fendant nach. »Bist du sein Groupie?«, fragte ich nur halb scherzhaft. »Seine Muse?«

»Wahrscheinlich beides«, sagte sie. »So viel hat Sascha übrigens seit Ewigkeiten nicht mehr geredet. Ich glaube, er wollte dich beeindrucken. Er ist sogar ohne Stock gegangen, das macht er normalerweise nie.«

»Ich mag ihn. Wie hast du ihn kennengelernt?«

Alva setzte sich auf eine Kommode und zog die Beine zu sich heran. »Das war vor zehn Jahren, bei einem Symposium in St. Petersburg, für das ich als studentische Übersetzerin arbeitete. Er war damals Mitte fünfzig und sah aus wie ein Schauspieler, hatte aber auch was von George Gershwin. Er fiel mir vor allem auf, weil er hervorragend Deutsch sprach und die Frauen sich richtig an ihn rangeworfen haben, so was hatte ich noch nie erlebt. Er machte seine Sprüche und sah dabei immer wieder zu mir rüber. Ich weiß nicht, er hatte so etwas Lässiges ... Das hat mich fasziniert.«

»Wie haben deine Eltern auf ihn reagiert? Besuchen sie dich hier?«

»Mein Vater kommt ein paar Mal im Jahr. Zu meiner Mutter habe ich keinen Kontakt mehr. Wir haben seit dem Abitur nicht mehr miteinander gesprochen.«

Draußen war es ruhig, die nächsten Menschen wohnten weit entfernt, verborgen von einer tintenfarbenen Wetterwand. Ich betrachtete Alva, die in den vergangenen Jahren kaum gealtert war. Sie trug ihre Brille, die roten Haare hatte sie hochgesteckt. An ihrem Hals die zwei elfenbeinfarbenen Narben.

Sie legte den Kopf in den Nacken. »Weißt du, ich will ehrlich sein. Ich liebe Sascha ...«, auf einmal bedrückt, »aber du darfst dich von dem heutigen Abend nicht täuschen lassen. Er hat das Chalet seit Monaten nicht verlassen, und in letzter Zeit ist er etwas ... *vergesslich* geworden.«

Von oben hörten wir das Rauschen des Wasserhahns, dann wieder Schritte.

»Früher waren wir viel unterwegs. Auf Reisen, auf Lesungen und Symposien, er hat so viele Freunde auf der ganzen Welt. Doch vor allem war er so lebendig, so neugierig. Bevor ich ihn kennenlernte, dachte ich immer, er wäre schwermütig, weil er all diese traurigen Sachen geschrieben hat. Stattdessen verströmte er eine kindliche Zuversicht, die einfach ansteckend war. Das habe ich am meisten an ihm geliebt.«

Alva goss uns wieder Wein nach. »Vor zwei Jahren hatte Sascha eine schwere Krankheit. Es ist fürs Erste alles gutgegangen, aber es hat ihn verändert. Als wäre sein Zauber verflogen, als wäre er plötzlich ein normaler alter Mann geworden, mit den üblichen Ängsten und Eigenarten. Er ist nur noch oben und schreibt, er möchte unbedingt noch sein Buch abschließen. Neulich hat er mir gesagt, dass er das Ende fühlen kann. *Das Ende ist hier im Raum,* hat er gesagt, *kannst du es auch fühlen?* Ich habe ihn umarmt, und das Verrückte war: Ich konnte sein Ende ebenfalls fühlen.«

Sie verzog das Gesicht und hielt kurz inne. Dann sammelte sie sich und wandte sich mir zu. »Er weiß übrigens, dass du auch schreibst.«

»Aber ich schreibe doch gar nicht, Alva, wie oft denn noch. Das ist alles Jahre her.«

»Vielleicht schreibst du nicht auf Papier, doch in deinem Kopf tust du es«, sagte sie mit ihrer leisen Stimme und berührte mich am Arm. »Das hast du schon immer getan. Du bist ein Erinnerer und Bewahrer, und du weißt es.«

*

In der Ferne das Pilatusmassiv im Morgenrot. Das Rauschen eines Bachs. Tief einatmen, die Luft klar. In aller Frühe lief ich meine Runde, am Fluss entlang, an Bauernhöfen und Wäldern vorbei. Verschwitzt und keuchend kam ich eine Stunde später am Chalet an. Zu meiner Verwunderung erwartete mich Romanow auf den Stufen vor dem Eingang.

»Soso, ein Sportler«, sagte er. »Meine Frau liebt Sportler, aber das wussten Sie sicher.«

»Ihre Frau liebt vor allem Schriftsteller.«

Er fasste mich am Ärmel. »Jules, kommen Sie kurz.«

Romanow führte mich nach oben in sein Arbeitszimmer. Es roch nach warmem, trockenem Staub. Ein großer Schreibtisch mit einer Olivetti, ein kleiner Tisch in der Ecke, ein Klavier, dazu einige herumliegende Manuskriptseiten und ein Kruzifix aus Holz, das war's.

»Mein Verstand braucht Platz«, sagte Romanow. »Früher habe ich hier noch zwei Bücherregale gehabt, aber anstatt zu schreiben, habe ich dann gelesen, und deshalb mussten sie leider wieder weg. Ich muss arbeiten. Die Zeit fliegt.«

Dieses »Die Zeit fliegt« schien sein Leitmotiv zu sein, er wiederholte es ständig. Einmal sagte er, dass er als Kind ein Gedicht geschrieben habe, *Zeit, fliegst du davon*, es sei bei einem Umzug jedoch verlorengegangen. Den Titel habe er aus einer Oper von Schubert, seinem Lieblingskomponisten, nur leicht variiert. Die ersten Zeilen lauteten:

Zeit, fliegst du davon,
nimmst du mich mit.

Ich deutete auf das Klavier. »Können Sie spielen?«

»Ein bisschen.«

Romanow stimmte einen der *Phantastischen Tänze* von Schostakowitsch an. Seine Finger schienen von allein zu wissen, was zu tun war, fanden mühelos die richtigen Tasten. »Damals hat mich das Konservatorium abgelehnt«, sagte er, »aber ich hatte ja immer noch meine Olivetti. Man kann also sagen, ich habe mein Leben damit verbracht, mehr oder weniger elegant in die Tasten zu hauen.«

Als er das Stück beendet hatte, klappte er den Deckel zu. Er schien etwas auf dem Herzen zu haben. Schließlich deutete er auf den Ecktisch. »Wenn Sie wollen, können Sie hier arbeiten oder schreiben.«

»Danke, aber ich möchte Sie nicht stören.«

»Sie stören mich nicht, im Gegenteil. Ich habe früher immer gern in Bibliotheken geschrieben, es hat mich beflügelt, andere Menschen arbeiten zu sehen. Anfangs saß Alva oft bei mir, aber sie ist zu neugierig, das hat mich nervös gemacht.« Er sah mich an. »Also, was sagen Sie? Ich würde mich über etwas Gesellschaft freuen.«

Er klang eher beiläufig, aber ich spürte, dass es eine Bitte war, und schon nach dem Mittagessen setzte ich mich zu ihm ins Arbeitszimmer. Sein Schreibtisch stand vor dem Fenster, meiner an der Wand. Romanow sah auf die Berglandschaft der Schweiz, ich auf Holzbalken. Er hatte einen Lederstuhl mit Rollen, ich einen Klappstuhl aus Plastik. Eine klare Zweiklassengesellschaft.

Anfangs redigierte ich noch einen Bericht für mein Label, doch es fiel mir schwer. Schließlich schloss ich das Dokument und schrieb einfach drauflos. So absurd mir die Vorstellung auch erschienen war, neben einem Autor zu sitzen, den ich früher einmal verehrt hatte, so sehr motivierte sie mich. Meine Phantasie war wie ein stillgelegtes Bergwerk, und nun fuhr ich mit der Lore hinab und war erstaunt, was man von dort unten alles zu Tage fördern konnte. Ich hatte gleich mehrere Ideen und Entwürfe, die jahrelang in mir geschlummert haben mussten.

Romanow beobachtete mich.

»Was ist?«, fragte ich.

»Sie schreiben so schnell. Sie hacken richtig auf die Buchstaben ein. *Klack, klack, klack.*«

Ein Blick zu seiner Olivetti: Auf dem in die Schreibmaschine eingespannten weißen Blatt standen nur wenige Zeilen. Er trug seine Brille und hatte die Lippen vor Anstrengung geschürzt.

»Worüber schreiben Sie denn?«

»Über das Erinnern. Ein Roman, bestehend aus fünf Erzählungen. Alle sind miteinander verbunden, und im Kern geht es darum, wie uns Erinnerungen bestimmen und lenken. Es ist …«, Romanow dachte nach und schnaubte dann, »es ist alles *fürchterlich.*« Er stand auf. »So fürchterlich, dass ich am liebsten die Schreibmaschine nehmen und aus dem Fenster werfen würde. Meine letzte Veröffentlichung ist sechs Jahre her, ich habe dieses Buch immer wieder verschoben.«

Romanow ging im Zimmer umher und stützte sich dabei auf einen der Gehstöcke, die in einem Korb in der Ecke standen und auf die er seit einem Wanderunfall vor einigen Jahren angewiesen war. Er tippte sich an die Stirn. »Da ist einfach nichts mehr drin. Wie eine leergefressene Speisekammer. Alles in veröffentlichten Büchern, auf zusammengeknüllten Blättern, in ausgesprochenen Worten. Ich kann …«

Er schien mitten im Satz vergessen zu haben, was er sagen wollte. Abrupt wendete er sich ab. Erst jetzt hörte ich das Ticken der Uhr, die in der Ecke an der Wand hing.

»Als ich so alt war wie Sie, Jules, da habe ich auch so viel geschrieben. *Klack, klack, klack*«, machte er wieder. »Ich war so sorglos. Ich dachte, es würde immer so weitergehen. Doch es wurde immer weniger. Ich sollte mich damit abfinden. Aber ich kann nicht. Nicht, solange Sie denken, dass *Ein unbeugsames Herz* meine beste Geschichte ist. Ich habe sie mit zwanzig geschrieben, eher nebenbei.«

Er machte eine Pause. Und dann kam dieser schaurige Moment, in dem er einfach das Thema wechselte und mir die Geschichte von dem illegalen Casino Wort für Wort noch einmal erzählte.

*

Die ersten Tage mit Alva fühlten sich an, wie von einer langen Reise nach Hause zu kommen. All diese Augenblicke aus unserer Jugend bedeuteten mir so viel mehr als alles danach, jedes Gespräch mit ihr, jeder Blick, selbst jede Enttäuschung von damals ragte wie ein Monolith in meiner Erinnerung hervor. Und nun war ich wieder an der Quelle. Wenn wir in der Küche saßen, Wein tranken und herumalberten, durch den Wald gingen und kein Wort sprachen, wenn sie mir ungelenk etwas auf dem Klavier vorspielte und ich ihr Geschichten von meinen Geschwistern erzählte oder wenn wir nachts auf der Wohnzimmercouch saßen, Musik hörten und Alva sich an mich lehnte; in all diesen Momenten konnte ich beinahe zusehen, wie sich unsere Vergangenheit wieder zart mit unserer Gegenwart und Zukunft verknüpfte.

Am dritten Tag meines Besuchs fuhren Alva und ihr Mann frühmorgens in die Stadt. Als sie weg waren, betrat ich das zweite Stockwerk. Stellte fest, dass die beiden in getrennten

Zimmern schliefen. Ein scharfer Geruch nach Kräutern, Salben und Medizin durchzog die Etage. Alva hatte mir erzählt, dass Romanow seit seiner Prostataoperation starke Medikamente nahm. Sein Zimmer erinnerte an den Lagerraum eines Antiquitätenladens, auf dem Nachttisch saß – neben einer asiatischen Korblampe, einem Globus und Notizheften – ein angegrauter Stoffhase. Alvas Zimmer wirkte dagegen provisorisch: ein rundes Bett, neben dem sich Bücher in hüfthohen Türmchen stapelten, die Drachenbäume und Palmlilien am Fenster reichten bis zur Decke.

Diesmal wählte ich beim Joggen einen Pfad durch nasses, von Tannen umstandenes Bergland. Der Wanderweg führte mich höher und höher, bis auf den *Chräigütsch* hinauf. Eisiger Wind pfiff über die Felder unter mir.

Als ich wieder am Chalet ankam, war es nicht Romanow, der mich an der Eingangstür erwartete, sondern Alva. »Ich hab dich vom Fenster aus beobachtet«, sagte sie. »Wer hätte gedacht, dass ich dich noch mal laufen sehe?«

Nach einem späten Frühstück gingen wir beide spazieren. Das Chalet grenzte an ein Waldstück, die Bäume wuchsen teilweise so dicht beieinander, dass der Himmel nicht mehr zu sehen war und der Wald mir wie eine schattige, magische Unterwelt vorkam. Alva ging dicht neben mir, ihr Gesicht von der Kälte gerötet.

»Ich hab in den letzten Jahren oft an deine Schwester gedacht«, sagte ich nach einer Weile, »an die Jacke, die man von ihr gefunden hat. Ich wünschte, du hättest es mir früher erzählt, ich hätte dich viel besser verstanden.«

Alva schwieg. Sie hob einen Stein vom Boden auf und betrachtete ihn, als wäre er etwas Kostbares.

»Es war zu viel, um dir alles zu sagen.« Sie warf den Stein weg. »Als meine Schwester verschwand, ist mein Vater fast durchgedreht. Am schlimmsten war für ihn, dass man an ihrer Jacke nicht die geringste Spur gefunden hat. Er hat seinen Job aufgegeben, bei jeder einzelnen Suchaktion mitgemacht und auf eigene Faust mit Zeugen gesprochen. Er hat kaum noch geschlafen, und als er nicht mehr konnte, hat er sich selbst in eine Klinik eingewiesen. Meine Mutter hat ein paar Wochen lang nur noch geweint, und danach hat sie nie wieder darüber geredet. Als hätte es Phine nie gegeben. Sie hat sie einfach totgeschwiegen.«

Alvas Stimme wurde leiser. »Meine Eltern haben nur noch gestritten. Nach der Scheidung sind meine Mutter und ich dann in ein anderes Dorf gezogen, ziemlich weit weg von zu Hause. Wir haben es niemandem erzählt. Ich hatte damals Depressionen, auch Selbstmordgedanken. Aber ich dachte immer: Was, wenn Phine doch noch irgendwann zurückkommt, und ich bin nicht mehr da?«

Ich wollte sie in den Arm nehmen, doch sie wich mir aus. Wir kamen an einer gefrorenen Weide vorbei. Für einen Moment war ich versucht, den elektrischen Zaun zu berühren.

Sie griff nach meiner Schulter. »Die anderen in unserer Klasse hatten keine Ahnung, was ich durchgemacht habe, sie haben nur über die Ferien und ihre Eltern geredet, und sie haben alle so glücklich gewirkt. Nur *du* …«, es durchrieselte mich, »nur du hast nicht glücklich gewirkt. Deshalb habe ich mich damals neben dich gesetzt.«

Wir steuerten auf eine Almwirtschaft zu, die den seltsamen Namen »Unterlauelen« trug.

»Dann kennst du ja dieses Gefühl«, sagte ich ruhig, »wenn das Leben von Anfang an durch etwas vergiftet wurde. Wie wenn man schwarze Flüssigkeit in ein Becken mit sauberem Wasser gießt.«

»Ich dachte, Reisen hilft. Nach der Schule bin ich ein halbes Jahr nach Neuseeland, dann nach Russland. Später, mit Sascha, war ich überall. Aber es hilft nicht.«

»Und Literatur, hilft die?«

»Manchmal.«

»Und A. N. Romanow?«

Sie lächelte. »Auch manchmal. Ich hab eigentlich immer nur gelesen, um zu fliehen, um mich von ein paar Sätzen oder einer Geschichte trösten zu lassen. Früher wollte ich unbedingt eine Romanfigur werden. Unsterblich sein und für immer in einem Buch leben, während mich jeder von außen lesen und beobachten kann. Bescheuert, ich weiß.« Mit einem verschämten Blick: »Obwohl, wenn ich ehrlich bin, würde ich am liebsten immer noch eine Romanfigur werden.«

Und da wurde mir klar, wieso sie mich in die Schweiz gelockt hatte: Sie fühlte sich betrogen. Sicherlich hatte sie Romanow auch deshalb geheiratet, weil er zwei ihrer Lieblingsdrogen herstellte: Zuversicht und schöne Worte. Doch inzwischen war dieser fast siebzigjährige Lieferant unzuverlässig geworden. Ich stellte mir vor, wie Alva die letzten Jahre in den Bergen verbracht hatte. Ein vereinsamter Satellit, der um das Arbeitszimmer des Chalets kreiste, in dem sich ihr Mann immer vergeblicher an der Schreibmaschine abmühte und kaum noch mit ihr sprach.

Wir setzten uns an einen Tisch in der Wirtschaft. Sie erzählte von ihrem Vater, dass er ihr zum achtzehnten Geburtstag den roten Fiat geschenkt hatte und inzwischen ein leidenschaftlicher Bergsteiger geworden war. »Es hat ihn übrigens sehr amüsiert, als er gemerkt hat, dass sein Schwiegersohn zehn Jahre älter ist als er.«

»Wie geht es ihm?«

»Ganz gut, glaube ich. Inzwischen arbeitet er wieder als Internist in einer Gemeinschaftspraxis. Er hat es immer geliebt, mit seinen Patienten zu reden, als Kind hab ich ihn oft bei der Arbeit besucht.«

»Du hast mir früher nie von ihm erzählt.«

Sie starrte auf ihren Teller. »Als meine Mutter das Sorgerecht bekam, ist mein Vater nach Augsburg gezogen. Anfangs war ich noch jedes zweite Wochenende bei ihm, ich hatte mein eigenes Zimmer, er hat mir Bücher geschenkt und ging mit mir wandern. Doch dann gab es auf einmal jahrelang keinen Kontakt mehr. Ich dachte, es wäre meine Schuld und ich würde ihn vielleicht zu sehr an meine Schwester erinnern, aber als ich achtzehn war, hat er mich aufgesucht, und wir haben uns ausgesprochen. Ich war so froh, dass ich ihn wiederhatte! Und erst da habe ich erfahren, dass meine Mutter mir nie seine Briefe gegeben hat. Sie hat ihm gesagt, ich wolle ihn nicht mehr sehen.«

»Wieso hat sie das gemacht?«

»Ich weiß es nicht. Sie hatte Phine immer ein bisschen mehr geliebt und ist nie über den Verlust hinweggekommen. Wir haben uns oft gestritten. Schreckliche Dinge gesagt. Sie war mir gegenüber so kalt, ich war froh, als ich endlich wegkonnte. Ich dachte, das war's, aber vor ein paar Jahren hat sie meinem Vater einen Brief für mich geschickt.

Ohne Absender. Sie lebt inzwischen im Ausland, aber sie hat nicht viel darüber geschrieben. Der Brief war jedenfalls schön, eine Art Lebwohl.«

Alva schüttelte den Kopf. »Ich wünschte nur, sie hätte mir das alles schon gesagt, als ich noch jünger war. Damals hab ich das Leben so gehasst. Ich hatte das Gefühl, wenn meine Schwester verschwindet und meine Mutter mich trotzdem nicht liebt, dann kann ich doch nichts wert sein. Ich wollte die Person werden, die all das verdient.«

Ihre Augen schimmerten. Ich beugte mich rüber und umarmte sie.

»Bleibst du noch ein wenig?«, fragte sie nah an meinem Ohr.

Ich sah ihren flehenden Blick und erkannte, vielleicht sogar noch vor ihr, wie tief ihre Frage reichte.

Ich benötigte zwei Anläufe, um zur Überraschung meines Chefs zu kündigen. Beim ersten Anruf tat ich so, als hätte ich eine Lungenentzündung, aber da ich nie ein guter Lügner war, teilte ich ihm in einem zweiten Anruf mit, dass ich nicht mehr zur Arbeit erscheinen würde. Entgegen meiner sonstigen Art dachte ich keinen Augenblick über mögliche Konsequenzen nach. Und ich antwortete Norah auf eine sehr liebevolle Mail, dass es mir vorerst nicht möglich wäre, sie weiter zu treffen. Sie schrieb mir daraufhin mehrmals, rief mich an und hinterließ Nachrichten, doch ich reagierte nicht darauf.

Binnen weniger Tage hatte ich unter mein altes Leben einen Schlussstrich gezogen. Dabei war ich mir nicht mal sicher, wie ich mir die Zukunft mit Alva vorstellte. Ich wusste nur, dass ich sie nicht noch einmal gehen lassen konnte. Dass ich nicht mein Leben lang für die Fehler büßen wollte, die ich als Jugendlicher gemacht hatte.

»Ich sag's dir nur ungern noch mal, aber man kann die Vergangenheit nicht zurückholen oder ändern«, sagte mein Bruder am Telefon.

»Doch, man kann«, sagte ich.

LAURA DE WECK
Sichere Talfahrt

Ein Mann betritt ein Sportgeschäft.

MANN: Grüzi.

VERKÄUFERIN: Grüezi. Was khan i für Sie tue? Fahred Sie Schgi oder Snowboard? Sit dera Saison verkaufend mir au Gras-Ski, da sind khlini Rolle dra, wo wien es Raupesyschtem ...

MANN: Ich versteh leider kein Schwizerdütsch, können Sie bitte deutsch sprechen ...

VERKÄUFERIN: Was? Sind Sie ein Ausländer?

MANN: Ist das ein Problem?

VERKÄUFERIN: Nein, um Gotts willen, bleiben Sie da. Willkommen! Ausländer sind jetzt so selten geworden, dass ich mich schon frage, warum wir in unserem Bergdorf fleißig Fremdsprachen lernen, quelle est votre pointure? Numero di scarpa? What ist your feet number?

MANN: Fünfundvierzig.

VERKÄUFERIN: Aber all die Sprachen nützen uns nichts, wenn die Politik alles tut, damit die Ausländer sich hier unwohl fühlen. Schon seit Jahrzehnten warnen die Experten, der Klimawandel würde die alpinen Gebiete treffen, und was machen wir, wo es nun tatsächlich nicht mehr schneit? Wir bombardieren die Pisten mit Hundertausenden Kubikmeter Wasser. Ein Energieverbrauch, dass man in ganz Graubünden die Weihnachtsbeleuchtung fünf Jahre lang anlassen könnte. Wir lösen das Problem mit den Ursachen des Problems.

MANN: Mein Problem ist, dass ich neue …

VERKÄUFERIN: Klar, ich bin froh, wenn ich unsere Ski ein paar Jahre noch verkaufen kann, aber wenn die Politik schon nichts gegen das Klima tut, dann müssen die uns nicht auch noch einen solchen Franken reinpfeffern, dass bei uns ein paar Ski so viel kosten wie in Österreich eine Woche Winterurlaub.

MANN: Ach, ist das so?

VERKÄUFERIN: Doch als wären Klimaerwärmung und starker Franken nicht genug, posaunen die Leute, die nun allesamt im Parlament sitzen, ununterbrochen in die Welt hinaus, dass wir Schweizer die Ausländer nicht mögen. Keine Gelegenheit lassen die aus, um allen klarzumachen, dass wir die Grenzen zur EU sofort schließen sollten, da wir hier unter extremem Dichtestress leiden. Bei solchen Nachrichten ist's ja klar, dass kein Europäer herreist, wenn sie denken, dass sie auf der einzigen offenen Piste vor lauter Menschenmassen kaum vorankommen und beim Après-Ski so grob bedient werden, als wären sie für den Werteverlust der Schweiz verantwortlich. Dabei tut uns das Wegbleiben der europäischen Gäste schmerzlich weh. Die Araber kommen bald gar nicht mehr. Eine Stammkundin aus Dubai schrieb mir, sie wolle nicht mehr in die Schweiz, jetzt, wo die Kopfverhüllung verboten sei.

MANN: Ich dachte, Helm ist Pflicht?

VERKÄUFERIN: Nein, nein, nein, hab ich geschrieben, das

sei nur im Tessin der Fall, aber doch nicht bei uns in Graubünden! Doch wie soll man den Touristen, die gerade so zwischen Schweiz und Schweden unterscheiden können, erklären, was der Unterschied zwischen Ascona und Arosa ist?

Und in Zukunft wird es nicht besser, wenn erst diese Kontingente oder Schutzklauseln in Kraft treten. Wenn das kommt, gibt es in der Schweiz weder Schnee- noch Rechtssicherheit für unsere Gäste. Und wen können wir noch pauschalbesteuern, wenn keiner kommt?

Die Einzigen, die sich in der Schweiz noch sicher fühlen, sind die Russen und Chinesen. Die haben weniger Probleme mit autoritären Staaten, aber auch die wollen nicht in unser Dorf, sondern zum Jungfraujoch, zum Matterhorn und nach Luzern und den Shoppingcentren.

MANN: Shopping genau, ich würde jetzt endlich gern meine …

VERKÄUFERIN: Es ist für uns wirklich existentiell und dramatisch. Der Adolf Ogi hat ja schon einen Gipfel zur Tourismus-Krise ausgerufen. Endlich nimmt uns jemand ernst, aber was ist von ihm schon zu erwarten? Eine »Volksinitiative zur Einschaffung touristischer Ausländer«? Auch hier wird wieder das Problem mit der Ursache des Problems gelöst.

MANN: Es reicht, ich will jetzt endlich meine Schuhe kaufen! Und zwar brauche ich bei dem Wetter weder Ski noch Snowboard. Ich will Wanderschuhe.

VERKÄUFERIN: Excüsi, excüsi, Schuhe klar, brauchen Sie sonst noch was an Ausrüstung?

MANN: Nein, ich geh nacktwandern.
VERKÄUFERIN: Oh … das ist doch in der Schweiz auch verboten?

THOMAS MEYER

Sohn! Bist du wahnsinnig!

Die Luft ist dünn. Die Bäume liegen weit unter mir. Sogar eine kleine Wolke habe ich bei meinem Aufstieg überholt. Ich stehe auf dem Piz Languard, auf knapp 3300 Metern. Mein Puls hat sich beruhigt; ebenso meine Gedanken, die gestern, auf der Fahrt von Zürich ins Engadin, noch in wilder Unordnung waren. Der Blick reicht tief in die Täler hinunter und weit nach Italien hinein, und so betrachte ich auch mich selbst: mit Distanz. Der Fokus, der im Alltag an allem Möglichen haftet, löst sich und gibt die Sicht auf die wesentlichen Dinge frei. Es sind nicht viele.

Ich atme tief ein und aus. Mir geht es gut. Aber ich kenne zwei Menschen, die ob meiner Anwesenheit hier oben ganz anders fühlen. Oder besser: wegen all der Möglichkeiten, die sich durch meine Anwesenheit hätten ergeben können (Aufstieg) und noch ergeben könnten (Abstieg).

Meine Eltern waren schon immer sehr ängstlich. Die Frage, was alles passieren könnte, vor allem mir, beschäftigt sie ständig; ganz ungeachtet dessen, dass sie in den letzten vier Jahrzehnten erstaunlich wenig prophetisches Talent an den Tag gelegt haben: Von all den grauenvollen Ereignissen, die hätten geschehen können und ihnen allein dadurch so manches Mal die Nachtruhe geraubt haben, ist kein einziges eingetroffen. Ich bin sechs Jahre lang Motorrad gefahren und nie tödlich verunfallt, ich habe mehrere Fallschirmsprünge absolviert und bin nie abgestürzt, ich bin nicht dem Heroin verfallen, obwohl sie fest damit rechneten, und auch nicht verhungert, was ebenfalls Gegenstand so mancher elterlicher Befürchtung war – und vermutlich noch immer ist. Denn ich bin so schlank, dass sie sich schon mehrmals genötigt sahen, mich mehr oder weniger raffiniert auf meine mögliche Magersucht anzusprechen. Die ich, wie alle Süchtigen, natürlich stets abgestritten habe.

Dass ich unlängst meine große Freude am Bergsteigen und – um Himmels willen! – Klettern entdeckt habe, gibt meinen armen alten Eltern den Rest. Ich schicke ihnen Fotos aus der wunderlich zerklüfteten Welt der Alpen, halb um mich mitzuteilen, halb um sie zu piesacken, und prompt erinnert mich die Mama daran, dass ich ein Kind hätte und es unverantwortlich sei, »in den Bergen herumzukraxeln«, während dem Papa angesichts der fotografisch festgehaltenen Tiefblicke kurzerhand schlecht wird. Er ist zwar in jungen Jahren oft in den Bergen gewesen, sogar auch schon auf dem Piz Languard, aber da war er erstens noch kinderlos und hatte zweitens noch nicht solche Höhenangst. Heute muss man nur »dreitausend Meter« sagen, und er rollt theatralisch mit den Augen.

Ob ich wahnsinnig sei, wollen meine Eltern also wissen, wenn sie hören, dass ich wieder mal ein paar Tage in Pontresina verbracht und die eine oder andere Höhe erklommen habe. Alles, was irgendeine Form von Risiko birgt, ist für sie ein Ausweis von Geisteskrankheit. Auch meine berufliche Selbständigkeit fällt in diese Kategorie: Was, wenn keine Aufträge mehr kommen! Was, wenn der Euro noch weiter sinkt! Was, wenn das neue Buch nicht so erfolgreich ist wie das alte! Und wenn ich meinen Sohn bei ihnen abhole: Pass auf! Fahr vorsichtig!

Lange habe ich mich über diese hasenfüßige Drohkulisse geärgert, konnte sie aber irgendwann als unabänderliches Zeugnis elterlicher Liebe annehmen und bestätige seither jedes Mal brav und lächelnd: Ja, ich passe auf, ja, ich fahre vorsichtig, nein, ich mache diese Bergtour nicht allein, ja, wir sind angeseilt, alles unter Kontrolle. Aber soll man das einem glauben, der solches Zeug macht? Der selbständig ist? Und dem der Eurokurs egal ist?

Vermutlich jedoch haben sie mir einen großen Gefallen getan. Indem sie sich nämlich alle Sorgen machen, die man sich so machen kann, muss ich nicht mehr. Hätte ich je Lust daran gefunden, vor etwas Angst zu haben – meine Eltern hätten sie mir verdorben. Kein Wunder, sah ich in Motorrädern, Rennstrecken, Fallschirmen und Klettersteigen nie eine echte Gefahr, sondern stets nur Spaß.

Ob dabei auch ein klein wenig restpubertäres Protestgehabe im Spiel war? Wer weiß. Das Motorradfahren habe ich jedenfalls nach der Geburt meines Sohnes aufgegeben. Und zwar: aus Angst. Sie gilt dem Automobilisten, der mich übersieht und in mich hineindonnert und meinen Sohn vaterlos macht. Das ist nie passiert, *aber es könnte ja.* Wie sagten meine Eltern jeweils nicht so schön, wenn ich mich über ihre Befürchtungen aufregte: Das verstehst du erst, wenn du eigene Kinder hast.

MARTIN SUTER

Zerknittert im Val Grisch

Pavarotti saß in einem Transportkäfig, welcher – mit einem Frottiertuch umwickelt – in einer kleinen Louis-Vuitton-Reisetasche steckte. Sie hatte sie einst von Frédéric geschenkt bekommen und nie benutzt. Sonia fand Louis-Vuitton-Taschen vulgär, aber für Tiertransporte gerade noch akzeptabel.

Sie saß allein in einem Viererabteil, hatte die Tasche neben sich gestellt und die Sitzbank gegenüber mit ihrer Handtasche und ihrer Reiselektüre belegt. So hoffte sie, Mitreisende davon abzuhalten, sich zu ihr zu setzen. Noch gut vier Minuten musste sie durchstehen, bis der Zug den Bahnhof Chur verlassen würde.

Sie blickte durch das Muster aus Wasserläufen hindurch auf den Bahnsteig. Ein dicklicher Halbwüchsiger warf eine Münze in einen Automaten voller Junk-Food und drückte eine Zahlenkombination. Nichts geschah. Er drückte noch einmal. Wieder geschah nichts. Jetzt drückte er auf die Geldrückgabetaste. Nichts.

Er schaute sich um und begegnete Sonias Blick. Sie hob die Schultern.

Der Junge schlug auf die Armatur des Automaten. Erst sachte, dann immer wütender.

Bestimmt sabotiert durch das Bundesamt für Gesundheit, dachte Sonia und musste lächeln. Seit heute Morgen, als sie Malu die Schlüssel ihrer Wohnung übergeben hatte, war sie guter Laune. Es war, als hätte sie eine schwere Last abgeworfen.

Sie begann ein neues Leben mit leichtem Gepäck. Außer Malu wusste niemand, wo sie hingegangen war. Und auch ihre neue Handynummer kannte sonst niemand.

Malu nahm die Wohnung mit allen Möbeln, denn sie wollte nicht einziehen, sie brauchte sie nur, um, wie sie sich ausdrückte, »ein wenig Spielraum in die enge Beziehung mit Alfred zu bringen«. Am Ende der Sommersaison wollte sie sie wieder für Sonia freigeben.

Aber Sonia wusste, dass sie nie mehr in diese triste Straße zurückkehren würde. Nie mehr das muffige Treppenhaus hinaufsteigen. Nie mehr den Schlüssel in das neue Sicherheitsschloss der zweckmäßig reparierten Tür stecken. Nie mehr in der billigen Einbauküche Fertiggerichte wärmen. Nie mehr die fremden Küchengerüche aus der Badezimmerlüftung. Nie mehr der Lärm von Hass und Liebe aus den Nachbarwohnungen. Nie mehr mitten in der Nacht ein Taxi rufen, nur um die Tristesse ihrer Wohnung mit der Melancholie einer Lounge zu tauschen.

Der Zugführer ließ einen langen, klagenden Pfiff ertönen. Der Jugendliche versetzte dem Automaten einen letzten Fußtritt und sprang auf. Mit einem Ruck fuhr der Zug an.

Sonia vertiefte sich in ihr Handbuch für Balneologie, um falls nötig den Blickkontakt mit einem platzsuchenden Passagier zu vermeiden. Aber niemand kam, außer dem Schaffner. Er kontrollierte ihre Fahrkarte und wünschte eine gute Fahrt.

Nach wenigen Minuten hatte die Bahn die Peripherie der kleinen Stadt erreicht. Sonia sah freudlose Wohnsiedlungen, auf deren Fassaden der Regen seine Spuren hinterlassen hatte, und hässliche Industriebauten kleiner Firmen, deren unbeholfene Schriftzüge aufdringlich leuchteten in der düsteren Regenlandschaft. Sonia wandte sich ihrem Buch zu.

»Ist hier noch frei?«

Sonia sah widerwillig auf. Eine alte Frau in einer gelben Regenhaut stand neben dem Abteil und blickte vorwurfsvoll auf die belegte Sitzbank. Sonia räumte wortlos ihre Sachen weg. Die Frau zog ihre Regenhaut aus. Darunter war sie ebenfalls gelb gekleidet. Eine Hose mit einem von Gelb dominierten Schottenmuster. Ein Twinset aus Jäckchen und Pullover aus gelber, fleckiger Kaschmirwolle. Einen gelben Schal mit einem zarten Blumenmuster. Auch ihre Haare waren gelb. Nur die Augen waren grün und von einem Lidstrich in ähnlicher Farbe eingefasst. Ihre Lippen waren chinarot geschminkt.

Sonia konzentrierte sich wieder auf ihr Buch. Sie spürte, dass die Frau sie anstarrte. Aber Sonia heftete ihren Blick fest auf das Handbuch der Balneologie. Sie hatte keine Lust auf eine Reisekonversation.

Ausgerechnet jetzt begann Pavarotti zu schimpfen. Sonia versuchte, es zu ignorieren. Bis die Frau sagte: »Ihre Wellis brauchen Luft.«

Sonia spähte durch den halbgeöffneten Reißverschluss in das Innere der Tasche. Sie fühlte sich bemüßigt zu sagen: »Er hat genug Luft.«

Die Frau schwieg einen Moment. Dann fragte sie: »Hat er keinen Spielgefährten?«

»Nein, er ist Single.«

»Einzelhaft. Ich nenne es Einzelhaft. Wellis sind Schwarmtiere.«

»Pavarotti hasst Wellensittiche.«

»Woher wollen Sie das wissen?«

»Er hatte schon zwei Spielgefährten. Beide hat er totgehackt.«

»Totgehackt?«, stieß die gelbe Frau ungläubig aus. »Dann ist das Tier fehlgeprägt.«

»Er ist nur lieber allein. Soll vorkommen.«

»Ich hoffe, er hat wenigstens einen Spiegel.«

»Auch darauf hackt er ein.«

»Naturäste. Keine gedrechselten Holz- oder Plastikstangen. Davon bekommt er Ballengeschwüre.«

»Er sitzt auf einem Buchenzweig aus biologischer Bodenhaltung.«

»Machen Sie sich nur lustig.«

Der rote Zug fuhr durch eine enge Schlucht. Tannen mit regenschweren Ästen säumten die Strecke. Zuweilen stach das zarte Grün einer Lärche heraus. Der alte Wagen zweiter Klasse rumpelte über die Schienen. Sonia musste den Zeigefinger benutzen, um den Zeilen ihres Buches zu folgen. Aus den Augenwinkeln beobachtete sie die alte Frau. Die starrte auf die Tasche, als versuchte sie, telepathischen Kontakt mit Pavarotti aufzunehmen.

Ihre Hände hatte sie auf die Knie gelegt. Sie waren ungewöhnlich groß und ungeschlacht. Die Fingernägel trugen das gleiche Chinarot wie ihre Lippen und wölbten sich über die Nagelbetten wie lackierte Nussschalen.

Sonia begannen diese Hände unheimlich zu werden. Sie

blickte auf. Die Gelbe schaute ihr direkt in die Augen. »Ich habe mein ganzes Leben lang schwer gearbeitet«, sagte sie, wie um ihre Hände zu rechtfertigen.

Sonia wusste nicht, was sie darauf antworten sollte.

»Nehmen Sie den Vogel immer mit in die Ferien?«, erkundigte sich die Frau.

»Ich fahre nicht in die Ferien.«

»Sie wohnen oben?«

»Ja.«

»Wo?«

»Val Grisch.«

»Da hätten Sie über Klosters fahren müssen, durch den Vereina-Tunnel.«

»Ich mag Tunnels nicht besonders.« Sonia nahm sich wieder das Buch vor, aber die Frau verstand den Wink nicht.

»Arbeiten Sie dort?«

Sonia nickte, ohne aufzuschauen.

»Als was?«

»Physiotherapeutin«, seufzte sie. Gleich wird sie mit ihren Symptomen kommen.

Aber die Alte ging nicht weiter darauf ein. »Ich mache nur ein kleines Fährtchen. Ich habe das Generalabonnement.«

»Hm.«

»Morgens gehe ich zum Bahnhof und steige in einen Zug. Abends bin ich wieder zu Hause.«

»Schön.«

Sonia spürte, dass die Frau sie ansah und darauf wartete, dass sie mehr sagte. Sonia widerstand.

»Vielleicht scheint weiter oben die Sonne.«

»Vielleicht«, murmelte Sonia.

»Wissen Sie, wie lange wir keine Sonne mehr hatten?«

Sonia schüttelte den Kopf.

»Zweiundvierzig Tage!«

Sonia schaute von ihrem Buch auf. »Ich möchte nicht unhöflich sein, aber ich muss das hier lesen.«

Die gelbe Frau nickte. »In Ihrem Alter ist man nicht so sehr auf die Sonne angewiesen. Aber unsereins wird schwermütig.«

Von jetzt an schwieg die gelbe Frau. Sonia versuchte, sich auf das Buch zu konzentrieren, aber immer wieder ertappte sie sich dabei, dass ihre Augen lasen und ihr Kopf nicht. Was war sie doch für eine Zicke geworden. Was war schon dabei, mit einer einsamen alten Frau, die ihre Zeit mit Eisenbahnfahrten totschlug, ein paar Worte zu wechseln? Was war denn sie anderes als eine einsame Frau mit ihrem Wellensittich auf einer Bahnfahrt?

Sonia sah aus dem Fenster. Sie konnte die Lokomotive sehen. Über den Quadersteinbögen eines schwindelerregenden Viadukts. Sie schloss die Augen.

Als sie sie öffnete, blieb es stockdunkel.

»Der Landwassertunnel«, sagte die gelbe Frau. Für einen kurzen Moment sah Sonia ihre Stimme. Sie war nicht gelb, sie war von einem staubigen Grau, das sich kaum abhob vom Dunkel des Tunnels.

Ein paar Sekunden später begann der Waggon sich wieder mit dem trüben Tageslicht zu füllen. Dann lag der Tunnel hinter ihnen.

»Sie mögen keine Tunnels und keine Höhen«, stellte die Frau fest. »Dann wohnen Sie in der falschen Gegend.«

»Im falschen Land.«

Die Frau lachte, Sonia lachte mit.

In Samedan musste Sonia umsteigen. Sie verabschiedete sich von Susi Bellini. So hieß die gelbe Frau, nach ihrem vor bald dreißig Jahren verstorbenen Mann, einem Rohrschweißer aus Kalabrien, über den Sonia jetzt alles wusste.

Frau Bellinis Hoffnung auf ein bisschen Sonne hatte sich nicht erfüllt. Sonia stand mit ihrem Rollwägelchen und Pavarottis Tasche auf dem Bahnsteig und fröstelte. Ein beharrlicher Regen fiel auf Plattformüberdachung und Bahnschwellen. Ihr Aufenthalt dauerte gut zwanzig Minuten. Zu kurz für das Bahnhofbüffet, hatte sie beschlossen. Außer ihr hatte nur ein einziger Mitreisender die gleiche Entscheidung getroffen. Ein älterer Mann mit einem schmalkrempigen Hut aus nassglänzendem Leder. Er trug zwei Einkaufstüten, die er nicht auf den nassen Boden stellen wollte, sie waren aus Papier.

Sonias gute Laune war verflogen. Sie konnte knapp die Depression auf Distanz halten, die auf sie wartete. Sie hatte eine gewisse Virtuosität entwickelt im Umgang mit der Schwermut. Sie wusste, hinter welchen Gedanken sie kauerte, in welchen Bildern sie sich einnistete und welche Geräusche sie anlockten. Es fiel ihr leicht, sich ihr hinzugeben, und auch nicht allzu schwer, sie wieder abzuschütteln.

Pavarotti war so still, dass sie einen Blick in die Tasche warf. Sie schob das Frottiertuch beiseite und sah, dass sie ihn geweckt hatte. Er machte ein paar seitliche Schritte auf dem Zeitungspapier, mit dem sie den Käfigboden ausgelegt hatte, und schaute sie mit einem vorwurfsvollen Auge an.

»Pardon«, murmelte sie und zog den Reißverschluss wieder etwas zu.

Ein Elektrowagen mit zwei Anhängern voller Gepäck fuhr vorbei. Sonia erkannte ihre beiden Koffer und die Schachtel mit Pavarottis Käfig. Etwas weiter vorn hielt der Fahrer und begann, in einer zerfledderten Boulevardzeitung zu lesen.

Der leise Dauerregen schwoll plötzlich zu einem Platzregen an. Die rote Lokomotive, die in der Ferne auftauchte, hatte die Scheinwerfer eingeschaltet.

Val Grisch liegt in einem Seitental des Unterengadins, eine Viertelstunde mit dem Postauto von der Bahnstation Storta entfernt. Von den etwa sechshundert Einwohnern – in der Hochsaison ein paar mehr – waren die meisten Pendler, die im Oberengadin arbeiteten. Es gab ein paar hauptberufliche Bauern und ein paar wenige nebenberufliche. Wer einen Schreiner, einen Elektriker, einen Schlosser, einen Arzt, einen Apotheker oder einen Lehrer brauchte, fand ihn in Val Grisch auch. Es gab vier Restaurants, fünf Pensionen, ein paar Dutzend Ferienhäuser und -wohnungen, einen Kindergarten, eine Primarschule und eine katholische Kirche aus dem sechzehnten Jahrhundert.

Die touristische Hochblüte hatte das Dorf in der Zeit erlebt, als die Engländer die Schweiz erfanden. Neunzehnhundertdreizehn, im gleichen Jahr, als die Rhätische Bahn die Strecke von Bever nach Scuol einweihte und Val Grisch mit den Hauptstädten dieser Welt verband, eröffnete Gustav Mellinger, ein Unternehmer aus St. Gallen, das Hotel Gamander. Dieser Sommer/Herbst neunzehnhundertdreizehn sollte als die beste Saison in die Geschichte des ›Gamander‹ eingehen. Im folgenden Sommer brach der Erste Weltkrieg aus, und nach dem Zweiten folgte der Siegeszug der Skilifte. Val Grisch versuchte bis in die sechziger Jahre, mit der Entwicklung Schritt zu halten, baute drei Schlepplifte und eine Sesselbahn und sogar eine nie fertiggestellte Sprungschanze. Aber die Hänge über dem Dorf sind ein zu anspruchsloses Skigebiet, und die höher gelegenen fast besser von den benachbarten Kurorten zu erreichen, in denen auch sonst mehr geboten wird.

Das ›Gamander‹, einst konzipiert für das gehobene Bürgertum, überlebte zuerst dank ein paar treuen Stammkunden und dann immer mehr dank Bergwanderern, Naturfreunden und Reisegruppen auf der Durchfahrt. Es bekam die Patina einer Jugendherberge mit lustig gezeichneten Hausregeln am Anschlagbrett und Gästen, die auf der Terrasse ihre mitgebrachten Lunchpakete verzehrten.

Das Dorf hatte sich längst damit abgefunden, vom Einkommen der Pendler, etwas Tagestourismus, den Ferienwohnungsbesitzern und der Parahotellerie zu leben, da wechselte das Hotel den Besitzer. Es wurde für viel Geld renoviert und erweitert.

Val Grisch liegt auf einer Südterrasse an der Mündung eines weiten, terrassierten Tals auf etwas über vierzehnhundert Meter über Meer. An klaren Tagen hat man eine herrliche Sicht auf die waldigen Ausläufer der Felskette der gegenüberliegenden Talseite und ihre schroffen, grauweißen Zacken. Die letzten Kilometer der gewundenen Straße ins Dorf führen durch sanfte Wiesen, die aussehen, als hätte sie ein Gartenarchitekt angelegt.

Aber an diesem nebelverhangenen Regentag sah Sonia durch das beschlagene Postautofenster nur den Saum der Wiesen, dicht und gepflegt wie das Green eines Golfplatzes. Der Bus war nur zu einem Drittel besetzt. Die meisten Fahrgäste waren Schüler, die der Primarschule von Val Grisch entwachsen waren und in die Mittelschule pendelten. Sie hatten sich in Storta mit der Selbstverständlichkeit von Stammgästen auf ihre Plätze gesetzt, sich kurz zugenickt und ihren Schularbeiten oder Handys zugewandt. Kaum ein Wort war gefallen auf der Fahrt. Nur wenn das Postauto hielt und jemanden aus- oder einsteigen ließ, war ein knappes »Buna saira« zu vernehmen.

Auch die übrigen Passagiere – ein alter Mann mit einem abgewetzten Militärrucksack, eine Frau um die fünfzig mit zwei Taschen, aus denen die Spitzen von Tomatensetzlingen herauslugten, und ein übermüdeter Rekrut auf Urlaub – hatten sich einzeln auf die Zweiersitze verteilt. Nur zwei alte Eheleute, beide in rauchfarbenen durchsichtigen Pelerinen, saßen nebeneinander. Aber auch sie sprachen kein Wort.

Plötzlich mischte sich in das verlässliche Brummen des Diesels das Horn des Postautos. »Tüü-Taa-Taa!« klang es vor einer Kurve, die so eng war, dass der Fahrer ein Stück der Gegenfahrbahn in Anspruch nehmen musste. Und noch einmal »Tüü-Taa-Taa!«, wie aus Erleichterung, dass nichts entgegengekommen war.

Ein Gruß aus einer längst verschwundenen Welt. Sonia war für ein paar Sekunden erfüllt von der Zuversicht ihrer Kindheit. Sie gähnte und wischte sich in einem vorgetäuschten Müdigkeitsanfall zwei Tränen aus den Augen.

Das alte Ehepaar stand auf, das Postauto verlangsamte die Fahrt und hielt an. Die beiden stiegen aus und gingen auf ein kleines Seitensträßchen zu. Die Tür schloss sich, der Chauffeur legte den Gang ein und fuhr weiter. Als Sonia zurückschaute, waren die grauen Pelerinen des Paars kaum mehr vom Grau des späten Nachmittags zu unterscheiden.

Sonia stieg als Letzte aus. Das Postauto stand vor der Post, einem dem Baustil der alten Engadinerhäuser nachempfundenen Neubau. Der Gepäckraum an der Wagenunterseite war aufgeklappt. Der Chauffeur half Sonia, ihre beiden Koffer, die Schachtel mit dem Käfig und das Rollwägelchen auszuladen. Dann wünschte er ihr schöne Ferien.

Ein großer Mann um die vierzig mit einer grünen Schürze kam auf sie zu. Er trug einen Regenschirm und eine Uniformmütze, auf der in goldenen Buchstaben »Hotel Gamander« stand. »Sonia Frey?«, fragte er. Er hatte eine tiefe, angenehme Stimme und einen slawischen Akzent.

Sie nickte.

»Ich bin Igor.« Sie gaben sich die Hand. Zwei Arbeitskollegen bei ihrer ersten Begegnung. »Warte hier, bitte.«

Er nahm ihre Koffer und verschwand damit hinter der Hausecke. Kurz darauf kam er wieder und nahm die Schachtel mit dem Käfig und das Rollwägelchen.

»Lass nur«, sagte Sonia, »ich kann auch etwas tragen.«

Igor schüttelte den Kopf. »Muss üben.«

Sie folgte ihm um die Hausecke. Dort stand ein dunkelblauer Landauer mit einem Lederverdeck und dem Schriftzug »Hotel Gamander«. Zwei nasse Pferde und ein Kutscher in einer durchnässten Lodenpelerine warteten missmutig, dass es weiterging. Igor verstaute das Gepäck und öffnete den Schlag.

Sonia lachte. »Damit holt ihr das Personal ab?«

»Zum Üben.« Igor schloss den Schlag und stieg zum Kutscher auf den Bock. Mit ein paar Rucken setzte sich das Gefährt in Bewegung. Sonia war die Sache peinlich.

›Colonials Bruhin‹ war eine Mischung aus Lebensmittelladen, Souvenirgeschäft, Kiosk und Schreibwarenhandlung. Es gab dort Wanderkarten, Romanisch-Sprachführer für Anfänger, Handbücher der alpinen Flora und Fauna, aber auch Himalaja-Salz, Duftkerzen, Wohlfühl- und Entspannungstees und andere Überbleibsel verschiedener Sortimentsexperimente der Besitzerin. Auch einen billigen Schirm konnte man dort kaufen oder eine Windjacke. Anna Bruhin, eine hagere Frau von etwas über sechzig, war spezialisiert auf die Dinge, die man vergessen oder nicht eingeplant hatte.

Aber eigentlich versorgten sich die Dorfbewohner bei den Großverteilern im Tal. Dort war es billiger, und die Auswahl war größer. Auch das Geschäft mit den Touristen lief schlecht. Sie kauften ihre Filme nicht mehr bei ihr, weil sie alle Digitalkameras besaßen. Und dass das ›Gamander‹, jetzt, da es für Millionen renoviert war, es weiterhin dulden würde, dass die Touristen die bei ›Colonials Bruhin‹ gekauften Lunchbrote auf der Hotelterrasse aßen, war auch unwahrscheinlich. Vielleicht würde sie kalte Getränke anbieten. Und das Glacé-Sortiment erweitern. Falls es überhaupt jemals Sommer wurde. Es war Anfang Juni, noch nicht einmal sechs Uhr, und sie hatte schon das Licht an im Laden.

Sie öffnete die Ladentür. Das Gebimmel über ihr, das sie dadurch auslöste, registrierte sie schon lange nicht mehr. Neben dem Eingang stand eine Tafel mit der Aufschrift »Heute frische Erdbeeren!«. Sie war mit einer Plastikfolie überzogen, damit der Regen die Kreide nicht wegwusch. Ein einziges Körbchen hatte sie verkauft. So bald würde sie nicht wieder Frischangebote machen.

Frau Bruhin wischte die Folie mit einem Lappen trocken und brachte die Tafel hinein. Als sie die Tür zumachte, fuhr die Kutsche des ›Gamander‹ vorbei.

Auf dem Sims im Küchenvorraum des Steinbocks lag eine brennende Zigarette. Die Glut fraß sich langsam zum Holz vor. Noch fünf Millimeter, und sie würde einen Brandfleck hinterlassen, wie schon viele andere davor.

Aus der Küche drangen weißes Neonlicht und Salsa. Ab und zu klapperte eine Pfanne oder rauschte ein Wasserhahn. Aber es war viel zu still für eine Restaurantküche eine gute Stunde vor dem Abendessen.

Peder Bezzola betrat den Raum, klaubte die Zigarette vom Sims und nahm einen tiefen Zug. Er trug eine Kochjacke mit Kugelknöpfen und dem Monogramm pb, eine karierte Hose, ein Dreieckstuch und eine Ballonmütze. Alles makellos, wie bei einem Fernsehkoch.

Peder ging zu einem Vorratsgestell, auf dem sich lang haltbare Produkte, Salz, Zucker, Reis, Öl, Konserven, befanden. Dort stand eine angefangene Flasche Bordeaux und ein leeres Glas. Er füllte es und öffnete das Fenster.

Kühle Regenluft drang in den kleinen Raum. Die Straße war menschenleer. Er warf die Zigarette aus dem Fenster.

Ein alter grüner Landrover fuhr vor und parkte neben dem Eingang des ›Steinbock‹. Luzi Bazzell, ein stämmiger älterer Mann in einem grauen Arbeitsanzug, stieg aus und ging auf den Eingang zu. Er würde den ganzen Abend Karten spielen, Bier trinken und einen Salsiz mit Brot essen, vielleicht auch zwei.

Peder zupfte eine neue Zigarette aus einem Päckchen, das auf dem Vorratsgestell lag, und steckte sie an. Er nahm einen Zug und legte sie aufs Fensterbrett. Den Wein hatte er noch nicht angerührt. Gemächliches Hufegeklapper näherte sich. Peder wandte sich ab, schloss das Fenster, leerte das Glas und ging in die Küche zurück.

Sandro Burger, der Sigrist, schlenderte durchs Mittelschiff und schaute in jede Bankreihe, ob nichts liegengeblieben war. Er tat das eher symbolisch, denn unter der Woche außerhalb der Saison blieb nie etwas liegen. Weil nie jemand die Kirche betrat. Außer der alten Seraina und der noch älteren Annamaria. Aber die beteten nur vor dem Marienaltar und ließen nie etwas liegen.

Nur an jedem vierten Sonntag im Monat, wenn Pater Dionys die Messe las, musste Sandro Burger den Staubsauger herausholen. Und während der Saison manchmal, wenn eine Reisegruppe die Kirche besichtigt hatte.

Er löschte das ewige Licht beim Altar und die Sparbeleuchtung. Dann prüfte er, ob das Hauptportal verschlossen war, ging zum Seitenportal, warf einen letzten Blick in die stille Kirche, trat ins Freie und schloss ab. Es war genau sechs Uhr. Morgen früh um sechs würde er San Jon wieder öffnen.

Es regnete wieder stärker. Er zog die Kapuze seiner Goretex-Jacke über den fast kahlen Kopf und schlug den Weg zum Kirchplatz ein. Die beiden Laternen brannten bereits. Der Landauer des Hotel Gamander fuhr über den Platz. Burger winkte dem Kutscher zu. Er hieß Curdin Josty und war sein Cousin. Ihm gehörten die Pferde. Er arbeitete neuerdings für eine Pauschale als Hotelkutscher.

Curdin winkte zurück.

Die eiserne Spitze von Gian Sprechers Spazierstock klickte auf der nassglänzenden Teerstraße. Er hatte die Kapuze seiner altmodischen roten Skilehrerjacke hochgezogen. Der schlaffe Rucksack aus Ziegenleder war fast schwarz vor Nässe. Sprecher hinkte als Folge einer verschleppten Holzfällerverletzung, die ihn aber nicht daran hinderte, zweimal die Woche seinen Einachser zu Hause zu lassen und den beschwerlichen Weg ins Dorf zu Fuß zu unternehmen. Seine Lippen waren schmal geworden vom ständigen Zusammenpressen.

Beim Anblick der Kutsche verlangsamte er seinen Schritt, um Curdin Zeit zu geben, in die Hoteleinfahrt einzubiegen. Er hatte keine Lust, mit ihm zu reden.

Der Kutscher grüßte ihn mit einer kaum sichtbaren Handbewegung, die Gian mit einem Kopfnicken erwiderte. Er blieb stehen und blickte dem Gefährt nach, bis es den Hoteleingang erreicht hatte und der Portier vom Bock stieg, einen Schirm aufspannte und den Schlag öffnete.

Als die junge Frau ausstieg, wandte Gian den Blick ab und hinkte weiter.

Ein paar breite Stufen führten zum Eingang des Hotels. Als sie die zweitoberste erreicht hatte, glitt die Glastür zur Seite. Sonia betrat die Empfangshalle.

Es roch nach Farbe und Holzpflegemittel. Die Schnitzereien, die den Empfangstresen, die Portiersloge, die Säulen, Balken und Treppengeländer des Raumes verzierten, waren abgelaugt und aufgefrischt. Eine ältere Frau in der Uniform eines Zimmermädchens saugte den roten Spannteppich. Auf einer hohen Bockleiter stand ein Elektriker und machte sich an einem schweren Kronleuchter zu schaffen. Hinter dem Empfangstresen saß ein junger Mann vor einem Flachbildschirm. Zwei Frauen guckten ihm über die Schultern. Eine der beiden war Barbara Peters.

Niemand schien Sonias Ankunft zu bemerken. Erst als Igor mit dem Gepäck kam und verkündete: »Frau Frey ist angekommen«, schaute Barbara Peters auf. Sie war ungeschminkt, was bei ihrem Gesicht aussah wie ein sehr diskretes Make-up, und trug ihr Haar sorgfältig ungekämmt.

»Entschuldigen Sie, wir sind hier mitten in einem Computerkurs. Darf ich vorstellen: Ihre Kollegin Michelle Kaiser, Rezeptionistin, und Herr Kern, der versucht, uns seine Hotel-Software zu erklären.«

Neben Barbara Peters sah die Rezeptionistin aus wie die unattraktive Freundin, mit der eine schöne Frau ihr eigenes Aussehen hervorhebt. Aber ohne diesen Gegensatz war sie recht hübsch. Sie hatte ein rundes Gesicht, trug ihr schwarzes Haar kurz wie ein Rekrut und lächelte, als hätte sie sich schon den ganzen Tag auf Sonia gefreut. Jetzt, da sie zur Begrüßung aufstand, sah Sonia, dass sie klein war. Fast zu klein für den Empfangstresen, hinter dem sie ihre

Arbeitstage verbringen würde. Sie überreichte Sonia einen Ring mit zwei Schlüsseln, und die neue Chefin sagte: »Igor zeigt Ihnen Ihr Zimmer, und wenn Sie eingerichtet sind, kommen Sie runter, und ich zeige Ihnen den Rest.«

Sonia hasste Dachschrägen. Sie erinnerten sie an die Zeit, als sie eine Zahnspange trug (was damals noch kein Modeaccessoire war) und einen Kopf größer war als alle Jungen, die sie interessierten. Die Dachschräge in ihrem Zimmer von damals war pistaziengrün gestrichen, was ihre Mutter, die auch sonst nicht viel von jungen Mädchen verstand, für eine Jungmädchenfarbe hielt. Die schiefe Ebene über ihr gab ihr das Gefühl, sie würde aus dem Zimmer rutschen.

Und jetzt hatte ihr neues Zuhause eine Dachschräge. Keine pistaziengrüne, sondern eine getäfelte, was fast noch schlimmer war. Es erinnerte sie an ihr Zimmer in der Ferienwohnung im Berner Oberland, dessen Wände so dünn waren, dass sie jeden Streit ihrer Eltern mitbekam. Und jede Versöhnung.

Sonia zog die Gardine beiseite und öffnete das Fenster. Wenigstens lag es nicht so hoch, wie normalerweise Mansardenzimmer liegen. Das verwinkelte Dach des ›Gamander‹ war an dieser Stelle tief hinuntergezogen. Die Krone einer Birke, deren Äste sie beinahe berühren konnte, verdeckte den größten Teil der Aussicht und gab ihr ein Gefühl von Sicherheit.

Der Raum war klein, vielleicht drei auf vier Meter. Er war möbliert mit einer Waschkommode, einem Schrank mit einem ovalen Spiegel und einer schmalen Bettstatt mit einem Nachttisch. Allen vier Möbelstücken sah man an, dass sie aus den ursprünglichen Mobiliarbeständen des Hotels stammten. Man hatte sie in die Ablaugerei gebracht, um ihnen die Muffigkeit zu nehmen. Sonia war sich nicht sicher, ob das gelungen war.

Beim Fenster stand ein Schreibtisch aus den sechziger Jahren, daneben ein olivgrüner Polstersessel, ebenfalls aus dem Fundus des Hauses. Die modernsten Einrichtungsgegenstände waren ein billiger Hotelfernseher auf einer schwenkbaren Konsole, die an der Täfelung der nicht abgeschrägten Wand angebracht war, und ein Telefon.

Das Badezimmer versöhnte sie. Es war riesig und schwarz-weiß gefliest, besaß ein altmodisches Waschbecken, ein dazu passendes wc und eine freistehende Badewanne mit Löwenfüßen. In der Dachschräge war ein Mansardenfenster eingelassen, durch dessen Milchglasscheiben das graue Licht der frühen Dämmerung drang. Wahrscheinlich war es ursprünglich ein Etagenbad gewesen, von dem man später diesen kleinen Schlafraum abgetrennt hatte.

Sonia setzte sich aufs Bett. Durch das offene Fenster drang das Rieseln des Regens auf das Birkenlaub. Am Baum vorbei sah sie ein Stück der Straße und dahinter die blaugrauen Schlieren, die den Hang verhüllten. Sie schloss das Fenster und begann, Pavarottis Käfig auszupacken.

Mitten in der Nacht erwachte sie mit Herzklopfen. Ein Geräusch musste sie erschreckt haben. Vielleicht die Kirchenglocke, die in der Ferne jede Viertelstunde schlug. Oder vielleicht jemand, der nicht schlafen konnte. In diesen alten Häusern hörte man jeden Schritt. Sie hielt den Atem an und horchte.

Die Gestalt auf dem Polstersessel waren ihre Kleider, das wusste sie vom ersten Mal, als sie aus dem Schlaf geschreckt war. Danach hatte sie im Bad Licht gemacht und die Tür einen Spaltweit offen gelassen. Der schmale Lichtstreifen fiel längs durchs Zimmer und nahm dem Raum das Bedrohliche fremder Räume in der Nacht.

Sie hätte mehr trinken sollen, dann würde sie jetzt besser schlafen. Barbara Peters hatte gesagt: »Ich nehme ein Wasser, aber wenn Sie zum Essen ein Glas Wein mögen, bin ich nicht schockiert.« Sonia hatte darauf ein Glas Veltliner bestellt und war bei diesem einen geblieben. Die Qualität des Weines hatte ihr diese Entscheidung erleichtert.

Alle Angestellten hatten im Speisesaal gegessen, als Übung für das Servierpersonal. Zuvor hatte Barbara Peters ihr das Haus gezeigt. Sie hatte es mit Hilfe einer Innenarchitektin zu seiner Substanz zurückgeführt, wie sie es nannte. Sie machten anhand der ursprünglichen Pläne und Fotos aus dem Eröffnungsjahr die meisten Versuche der Vorbesitzer, das Haus zu modernisieren, rückgängig, brachten aber die Infrastruktur auf den neuesten Stand. Der Versuch, dem alten Kasten eine jugendliche Ausstrahlung zu verleihen, war nicht ganz gelungen. Das Düstere und Muffige, das man zum Verschwinden bringen wollte, wurde da und dort eher noch betont. Das Problem war nicht die Einrichtung. Das Problem war die Architektur. Das ›Gamander‹ besaß 28 Zimmer, davon sechs Junior-Suiten, drei Suiten und eine Turmsuite auf zwei Ebenen. Alle waren mit ausgesuchten Stücken aus der Epoche liebevoll und sparsam eingerichtet. Nur ein kleiner Teil des Mobiliars stammte aus den vielen verwinkelten Dachböden des Hauses.

Der Wellness-Bereich, dieser in die Seite des historistischen Monstrums getriebene Keil aus Glas, Granit, Stahl und Wasser, verzichtete auf das übliche Wohlfühl-Design und vermittelte mit minimalistischer Strenge meditative Ruhe. Er besaß zwei Pools, einen zum Schwimmen und ein siebenunddreißig Grad warmes, mit Natursole angereichertes Thermalbad. Es ragte um ein Drittel ins Freie hinaus und ließ von Spots angestrahlte Dampfschwaden in die kühle Regennacht steigen. Vier geometrische Wasserfälle sorgten für den suggestiven Geräuschpegel. Eine Treppe neben dem Thermalbad führte in ein Untergeschoss. Dort befanden sich die Räume für den römisch-irischen Zyklus: Warmluftbad, Heißluftbad, Duschen, Dampfbäder, Sprudelbäder, Kaltwasserbäder, Massage- und Behandlungszellen, Ruheraum. Alle Räume waren aus exakt gefügten Quadern aus poliertem Granit gebaut, still und ernst wie Grabkammern. Hier unten würde sie also ihre Tage verbringen. Zusammen mit Frau Felix und Manuel, ihren beiden Kollegen.

Frau Felix war eine sehr kleine, untersetzte kräftige Frau mit kurzen schwarzen Haaren, Sonia schätzte sie auf etwas über sechzig. Sie hatte den größten Teil ihres Lebens im Unterland verbracht, wo sie als Krankengymnastin arbeitete. Vor ein paar Jahren war sie an den Ort ihrer Jugend zurückgekehrt und hatte von Hausbesuchen als Physiotherapeutin gelebt. Sie hatte beim Abendessen nicht viel gesprochen, aber Sonia hatte sie immer wieder dabei ertappt, dass sie sie verstohlen beobachtete. Das Seltsamste an ihr war eine extravagante geschweifte Brille, die überhaupt nicht zu ihrer Erscheinung passte und deren dicke Gläser ihre Augen groß und verschwommen machten.

Manuel, der andere Physiotherapeut, war vor zwei Tagen angekommen. Sonia schätzte ihn auf Mitte dreißig. Ein rundlicher, mittelgroßer Mann mit einem Bart an Kinn und Oberlippe. Sein gewagter Stufenschnitt mit blondierten Strähnen im brünetten Haar wollte sich nicht so richtig ins Gesamtbild fügen. Wenn Manuel lachte, was er oft und laut tat, zeigte er die breite Lücke zwischen seinen Vorderzähnen. Er gab sich keine Mühe, zu verbergen, dass er schwul war. Sonia würde sich an ihn halten.

Aus dem Bad klang das metallische Geräusch, das entstand, wenn Pavarotti sich mit Schnabel und Füßen die Gitterstäbe hochhangelte. Das musste es gewesen sein, was sie geweckt hatte. Auch der Vogel konnte nicht schlafen am neuen Ort.

Normalerweise hätte sie längst ein Rohypnol genommen. Aber sie hatte das fast volle Schächtelchen heute Morgen, kurz bevor sie Malu die Wohnung übergeben hatte, in den letzten Müllsack geworfen und diesen eigenhändig zum Container gebracht. Sie war sicher gewesen, dass die Bahnfahrt wie der Gang durch eine Desinfektionsschleuse wirken und sie alles, was sie belastete, hinter sich lassen würde.

Sie drehte sich mit dem Gesicht zur senkrechten Wand und versuchte, die Dachschräge aus dem Bewusstsein zu drängen. Aber je stärker sie sich darauf konzentrierte, desto mehr zog es sie hinunter. Das Zimmer begann wegzukippen. Bald würden die Möbel zu rutschen beginnen.

Sonia knipste die Nachttischlampe an. Sofort nahmen das Zimmer und die Gegenstände wieder ihre beruhigende Banalität an. Sie stand auf und begann die schwere Waschkommode mit der hellgrauen Marmorplatte zu schieben. Stück für Stück, um möglichst wenig Lärm zu machen, bis das Möbel an der Längsseite des Bettes stand.

Sie kroch wieder unter die Decke, löschte das Licht und schloss die Augen. Sie spürte die Kommode hinter sich, schwer und unverrückbar. Sie zwang sich, tief und regelmäßig zu atmen. Ein Trick, den sie aus ihrer Ehe kannte. So tun, als schlafe man, bis man einschläft.

Noch einmal schreckte sie in dieser Nacht ein Geräusch aus dem Schlaf. Diesmal war es karmesinrot und fast durchsichtig an den Rändern.

Als Sonia am nächsten Morgen die Vorhänge öffnete, waren die Nebelschleier noch etwas näher gerückt. Es musste erst vor kurzer Zeit zu regnen aufgehört haben, denn von der Birke tropfte noch unregelmäßig das Wasser. Sie hatte kaum geschlafen, und als sie in den Spiegel schaute, fand sie, man sehe es ihr an.

Sie nahm das Tuch von Pavarottis Käfig. Auch er sah etwas zerknittert aus. »Schau mich nicht so an, ich hab es mir auch anders vorgestellt«, sagte sie. Sie zog Badeanzug und Bademantel an und verließ ihr Zimmer.

BENJAMIN QUADERER

Für immer die Alpen

Wie kalt die Welt war. Wie ungemütlich und trist. Das Licht im Kreißsaal war schwach, Regentropfen schlugen gegen die Fenster. Alfred saß am Bett und hielt sich das Bein. In einem Anflug schwerwiegenden Ärgers hatte er gegen den Kaffeeautomaten im Flur des Landesspitals getreten, weil dieser sein Geldstück verschluckt hatte, ohne eine Gegenleistung zu erbringen. Im Versuch, mich zum Lachen zu bringen, beugte er sich über mich und schnitt eine Grimasse. Vor lauter Entsetzen, dass ich mit diesem Menschen den Rest meines Lebens verbringen würde, stieß ich einen Schrei aus, der die Scheiben in den Fensterrahmen zum Schwingen brachte. Mein Schrei echote sich aus dem Gebäude hinaus, umschwirrte die Spitze des Kirchturms und rang der Glocke darin zwölf Schläge ab. Durch den Türschlitz drang er in das Regierungsgebäude – das Gute an Vaduz ist seine Kompaktheit, alles liegt unmittelbar nebeneinander –, fegte durch den Landtagssaal und verschaffte sich Zutritt zum Büro von Regierungschef Dr. Gerard Batliner, der mit der Stirn auf der Tischplatte schlief. Als mehrere Aktenordner aus dem Regal fielen, erwachte Dr. Batliner und wusste nicht, wer er war. Der Schrei johlte hinaus in die Hauptstadt, ließ die Scheiben des Juweliers Huber zu Bruch gehen und raste den Hang hoch, bis er das auf einer Felsterrasse thronende Schloss erreichte. Er drang durch die schweren Gemäuer, jaulte im Keller an den Schätzen der Fürstenfamilie, den Picassos und Rembrandts, den Cranachs und Botticellis vorbei. In einem der Zimmer fand er das träumende Fürstenpaar von und zu Liechtenstein in einem Himmelbett liegen. Seine Durchlaucht Fürst Franz Josef II. umarmte Ihre königliche Hoheit Fürstin Gina im Schlaf, sie war das kleine Löffelchen, er das große, dann fegte der Schrei an den schlafenden Prinzen und Prinzessinnen vorbei ins Zimmer des ältesten Sohnes und Thronfolgers Hans Adam II. Dieser erwachte, hörte den Schrei rumoren und zog die Bettdecke bibbernd bis über den Nasenrücken hoch. Der Schrei entschwand hinaus in die Nacht, zog bis an den höchsten Punkt des Kleinstaats, 2599 Meter lag der Gipfel des Grauspitz über dem Meer, ehe er in tosender Lautstärke explodierte. Sein Echo hörte man noch lang in den Tälern: Der Datendieb, der Datendieb ist geboren.

»Ein typischer Widder«, sagte Hebamme Margrith Beck lächelnd. In seinem Stolz gekränkt, stand Alfred mir den Rücken zugewandt am Fenster. Die Hebamme stellte sich zu ihm und klopfte auf seine Schulter. Schweigend standen sie nebeneinander. Der Himmel riss auf und gab die Sicht auf einen sichelförmigen Mond frei, der den Kreißsaal in silbernes Licht tauchte. »Das ist interessant«, sagte die Hebamme und deutete in den Sternenhimmel: »Sehen Sie nur, Herr Kaiser, im zweiten Haus, dem Haus des Stieres, ist eine große Konzentration von Planeten zu beobachten.«

»Ah ja«, sagte Alfred.

»Sie müssen wissen, das zweite Haus symbolisiert die

Welt der konkreten Gegenstände. Mond, Venus, Saturn und der Kleinplanet Chiron sind in dieser Nacht anwesend.«

Alfred nickte lustlos.

»Der Mond«, erklärte die Hebamme, »steht für Besitz und Beständigkeit. Die Venus deutet auf Geschäftstüchtigkeit, aber auch Sinnlichkeit hin, Saturn ist ein Zeichen von Sparsamkeit, und Chiron, der Kleinplanet, steht für Ehrgeiz und das Bedürfnis nach Sicherheit.«

»Aha«, sagte Alfred.

»Wenn wir den Sternen Glauben schenken dürfen, wird der kleine Johann viel Energie darauf verwenden, Besitz anzuhäufen.«

Als Alfred das Wort Besitz hörte, horchte er auf.

»Johann wird ein sparsamer Mensch sein«, sprach die Hebamme weiter, »der durch harte Arbeit zu viel Geld kommen wird.«

Stolz trat Alfred ans Bett und suchte nach meiner Hand. Es würde nicht lange dauern, bis ich auf eigenen Beinen stehen würde und seiner finanziellen Unterstützung nicht mehr bedürfe. Die Hebamme lächelte wissend. Wie recht sie mit ihrer Voraussage haben würde, sollte sie nicht miterleben. Drei Jahre nach meiner Geburt kam sie bei einem Skiunfall in den Schweizer Alpen ums Leben.

Das Zimmer, das ich in den ersten Jahren bewohnte, war in hellblauer Farbe gestrichen, hinter der man den vormaligen Rosaton durchschimmern sah. In der Mitte des Raumes stand ein Bett, das von Holzstäben umgeben war, die mir bis an die Decke zu ragen schienen. Hier lag ich und beobachtete die Schatten der Äste, die sich über die gezogenen Vorhänge bewegten. Es war wie in Platons

Höhlengleichnis. Während die wirkliche Welt, eine Kulmination aus Licht und Himmel und Bäumen, in allen erdenklichen Farben außerhalb meines Zimmers blühte, blieb mir, dem im Gitterbett gefangenen Menschen, nichts anderes übrig, als mich mit ihren Abbildern zu begnügen. Mit farblosen, traurigen Schatten. Das Piksen, das mich eines Nachts weckte, nahm ich als willkommene Abwechslung wahr. Ein Mädchen mit Zöpfen stand an meinem Bett und steckte mir eine Stricknadel in die Seite. Es bewegte sich so schnell, dass es mir nicht gelang, seinen Bewegungen zu folgen. Während es mich aus einer Richtung noch pikste, steckte es mir aus der anderen bereits einen Finger ins Ohr. Als ich den Mund öffnete, um zu fragen, wie es sich nur so schnell bewegen konnte, wurde der Raum von sinnlosen Lauten in ohrenbetäubender Lautstärke erfüllt.

Kurze Zeit später stand Mama vor meinem Bett. In jeder Hand hielt sie zwei Zöpfe, zu denen zwei identische Gesichter gehörten. Das Mädchen war zwei Mädchen. Beide hatten buschige Augenbrauen und volle Lippen, außerdem Sommersprossen, die sich über tränennasse Wangen verteilten. Der fehlende Schneidezahn im Mund des linken war das Einzige, was es vom rechten unterschied.

»Das sind Luise und Lotte«, sagte Mama, »deine Schwestern.« Erst als sie das Ziehen an den Zöpfen verstärkte, hoben die Mädchen ihre Hände zum Gruß. Als Mama noch etwas stärker zog, sagte eines von ihnen: »Hallo«, und das andere: »Schön, dass du da bist.« Ich stellte mich ihnen vor. Das laute Glucksen, das anstelle der Nennung meines Namens den Mund verließ, deutete Mama als Ausdruck von Hunger und knöpfte sich die Bluse auf. Während ich aus Höflichkeit an ihrer Brustwarze saugte, sah ich die Mädchen im Türrahmen stehen. Dasjenige, dem der Schneidezahn fehlte, strich sich mit dem ausgestreckten Zeigefinger langsam über den Hals.

An den Tagen, an denen das *Liechtensteiner Volksblatt* erschien, dienstags, donnerstags und samstags, besuchte mich Alfred. Die Zeitung unter den Arm geklemmt, betrat er das Zimmer und gab mir zur Begrüßung die Hand. Er zeigte mir die Fotos, die er gemacht hatte, und las mir die Artikel vor, die er für besonders gelungen hielt. An meinem Daumen nuckelnd, registrierte ich die Brüchigkeit seiner Stimme, als er auf den sowjetischen Satelliten Molnija-1 zu sprechen kam, der seit ein paar Tagen weit über unseren Köpfen kreiste. Vor dem Kommunismus sei sich in Acht zu nehmen, »die Sowjets sind überall, Johann«, warnte er mich und tippte mir an den Kopf. Obwohl ich nicht wusste, was »Sowjets« sind, war der Klang des Wortes bedrohlich genug, dass ich alles Sowjetische inbrünstig zu hassen begann.

Als ich eines Nachts ein rotes Blinken in meinem Zimmer wahrnahm, ballte ich meine Hände zu Fäusten. »Bleib stehen«, rief ich dem sowjetischen Satelliten entgegen, der gekommen war, um mich zu holen. Der Flugkörper vibrierte nervös, als ich aus meinem Käfig kletterte und auf ihn zulief. Ich folgte dem Glühen, bis ich ein Zimmer erreichte, in dem Alfred schlafend auf einer Couch lag. Der Satellit schwirrte bedrohlich nahe an seinem Kopf, ich war mir sicher, er wollte ihn töten, und eilte Alfred zu Hilfe. In Zeitlupe segelte ich durch die Luft, direkt auf das rote Leuchten zu. Ich berührte den Satelliten, ich spürte seine Wärme in meinen Händen. Als ich aufblickte, um meinen Fang genauer zu betrachten, war da nichts. Ich blickte auf meine bloßen Hände. Es war Tag. Ich lag wieder in meinem Bett.

Das blödsinnige Brabbeln, das ich ausstieß, als ich Mama vom nächtlichen Vorfall zu erzählen versuchte, deutete sie als Zeichen von Hunger und steckte mir eine Brustwarze in den Mund. Was mir am Vorabend keinerlei Schwierigkeiten bereitet hatte – das aufrechte Gehen auf zwei Beinen, das Sprechen von Worten –, hatte sich mit Anbruch des Tages zurück in die alte Bewegungsunfähigkeit und Sinnlosigkeit im Ausdruck verwandelt. Vielleicht waren die Sowjets ja doch nicht so schlecht. Ich faltete meine Hände, wie Alfred es tat, wenn er sich etwas wünschte.

»Molnija-1,
du bist im Himmel,
komm von dort zu mir zurück.
Wenn du da bist,
kann ich sprechen und gehen.
Wenn du nicht da bist, kann ich es nicht.
Bitte, besuche mich wieder.
Ich werde nicht mehr versuchen, dich zu zerstören.
Du bist mein Freund.
Danke.
Amen.
Johann.«

Molnija-1 sah ich nie wieder. Dafür machte ich die Bekanntschaft mit etwas anderem, das viel besser war als das Weltraumprogramm der Sowjetunion.

Ich stellte fest, dass es Orte gab, die sich in ihrer Qualität voneinander unterschieden. Diejenigen, die ich mit Mama aufsuchte, waren die unspektakulären. Das waren die Orte des Lichts. Während die Helligkeit mich in eine Zwangsjacke steckte, schenkten mir diejenigen Orte, die mit Einbruch der Dunkelheit zu existieren begannen, totale Bewegungsfreiheit. Ich rannte durch Maisfelder, flog, wenn ich nicht selbst flog, auf den Rücken von Vögeln über Wälder hinweg, erforschte die Tiefe des Meeres oder rief meinen Namen von schneebedeckten Bergspitzen. Es gab nichts, was mir dort nicht gelang. Mit der Zeit stellte ich fest, dass Dunkelheit ein Zustand war, den ich über das Schließen der Augen selbst herbeiführen konnte. Wenn ich an etwas Schönes dachte, wurde die Reise in jene Ortschaften zusätzlich beschleunigt. Bald hatte ich das Reisen so weit perfektioniert, dass ich nach Schließen der Augen nicht länger als dreißig Sekunden benötigte, um zu verschwinden. Ob ich in einem Kinderwagen durch eine Menschenmenge geschoben wurde oder die Zwillinge mich piksten: Wenn ich die Augen schloss, war ich frei. Die Aufenthalte an den dunklen Orten machten sich bald schon bezahlt.

Als Mama ihre Bluse aufknöpfte und ihre Brust an meine Lippen führte, kam aus meinem Mund: »Nein.«

Vom Erfolg des ersten verstandenen Wortes beseelt, begab ich mich nur noch ins Licht der Welt meiner Familie, um zu essen.

Es war Sommer geworden, ich hatte gerade das Konjugieren unregelmäßiger Verben geübt, als ich mich von großem Hunger dazu veranlasst sah, den Übungsraum zu verlassen. Wie zwei Sonnen tauchten die Gesichter der Zwillinge über mir auf. Ich freute mich, sie zu sehen.

»Mama ist nicht da, Hansi«, sagte Lotte.

»Darum füttern wir dich«, ergänzte Luise.

Ich lachte. Während Luise das hellblaue Kissen mit dem aufgedruckten Fisch holte, hob Lotte mich aus dem Gitterbett und legte mich auf den Boden. Freudig strampelte ich mit meinen Beinchen. Es war mein Lieblingskissen, mit dem kuschelnd ich viele Stunden verbrachte. Sie warfen es sich über meinen Körper hinweg zu und ich, vor Vergnügen jauchzend, versuchte, danach zu greifen.

»Willst du das Kissen haben, Hansi?«, fragte Lotte.

Ich lachte.

»Hier hast du es«, sagte Luise und legte es auf mein Gesicht. Voller Vorfreude darauf, was wohl als Nächstes geschähe, stieß ich ein freudiges Glucksen aus.

»Weißt du, wem das Zimmer gehört hat, bevor du eingezogen bist?«, hörte ich einen der Zwillinge fragen. Das perfekt artikulierte »Nein«, das ich ihnen zur Antwort gab, wurde vom Kissen verschluckt, dessen Druck sich erhöhte. Das Atmen fiel mir schwerer, und die Dunkelheit bereitete mir schnell keine Freude mehr. Ich begann mit meinen Beinen zu strampeln, schaffte es jedoch nicht, das Kissen von meinem Kopf zu entfernen. Dann wurde es schlagartig hell. Ich holte tief Luft und erbrach mich. Alfred stand vor mir und hielt in jeder Hand zwei Zöpfe, an denen er die schreienden Zwillinge von mir wegzog wie abgerichtete Hunde. Ich schloss meine Augen und zählte bis dreißig. An dieser Stelle begann meine Radikalisierung. In dieser Welt gab es nichts, was mich hielt.

JÖRG MAURER

Tegernseer Breitmaul

Der Fischhändler zog ein unterarmdickes Exemplar aus dem Becken. Nur für Tierfreunde: Der Aal hatte lange und glücklich im Tegernsee gebadet und oft mit seinen Freunden in den Seerosenfeldern bei Ringsee Verstecken gespielt. Er hatte als Baby in der Sargassosee vor den Bahamas geplanscht, hatte sich später in den europäischen Küstengewässern zum rotzfrechen Glasaal-Teenie gewandelt, jetzt zappelte er im Kescher und zeigte ein letztes Mal seine geballte Kraft. Der Fischhändler betrachtete den glitschigen Neunpfünder nachdenklich.

»Wissen Sie, dass in der ursprünglichen Hamburger Aalsuppe gar kein Aal drin war?«

»Tatsächlich?«, fragte der Staatsanwalt zerstreut. »Und was dann?«

»*Die All-Supp* war ursprünglich ein Resteessen, bei dem *allens rinkümmt*, was sich gerade in der Küche befand. Daher der Name. Aal wurde später für Nicht-Hamburger in die Suppe gegeben, um sie nicht zu frustrieren.«

»In die berühmte Tegernseer Aalsuppe hingegen …«

»… kommt selbstverständlich das weltberühmte Tegernseer Breitmaul hinein. So eines wie dieses hier.«

Der Fischhändler tötete den Aal sachkundig. Wieder für die Tierfreunde: Er tat das gezielt, auf den Hinterkopf, plötzlich und ohne dass der Fisch den groben Holzschlegel vorher zu sehen bekommen hätte, der Aal war sofort im Aalhimmel und erschlaffte.

»Ich pack Ihnen noch ein paar Stückchen Eis mit hinein, Herr Doktor«, sagte der Fischhändler. Staatsanwalt Dr. Siedler ließ sich die halbe Plastiktüte mit Eis füllen. Der Weg von der Fischhandlung bis zu sich nach Hause war zwar nicht lang, aber er wollte noch einen kleinen Umweg nehmen und sich ein paar Gedanken über den Fall machen. Die Hauptverhandlung war nächste Woche, und sie drohte zu einem Fiasko zu werden, wenigstens aus staatsanwaltschaftlicher Sicht. Aber vielleicht fiel ihm ja noch etwas ein.

»Stimmt es eigentlich, dass die Viecher Aasfresser sind?«, fragte er den Fischhändler.

»Natürlich nicht. Sie rühren Aas nicht an. Sie sind gute Jäger. Vor allem unsere Tegernseer Breitmäuler. Sie ernähren sich nur von frischem Fisch.«

»Aber die Szene in der Blechtrommel von Günter Grass? Die mit dem Pferdekopf?«

»Ich habe das Buch gelesen, Herr Doktor. Ist aber totaler Unsinn. Hochliterarischer Unsinn sicherlich, aber an einem gammeligen Pferdekopf schwimmt jeder Aal vorbei, das können Sie mir glauben.«

Der Staatsanwalt machte sich auf den Heimweg. Das Gemüse und das gepökelte Rindfleisch befanden sich in der anderen Tüte. Er hatte gegen diese Frau Dubois nichts in der Hand, aber auch rein gar nichts. Er war sich ganz sicher, dass sie ihren Mann getötet hatte, jeder Prozessbeobachter und jeder im Dorf wussten das. Die Frage war nur: wie. Der Mann war bettlägerig gewesen, er war darüber hinaus ein schwerreicher Bettlägeriger, das ist natürlich immer eine brisante Kombination. Die Frau war zur Tatzeit außer Haus, unten im Dorf gewesen, das konnten Zeugen bestätigen. Mehrere außerordentlich gut beleumundete Bürger konnten es hundertprozentig sicher bestätigen, und das war vielleicht sogar das Verdächtigste an dem Fall. Frau Dubois war insgesamt zwei Stunden unterwegs gewesen, und ihr Alibi war so lückenlos wie das Gebiss von Tom Cruise. Sie war beim Gemüsetandler gewesen, hatte dort ihre Schulden bezahlt, hatte einen Ratsch mit dem Bäcker gehalten, war dann zum Fischhändler gegangen, hatte schließlich eine Freundin getroffen, die sie dazu überreden konnte, sie nach Hause zu begleiten. Als Frau Dubois, eine geborene Lackermayer, zusammen mit ihrer Freundin heimgekommen war, lag der Mann im Bett, die Zunge hing ihm heraus, und er war seit einer Stunde tot. Der Polizeiarzt stellte Würgemale am Hals fest, tippte ganz unverbindlich auf Strangulation mit einem Tuch. Niemand hatte jemanden beobachtet, der ins Haus gegangen war. Niemand hatte jemanden beobachtet, der aus dem Haus gekommen war. Staatsanwalt Siedler aber war sich ganz sicher, dass es die Frau selbst war, ein Gefühl kommt im Gerichtssaal allerdings nicht gut an.

»Verehrter Herr Vorsitzender, ich hab da so ein Gefühl …«

»So, ein Gefühl haben Sie, das ist ja schön.«

Nächste Woche war die Hauptverhandlung, und vermutlich würde die Frau freikommen. Die Frau war dann Hausbesitzerin, Seegrundstücksbesitzerin, Jachtbesitzerin, Besitzerin eines neuen Freundes – selbstverständlich hatte auch der das fetteste Alibi, das man sich denken konnte. Der alte Dubois war mit einem Stück Stoff, vielleicht mit einer seiner Krawatten oder etwas Ähnlichem, erwürgt worden. Im ganzen Haus war jedoch kein Teil zu finden gewesen, das zu den Würgemalen am Hals des Toten gepasst hätte. Die Tatwaffe war nicht mehr im Haus, das war sicher.

»Wie hast du das gemacht, du gemeines Luder?«, murmelte Staatsanwalt Siedler, als er einen kleinen Uferweg entlangging. Zu Hause angekommen, nahm er den Aal aus dem Eis, wusch ihn, trocknete ihn sorgfältig ab und legte ihn auf einen Teller. Dann packte er das Gemüse aus und putzte es. Er überlegte. Alle Möglichkeiten waren im Fall Dubois schon durchdacht worden, auch die ganz und gar abseitigen. Poe'sche Schlingen, die von der Decke herabgelassen wurden und sich nach vollbrachter Tat wieder zurückzogen. Christie'sche Temperaturmanipulationen im Zimmer, die auf einen falschen Todeszeitpunkt hinführten. Wallace'sche Helfer, die durch unterirdische feuchte Gänge verschwanden. Alle Möglichkeiten waren nachgeprüft worden, mehrfach und ergebnislos. Der ermittelnde Polizeibeamte hatte den Fall schon längst aufgegeben.

Staatsanwalt Siedler streifte den Räucherschinken und das gepökelte Rindfleisch mit dem Messer in die gusseiserne Pfanne. Diese Zutaten gaben dem Gericht den unverwechselbaren Goût, das Gschmäckle, an Gschmooch, wie auch immer. Jetzt musste er den Aal nur noch in mundgerechte Stückchen schneiden. Er griff nach dem Teller.

»Was hast du! Was um Gottes willen ist los?«

Seine Frau kam die Treppe heruntergepoltert, stürzte in

die Küche, sah ihn nur fassungslos an. Sein Schrei war aber auch wirklich markerschütternd gewesen. So war er schon lange nicht mehr erschrocken. Er hatte den Teller fallen lassen. Und zwei Sekunden nach dem Schreck wusste er, wie Frau Dubois, ehemalige Lackermayer und jetzige Villenbesitzerin, ihren Mann getötet hatte.

Natürlich ist über die Ausmaße der postmortalen Muskelkontraktion schon viel Unsinn erzählt worden. Die Legende übertreibt ja immer gern. Am bekanntesten ist die vom Seeräuber Klaus Störtebeker, der nach seiner Enthauptung noch stramm an einem Dutzend seiner Kameraden vorbeigeschritten sein soll. Aus der Zeit der Französischen Revolution sind Aussagen über Sprechversuche abgetrennter Köpfe überliefert. Nach einem Bericht des französischen Arztes Gabriel Beaurieux von 1905 hatte der Kopf eines guillotinierten Verbrechers sogar noch etwa 30 Sekunden auf Zurufe reagiert. Bereits aus dem Jahre 406 stammt die wenig glaubhafte Geschichte des Mainzer Märtyrers Alban, der nach seiner Enthauptung seinen Kopf selbst zur Begräbnisstätte getragen haben soll. Allerdings können Muskeln postmortal noch eine Zeitlang arbeiten, bei verschiedenen Tieren ist dies zu beobachten. Und der Staatsanwalt hatte das gerade hautnah verspürt. Er hatte nach dem Teller gegriffen, um das Tegernseer Breitmaul für die Suppe zu tranchieren. Dann war das Unerwartete geschehen: Etwas Glitschiges hatte sich um seine Hand geschlungen und sie fest gedrückt. Jetzt machte sich der Staatsanwalt ruckartig los, der Teller landete auf dem Boden, die Frau des Staatsanwalts schmunzelte.

»Aalsuppe, wie? Postmortale Muskelkontraktionen. Ich hab' mir's schon gedacht.«

Seine Frau war Ärztin. Deshalb ließ er sich das mit der ›contractio post mortem‹ genauer erklären. Die Aalsuppe musste warten.

»Nach dem Tod werden bestimmte Muskeln starr. Bei niedrigen Temperaturen bleibt dieser Zustand einige Zeit erhalten. Wird es wieder warm, ziehen sich die Muskeln ein letztes Mal zusammen.«

»So fest?«

»Fester, als ein lebender Aal es könnte.«

Er lief zurück zum Fischhändler. Der begrüßte ihn über ein halbes Dutzend wartender Aalkäufer hinweg.

»Sie geben's wohl nie auf, Herr Doktor! Ja, die Frau Dubois war an dem fraglichen Tag hier bei mir im Laden, insgesamt zehn Minuten – das habe ich Ihnen doch schon mehrmals gesagt.«

»Was hat sie gekauft?«

»Was sie gekauft hat? Na, was alle bei mir kaufen: Tegernseer Breitmaulaale. Ist das so wichtig?«

Der Staatsanwalt ließ die Spurensicherer nochmals alles abpinseln. Auch Spürhunde ließ man das Haus durchstöbern. Nichts. Man fand keinen Aal. Nicht das kleinste Fitzelchen von einem Aal. Wäre auch zu schön gewesen. Staatsanwalt Siedler seufzte. Er konnte keine Mordwaffe vorweisen. Er würde nächste Woche die Anklage zurückziehen müssen. Das erzählte er seiner Frau beim Essen. Die Tegernseer Aalsuppe war ihm diesmal nicht ganz so gut geraten, er war zu unkonzentriert gewesen. Frau Dr. Siedler sezierte den

Aal mit dem Messer und erklärte ihm nochmals ganz genau das Wesen der postmortalen Muskelkontraktion. Das half ihm aber auch nicht weiter. Frau Dubois kam frei.

Das ist alles lange her, der Staatsanwalt ist schon lange tot, der Fischhändler von Gmund auch, ebenso meine Freundin, die ich ins Haus mitgeschleppt habe und die damals bezeugen konnte, dass ich nichts angerührt habe. Die Katzen leben auch nicht mehr bei mir, leider. Es waren drei RagaMuffin-Katzen, eine allein hätte den Aal nicht gepackt. Eleganter wäre es freilich gewesen, wenn ich einen lebenden Aal genommen hätte. Der wäre ganz von selbst weggekrochen, Richtung See, und er hätte sein Geheimnis mit auf die Bahamas genommen. Aber ein lebender Aal drückt eben nicht so fest zu. So haben die drei hungrigen Katzen die Tatwaffe gefressen und sämtliche Spuren sauber aufgeleckt. Allerdings konnte ich nicht riskieren, dass ein übereifriger Staatsanwalt deren Mageninhalt untersuchen lässt. Die Katzen musste ich verschwinden lassen, schade. Nur für Tierfreunde: Nix Holzschlegel, nix Katzenhimmel. Ich habe sie meiner Schwester geschenkt, sie wohnt weit genug weg. Das Rezept für die Tegernseer Aalsuppe kann man übrigens beim Peterhansel Matthias in Gmund erfahren. Wenn der überhaupt noch lebt.

ARNON GRÜNBERG

Saubere Laken

Undercover als Zimmerjunge in einem bayrischen Hotel

(Juli–August 2007)

An einem warmen Samstagabend im Juli 2007 stand ich in einem Apartment in Brooklyn einem Mann gegenüber, der fest entschlossen war, mir mit einem Baseballschläger den Schädel einzuschlagen. Er dachte, ich hätte mit seiner Freundin geschlafen, und war keinerlei Vernunftgründen zugänglich.

Um seine Aggressionen einigermaßen zu beruhigen, kroch ich wie ein Hund über den Boden und versicherte: »Ich kann alles erklären.« Dabei konnte ich mich des Eindrucks nicht erwehren, dass seine Freundin, eine Bekannte von mir, dies alles arrangiert oder das Missverständnis zumindest in Kauf genommen hatte – ob aus einem unbezwingbaren Bedürfnis nach Spannung oder aus anderen Motiven, wagte ich zu dem Zeitpunkt nicht zu entscheiden.

Ich hatte immer geglaubt, dass das Spiel aufhört, wo physische Gewalt beginnt, doch an jenem Samstagabend im Sommer 2007 erkannte ich, dass das nicht stimmt – nur der Einsatz wird erhöht: Was dann auf dem Spiel steht, ist das nackte Leben.

Der Mann rief die Eltern seiner Freundin an, während

er mich mit seinem Baseballschläger in Schach hielt, und brüllte: »Holt euch die Hure zurück, ich will sie nicht mehr sehen!«

Schließlich kamen nicht die Eltern, sondern der Bruder, der mir ein paar Faustschläge verpasste. Der Bruder erwies sich jedoch als rettender Engel, denn er hatte die Wohnungstür offen stehen lassen. Der Wunsch, mich zu schlagen, war so riesig gewesen, dass er ans Schließen der Tür nicht gedacht hatte.

Während er mich verprügelte, kam die Nachbarin nach Hause. Ich schrie: »Darf ich mich in Ihrer Wohnung verstecken?«

Sie antwortete: »Nein, dann vergewaltigen Sie mich.«

Immerhin war sie bereit, die Polizei zu rufen, und bevor die kam, konnte ich entkommen. – Der Nachbarin sei Dank!

Zehn Tage darauf arbeite ich als Zimmerjunge im Hotel B., zirka siebzig Kilometer südlich von München. Das Hotel hat eine eigene Brauerei, ein Restaurant, einen Biergarten und siebzig Betten.

Meine linke Wange tut noch etwas weh, doch man muss sehr genau hinsehen, um die Spuren der Faustschläge zu erkennen.

Ein Mann mit Baseballschläger kann einem eine Rolle aufzwingen, zum Beispiel die eines kuschenden Hundes. Die Besessenheit, mit der die Öffentlichkeit dies bei mehr oder weniger prominenten Personen tut, bei Schriftstellern zum Beispiel, ist kaum weniger brutal. Darum wähle ich mir meine Rollen lieber selbst: jetzt die eines Zimmerjungen. Damit stehe ich in einer langen Tradition – der der

Künstlerin Sophie Calle zum Beispiel, die 1983 als Zimmermädchen in einem venezianischen Hotel arbeitete, die persönlichen Gegenstände der Gäste fotografierte und für ihre künstlerische Arbeit benutzte. Auch der niederländische Schriftsteller Jan Arends ist hier zu nennen. Er dichtete: »Ich / gehe durchs Zimmer und / staube ab. Ich / krieche. Ich / bin ein Tausendfüßler.«

Eine gewisse kultivierte Wollust verbirgt sich in Selbsterniedrigung.

Warum Bayern? Man ist dort zu Hause, wo die eigene Abwesenheit registriert wird. In Deutschland fällt meine und die Abwesenheit so vieler anderer überall auf, am meisten in Bayern, rede ich mir ein. Darum bin ich hier zu Hause. Wäre die Geschichte anders verlaufen, würde ich jetzt vielleicht ganz selbstverständlich als Einheimischer übers Oktoberfest stapfen.

Sicherheitshalber arbeite ich im Hotel unter falschem Namen: Anton Morsink. Auch in diesem Namen fühle ich mich zu Hause.

Die Wirtin ist eine sympathische Frau, mein Zimmer ist klein, aber nicht unfreundlich.

Zum Saubermachen brauche ich keine Uniform. Bequeme Kleidung genügt.

Ich schreibe, weil ich wissen will, wie die Leute das machen: leben. Zweifellos aus dem Gefühl heraus, dass mir das selbst nicht gelingt oder ich es nicht wage. In diesem Sinn ist der Schriftsteller ein Doppelagent: Wem er seine Informationen verkauft, bleibt im Dunkeln, seine Loyalität wechselt je nach Auftrag, für Liebe tut er alles.

Morgen früh um halb sieben beginnt meine Arbeit.

Unbemerkt werde ich meine Nase in benutzte Handtücher pressen und es riechen: das nackte Leben.

Ich werde Haare aus dem Duschabfluss fischen und sie studieren, das nackte Leben ganz aus der Nähe betrachten. Viel mehr noch als nach meiner ersten Reise nach Afghanistan habe ich das Gefühl, in Brooklyn dem blanken Tod entronnen zu sein und darum das Leben in Bayern umso besser erforschen zu können.

Tag 1

Morgens um Viertel vor sechs hat das Personal im Hotel noch kein warmes Wasser. Notgedrungen dusche ich kalt; eigentlich sehr erfrischend.

Die Schwiegermutter der Wirtin wird mich unter ihre Fittiche nehmen. Sie ist eine quirlige Frau um die sechzig.

Anders als erwartet, soll ich heute nicht im Zimmerdienst arbeiten. Stattdessen soll ich zunächst das Frühstücksbüfett vorbereiten. Aus großen Kühlschränken werden Schinken und Käse geholt; das meiste ist vakuumverpackt und vorgeschnitten.

Meine Aufgabe besteht darin, den Schwarzwälder Schinken auf dem Tablett anzurichten. Jede Scheibe wird von mir oder der Schwiegermutter in die Hand genommen, manche auch von uns beiden. Wir arbeiten ohne Handschuhe.

Die Scheiben dürfen nicht einfach flach auf den Platten liegen, sie müssen sich wölben, damit der Gast leicht mit der Gabel hineinpiken und sie sich auf den Teller legen kann. Manchmal wölben meine Scheiben sich nicht genug, dann hilft die Schwiegermutter mit einem friemelnden Zeigefinger ein bisschen nach.

Wer sich in einer neuen Umgebung befindet, muss alles daransetzen, die dort geltenden Regeln und Gesetze so schnell wie möglich zu lernen und sich Privilegien zu erwerben. Wer oder was man gewesen ist, spielt keine Rolle mehr. Sich halsstarrig auf alte Privilegien zu berufen bringt nur Scherereien.

Um ein einfaches Beispiel zu nennen: Bevor er ein verfolgter Kriegsverbrecher wurde, war Saddam Hussein ein befreundeter Staatschef.

Kurz nach halb acht lerne ich, wie man die Schneidemaschine bedient. Der rohe Schinken ist nicht vorgeschnitten. »Stell sie auf anderthalb«, sagt die Schwiegermutter, »die Leute hier mögen dicke Scheiben.«

Zuerst drücke ich den Schinken nicht fest genug an, doch nach einigen Versuchen sehen meine Scheiben aus wie von einem erfahrenen Metzger. Meine Kollegin im Service trägt eine Brille mit schwarzem Rahmen, weiße Socken in Sandalen und ein Dirndl. Sie flüstert: »Die macht mich noch verrückt.« Sie zeigt auf die Chefin.

Ich betrachte das Leben als ein Trainingslager; ich weiß zwar noch nicht, wofür, aber ich habe eine Vermutung: Wir trainieren, um uns hervorzutun. Privilegien gibt es nur für die Besten.

Für Zimmermädchen gibt es zwei Sorten Gäste: Diejenigen, die abreisen, und die, die dableiben. In den Zimmern der bleibenden Gäste wird mit einem alten Geschirrtuch eilig über Tisch, Bettrand und Fernseher gewischt, die Toilette wird flüchtig geschrubbt, die Handtücher werden geradegerückt, die Bademattte verschoben und die Dusche kurz mit dem Putzlappen berührt.

In den Zimmern der Abgereisten jedoch muss das Bettzeug gewechselt werden.

Esmeralda ist das Zimmermädchen, ich bin ihr Assistent. Die Rollenverteilung gefällt mir.

»Gehst du noch Schule?«, fragt Esmeralda.

»Nein«, antworte ich.

Das genügt ihr.

Ich folge ihr mit dem Putzwagen und gehe mit eben genanntem Geschirrtuch symbolisch über Schränke und Türklinken.

In Zimmer zwei sehe ich Esmeralda am Bettlaken schnüffeln. Offiziell müssten wir das Laken jetzt wechseln. Der Gast ist abgereist. Ein neuer wird das Zimmer beziehen.

»Laken nicht dreckig«, sagt Esmeralda. Sie liest ein Haar herunter und zieht das Betttuch gerade.

Ich helfe Esmeralda, die Haare vom Laken zu lesen, der Gast hier hat eine Menge hinterlassen. Ob Scham- oder Kopfhaar, ist schwer zu sagen.

»Viel Haare«, sagt Esmeralda, »aber nicht dreckig.«

Als wir fertig sind, haben wir beide ein Häufchen Haare in der Hand.

Jetzt stellt sich das alte Problem: Sind die Haare Papier- oder Verpackungsmüll, oder gehören sie in den Schweineeimer?

Offenbar fressen Schweine auch Menschenhaar.

»Nicht weitersagen«, sagt Esmeralda. »Aber Gäste, wenn nur ein Nacht bleiben, machen Laken nicht dreckig.«

Ich verspreche zu schweigen.

»Hol große Handtuch, kleine Handtuch, und saug Flur, aber nicht so langsam.«

Bestimmte und unbestimmte Artikel mag Esmeralda nicht besonders. Ich sauge den Flur, aber nicht so langsam.

Dies ist ein vollkommener Tag.

Tag 3

Heute Morgen um zehn ist es mir zum ersten Mal gelungen, ein Bett zu machen, ohne dass Esmeralda daran etwas zu korrigieren hatte.

Esmeralda strahlte und sagte: »Super!«

Das ist ein Triumph. Vielleicht sogar Glück.

Seitdem darf ich auch die Toiletten und Duschen schrubben, offenbar steht diese Tätigkeit höher im Ansehen als Bettenmachen. Und ich darf die Zimmer alleine betreten. Esmeralda geht hinterher nur noch durch, um alles zu kontrollieren.

Jedes Zimmer ist eine Überraschung, jede Tür eine neue Hoffnung. Jedes Detail verrät ein Geheimnis.

Ein Gast, der ohne Zahnbürste reist, er (ich gehe von einem Mann aus) hat überhaupt kein Waschzeug dabei.

Sein Zimmer wirkt unbewohnt, nur im Schrank ein kleiner schwarzer Rollkoffer. Ich bin versucht, den Koffer zu öffnen, aber ich traue mich nicht.

Ich will alles sehen.

Auf Zimmer elf wohnt eine junge Österreicherin, Ende zwanzig. Früh am Morgen habe ich sie beim Frühstück gesehen. Ich nehme an, sie ist Vertreterin.

Neben einem Bügeleisen liegt ein Buch mit dem Titel *Die Geheimnisse des Unterbewussten.*

Ein Terminkalender und Zettel mit Namen und Telefonnummern. Eine fahrige Handschrift.

Auf dem Bett eine Strickjacke und eine graue Hose. Ich lege die Kleidungsstücke zusammen.

Auf dem Nachtschränkchen ein Glas, eine offene Flasche Orangensaft, noch halb voll, der Verschluss auf dem Boden, eine Dose Nüsse.

Warum hat sie bloß den Verschluss nicht wieder auf die Flasche gedreht?

Ich befühle meine linke Wange, mittlerweile fühlt sie sich beinah normal an. Mit Leuten zu ihnen nach Hause zu gehen ist gefährlich, das weiß ich jetzt – erst in ihren Wohnungen offenbart sich ihr Wahnsinn oder der ihrer Anverwandten. Hier hingegen besteht kaum eine Gefahr. Für seinen Aufenthalt auf fremden Zimmern hat der Hotelboy fast immer eine gute Entschuldigung.

Ich spüle das Glas und trockne es mit dem Tuch ab, das ich auch zum Abstauben nehme, denn das ist so üblich hier. Das Tuch, mit dem Toilette und Waschbecken gereinigt werden, wird später auch für Fernseher und Fernbedienung genommen. Für ein Zimmermädchen gibt es keinen wesentlichen Unterschied zwischen Toilette und Fernseher: Beide müssen geputzt werden.

Tag 4

Auf Zimmer elf wohnt immer noch die junge Österreicherin. Jeden Morgen um sieben erscheint sie zum Frühstück. Wenn sie fertig ist, stellt sie Tasse und Teller zusammen, knüllt ihre Serviette zu einer Kugel und stopft sie in die Kaffeetasse. Dann geht sie eine Zigarette rauchen.

Heute Morgen habe ich in ihren Sachen geschnüffelt – um auf dem Flur zu saugen, muss ich an die Steckdose auf ihrem Zimmer. Wie ich vermutete, ist sie Vertreterin und beliefert chemische Reinigungen – fragt sich allerdings nur: womit?

Auf dem Nachtschränkchen wieder eine Dose mit Nüssen. Jetzt liest sie nicht mehr über die Geheimnisse des Unterbewussten, stattdessen die Lebensgeschichte der Ulrike Meinhof: *Lieber wütend als traurig*.

Heute Morgen trug sie die Strickjacke, die ich vor einigen Tagen für sie zusammengelegt habe. Walter Benjamin schrieb einmal: »Einen Menschen kennt einzig nur der, welcher ohne Hoffnung ihn liebt.«

Das türkische Dienstmädchen betrachtet mich immer mehr als echten Kollegen. Auf Zimmer drei sagt sie: »Kurz mal ausruhen.«

Wir ruhen uns aus.

Sie schaut aus dem Fenster und sieht Kinder. »Schön, Kinder da draußen«, sagt sie.

Ich stimme ihr zu.

»Bald gehe Rente«, sagt Esmeralda, »dann krieg achthundert Euro. Miete allein schon vierhundert. Darum geh zurück nach Türkei, aber da kenn niemanden mehr. Mein Mann 1982 zurückgegangen, mit andere Frau. Seitdem keine Mann mehr gehabt, auch keine Freund, überhaupt keine Mann. Immer nur arbeiten, vier Söhne. Woche über Textilfirma, Samstag und Sonntag in Küche von Direktor.«

Esmeralda schaut mich an.

»Immer nur arbeiten«, sage ich. »Das ist …« Aber ich weiß nicht mehr, was ich sagen wollte.

Zum Mittagessen helfe ich der Frau mit den weißen Socken und den Sandalen im Service. Sie heißt Meryem, aber alle hier nennen sie Maria.

»Du machst den Tresen, ich die Tische«, erklärt sie.

Ich schenke Limonade ein und zapfe Bier, als hätte ich nie etwas anderes getan.

Um halb zwei gibt Meryem mir zehn Euro.

»Was ist das?«, frage ich.

»Weil du mir immer so gut hilfst, Anton.«

»Ach, lass«, sage ich.

»Jetzt nimm's schon«, zischt sie. Beschämt stecke ich den Zehner in die Tasche. Es gibt keinen Weg zurück. Ich muss Anton Morsink bleiben. Ich darf nicht mehr aus der Rolle fallen.

»Morgen kriegen wir hundert Leute zum Mittagessen«, sage ich, »das wird ein anstrengender Tag.« Ich identifiziere mich mit meiner Arbeit, und so gehört es sich auch.

Alles wird für die hundert Gäste vorbereitet. Das Frühstücksbüfett, dessen Zubehör sonst tagsüber stehenbleibt, wird jetzt abgeräumt und das Geschirr in einen antiken Schrank weggeschlossen.

Weil uns ständig die Eierbecher ausgehen, werden sie nie richtig abgewaschen. Wir halten sie kurz unter Wasser, und wenn etwas Schale dran klebt, kratzen wir die mit den Nägeln ab. Ein bisschen Spucke tut Wunder. Um Viertel nach elf sind wir fertig. Jetzt müssen wir warten.

»Isst du gern Weißwurst?«, fragt Meryem.

»Ja«, sage ich. Jede andere Antwort wäre unhöflich. Weißwurst ist eine Spezialität des Landes.

Schnell essen wir zwei Weißwürste mit Senf und eine Brezel.

Meryem isst, wie sie raucht: verstohlen und hastig.

»Wo kommt der Name Meryem her?«, will ich wissen.

»Aus der Türkei«, antwortet sie. »Bist du verheiratet?«

Ich schüttle den Kopf.

»Hast du eine Freundin?«

Normalerweise gebe ich mich als Junggeselle aus, doch unter diesen Umständen erscheint mir das unvernünftig.

»Die Chefin kommt«, zischt Meryem, »schnell aufessen.«

Wir haben drei Chefs. Die alte und die junge Chefin und den Chef persönlich.

Samstagmittag um zwölf sind hundert Leute im Gastraum. Sie kommen von einer Beerdigung.

Normalerweise legen wir hellgrüne Servietten auf den Tisch. Doch wegen des Trauerfalls nehmen wir heute dunkelgrüne. Auf dem Tisch, wo sonst die Faltblätter und Broschüren liegen, steht jetzt ein Foto der Toten. Eine alte Frau.

Niemand nimmt Notiz davon.

Die Leute bekommen Schweinebraten mit Knödeln.

Ich serviere nicht gern Schweinebraten. Schweinebraten hat immer viel Soße.

»Sie tropfen«, ruft eine Frau erbost.

Hundert Gäste, die gleichzeitig essen wollen, das ist kein Zuckerschlecken. Wir sind unterbesetzt, die Chefin hilft beim Zapfen. Auf dem Tisch stehen große Schüsseln mit Rotkraut. Es schmeckt den Leuten.

Um zwei Uhr sind nur noch zwanzig Gäste übrig. Sie sitzen beim Bier und spielen Karten. Schwarze Krawatten hängen über den Stühlen.

»Ich glaube, du kannst das Totenfoto wegstellen«, sagt Meryem.

Tag 6

Heute Morgen um halb sieben sagte ich zur Schwiegermutter der Wirtin: »Wo waren Sie vorgestern? Ich hab Sie vermisst.«

Ich dachte, ihr mit der Frage eine Freude zu machen. Jeder ist gern unersetzlich. Und da mein Praktikum hier unter ihrer Obhut verläuft, bin ich auf ihre gute Laune angewiesen. Je schlechter die Laune, desto mehr muss ich arbeiten.

»Ich war mit Freunden in Garmisch-Partenkirchen«, sagt sie. »Alle acht Wochen darf ich ja wohl mal einen Tag freimachen. Alle acht Wochen!«

Offiziell braucht die Schwiegermutter auch heute nicht zu arbeiten.

»Was machen Sie dann hier?«, fragt Meryem. »Sie wollten doch verreisen?«

Die Schwiegermutter wirft ihr Geschirrtuch hin und läuft wütend davon. Manche Leute ertragen keine freien Tage.

In einem Familienbetrieb gibt es viele interne Spannungen. Die Schwiegertochter beklagt sich beim Personal über ihre Schwiegermutter. »Wenn sie zu eitel ist, eine Brille zu tragen, soll sie sich nicht in die Küche stellen«, höre ich sie sagen.

Im Grunde ist natürlich jede Familie ein Familienbetrieb.

Die Schwiegermutter hier ist ein Monster, aber doch eins, für das ich immer mehr Sympathie entwickle. Ich kann gut verstehen, dass man seine freien Tage hasst.

Wir haben ein neues Zimmermädchen. Eine Türkin namens Aische. Sie trägt kurze Hosen, und ihr Deutsch beschränkt sich auf kaum zwanzig Wörter.

Weil Esmeralda ihren freien Tag hat, muss ich Aische einarbeiten. So schnell geht das. Einen Moment lang bin ich der Chef.

In jedem Zimmer fragt Aische: »Laken sauber?«

Ich tue, was ich gelernt habe. Ich rieche und sage: »Sauber.«

Der Gast ist der natürliche Feind des Zimmerpersonals, merke ich. Ich beginne, meinen Rücken zu spüren.

Ein Ärgernis sind auch die Pyjamas. Ich dachte, die Dinger seien längst ausgestorben, doch hier lege ich Pyjamas zusammen und verstaue sie unterm Kopfkissen, als könnte der Mensch ohne sie nicht schlafen.

Mein Eifer lässt langsam nach.

»Schmutzige Handtücher?«, fragt Aische. »Weg?«

Die Gäste bleiben noch bis Samstag. Ein junges Pärchen aus Hamburg. Ich kenne sie vom Frühstück. Kein Lächeln kommt ihnen über die Lippen. Ich habe keine Lust, ihre Handtücher zu wechseln. Ich drehe die Tücher um, damit man die braunen Flecken nicht sieht.

»Unser Geheimnis«, sage ich zu Aische.

Ich schaue mich kurz um. »Das Zimmer ist fertig«, erkläre ich entschieden.

Tag 7

Heute ist Zimmer neun nicht zum Frühstück erschienen. Esmeralda hat hineingesehen und berichtet: »Zimmer stinkt nach Bier. Mann liegt auf Bett, redet fremde Sprache.«

Ich werde zur Chefin geschickt und fasse die Worte des Zimmermädchens zusammen.

Die Chefin hebt die Brauen und sagt: »Zimmer neun kommt aus Dubai. Die dürfen doch gar nicht trinken?«

Heute sitzt Esmeralda der Schalk im Nacken. Auf Zimmer drei riecht sie am Parfüm, auf Zimmer fünf probiert sie den Hut eines Gasts und betrachtet sich im Spiegel.

Morgen sehe ich Esmeralda zum letzten Mal. Ich habe Blumen für sie gekauft.

Fast drei Wochen habe ich hier gearbeitet. Die Illusionen des Gaststättengewerbes verinnerlicht. Sauber ist, was sauber aussieht, das Lächeln auf dem Gesicht der Bedienung ist freundlich, solange der Gast hinschaut. Was Machiavelli über den Fürsten schrieb, hätte er auch über uns, Kellner und Zimmermädchen des Hotels B., sagen können: Der Schein ist wichtiger als das Sein.

»Was sollen wir ohne dich anfangen, Anton?«, fragt die Chefin. »Kommst du nächstes Jahr wieder?«

Weil ich gut gearbeitet habe, darf ich heute im Restaurant essen. Ich bestelle Kaiserschmarrn, ein Gericht, das ich mindestens hundertmal serviert habe. Ich könnte mich reinsetzen.

Würden die Kollegen sich verraten fühlen, wenn sie wüssten, dass ich nicht Anton Morsink heiße? Was könnte ich sagen? Verrat ist mein Handwerk. Ich bin gut darin.

Doch sie werden es niemals erfahren.

Ansonsten kommt in jedem Leben der Moment, in dem man alles rundheraus leugnen muss, empört leugnen, wie die beleidigte Unschuld. So überlebt man. Oder auch nicht.

Der Rest ist Melancholie.

Morgen um diese Zeit werde ich hier mein letztes Bett machen. Danach nehme ich den Zug nach Oberammergau. Es soll eine schöne Fahrt sein.

Tag 8

Auf dem Kirmesplatz des Ortes organisiert der Bayerische Rundfunk ein »Fest mit viel Musik!«. Mein Hotel wird an einem Stand Essen verkaufen. Vor allem Fischsemmeln.

Meryem sagt: »Komm doch noch mal vorbei, es ist dein letzter Abend, dann gehen wir hinterher in die Disko.«

Ich kann nicht kneifen, meine Verpflichtungen gehen weiter, als bloß Zimmer sauberzumachen.

Trotz des sehr mäßigen Wetters sind fünftausend Leute gekommen, um zur Musik von Bayern 1 Bier zu trinken und Fischsemmeln zu essen. Durch den Regen hat sich der Festplatz in eine Schlammpiste verwandelt. Meine Kollegen riechen nach Fisch.

In die Diskothek kommen wir nicht mehr.

Wir setzen uns in ein Zelt, trinken Bier, und die es können, reden bairisch.

»Lass mal was von dir hören«, sagt Meryem. »Du hast meine Nummer.«

Am nächsten Morgen packe ich in aller Frühe meinen Koffer. Ich ziehe mein Bett ab, um den Kollegen weniger Arbeit zu machen.

In mir eine unbestimmte Trauer.

Als ich in Brooklyn mit dem Tod bedroht wurde, begann ich laut zu beten. Nicht weil ich plötzlich gläubig geworden wäre, sondern weil ich davon ausging, dass, wer laut betet, zu erkennen gibt, dass er nicht sterben will.

Ich will aus diesem Dorf nicht mehr weg.

Vielleicht schlummert tief in mir doch das Bedürfnis nach einem Ort, den man Zuhause nennt.

Oder ist es wie in dem Witz von Groucho Marx, nur umgekehrt, dass ich unbedingt Mitglied eines Clubs werden möchte, der mich niemals als Mitglied aufnehmen würde? Doch vielleicht ist selbst das nicht die ganze Wahrheit. Vielleicht bin ich längst Mitglied in diesem Club.

PATRICIA HIGHSMITH

Nichts Auffallendes

Helene war keine auffallende Erscheinung. Sie war ein bisschen größer als der weibliche Durchschnitt, einsneunundsechzig, und vielleicht auch attraktiver, aber außergewöhnlich war sie nicht. Ihre Augen wirkten manchmal blau und manchmal grau. Das dunkle, rötlichbraune Haar trug sie in der Mitte gescheitelt und im Nacken zu einem kleinen Knoten geschlungen, der freilich höchstens fünf Minuten hielt, wenn sie sich morgens oder nach dem Bad vor dem Abendessen frisiert hatte. Ihre Lippen waren ein wenig dünn, doch wenn sie lächelte, ließen die stark aufwärts gebogenen Mundwinkel das Lächeln strahlender erscheinen. Ihre Nase war schmal und gerade bis zur Spitze, die jäh nach oben strebte. Helene fand ihre Nase grotesk und hielt sie für ihren größten Makel. Sie war weder gertenschlank noch pummelig, und ihr Gang wirkte ein bisschen steif, was von einer leichten Neigung zur X-Beinigkeit herrührte. Sie war fünfundvierzig Jahre alt.

Sie hatte nichts Ungewöhnliches an sich, als sie an einem Mittwochnachmittag im Januar im Hotel Waldhaus in Alpenbach eintraf. In Latexhosen, schwarzen Stiefeln mit weißem Pelzbesatz und einer grünen Lodenjacke stand sie am Empfang, um sich einzutragen, und doch – kaum, dass sie mit zurückgelegtem Kopf und einem zufriedenen Lächeln des Wiedererkennens im Gesicht einen ersten wohlgefälligen Blick durch die schlichte, grün-weiße Halle schweifen ließ, schien jedermanns Auge von ihr angezogen. Ihr Knoten war halb aufgelöst, und während der Schlittenfahrt vom Bahnhof zum Hotel hatte sich ihr Lippenstift verwischt. Sie hatte feine Krähenfüße unter den Augen und zwei Querfalten auf der Stirn. Sie wirkte nicht annähernd so glamourös wie die meisten Frauen, die im ›Waldhaus‹ abstiegen, und doch wandten alle – die Pagen (zwei junge Burschen in Lodengrün, die sich erwartungsvoll am Empfang bereithielten), der hochgewachsene Portier im zweireihigen grünen Gehrock mit Silberknöpfen, der Hoteldirektor im Cut und mit Eckenkragen, ja selbst die beiden Gäste nebst der Gattin des einen, die gerade durch die Halle gingen – einmütig die Köpfe nach Helene und ließen ihre Blicke auf ihr ruhen.

»Entschuldigung, jetzt hab ich mich verschrieben«, sagte Helene und lachte. Sie sprach Englisch mit Wiener Akzent.

»Madam haben gewiss kalte Hände. Es ist sehr kalt heute.« Der Manager nutzte die Gelegenheit, sein Englisch aufzupolieren, obwohl er wusste, dass sie aus München kam. Das Hotel und die meisten seiner Gäste sprachen vorzugsweise Deutsch, aber Französisch, Italienisch und Englisch oder auch ein Gemisch all dieser Sprachen waren oft zu hören und eher die Regel als die Ausnahme.

Helene korrigierte den Fehler, der ihr beim Datum unterlaufen war, und folgte dann dem kleinen Pagen, der mit ihrem abgewetzten Antilopenlederkoffer voranging. Während sie im Lift in den dritten Stock hinauffuhren, blickte der Junge immer wieder verstohlen zu ihr hoch. »Habt ihr zurzeit viele Gäste?«, fragte Helene. Der Junge war kaum älter als ihr Sohn Klaus.

»Och ... es geht«, antwortete der Page. Dann schluckte er und fragte hastig: »Bleiben Sie lange?« Es klang, als hätte er sich damit schon zu viel herausgenommen.

»Ein paar Tage«, sagte Helene und lächelte ihn an, als sie aus dem Aufzug trat.

Sie war sehr zufrieden mit dem Ort, den sie sich ausgesucht hatte – Alpenbach. Sie war schon einmal mit ihrem Mann und einem Ehepaar aus Wien hier gewesen, allerdings vor so vielen Jahren, dass sie von dem Dorf nur noch eine verschwommene Vorstellung hatte. Sie erinnerte sich lediglich, dass es recht hübsch war. Und genau das hatte sie gesucht, etwas recht Hübsches, an dem keine besonderen Erinnerungen hingen.

Sie setzte eine Skimütze auf und ging spazieren. Die Straße vom Hotel führte hinunter ins Dorf, das knapp einen Kilometer entfernt lag. Helene zögerte, dann wandte sie sich in die andere Richtung und schlug den Fußweg ein, der bergan führte.

»Guten Tag ... *Bonjour*«, grüßte sie die heimkehrenden Skifahrer zurück, die ihr entgegenkamen.

Sie merkte nicht, dass die Leute sich mit einem »Wer ist das?« nach ihr umdrehten.

Helene hörte leise knirschende Schritte hinter sich und sah, als sie sich umwandte, einen blonden Jüngling in pelzbesetzter Jacke auf sie zustapfen.

»Guten Tag! Wollen Sie bis ganz nach oben?«, fragte er auf Deutsch.

Helene blickte zum Gipfel hinauf und sah dann wieder

den jungen Mann an. »Ich weiß nicht. Wohl kaum.« Der ungebetene Begleiter irritierte sie, aber nur flüchtig. Im Grund war das doch alles unwichtig.

Sie gingen im Gleichschritt nebeneinanderher; der Pfad war gerade breit genug für zwei.

»Ich bin Gert von Böchlein«, sagte der junge Mann. »Sie sind erst heute angekommen, nicht wahr?«

Er hatte ein offenes Gesicht, ein gewinnendes Lächeln, er war nicht älter als zwanzig, und, dachte Helene, er sieht nicht aus wie einer, der eine reifere Frau ansprechen würde, ohne ihr vorgestellt worden zu sein.

»Vor etwa einer Stunde bin ich eingetroffen, ja«, sagte Helene und strich sich ein paar Haarsträhnen aus dem Gesicht. »Puh! Ich weiß nicht, ob ich Lust habe, bis ganz da raufzukraxeln.«

»Das kann ich mir auch nicht vorstellen! Wissen Sie, dass man acht Kilometer zu laufen hat bis zum Gipfel?« Er lachte. »Andererseits ...«

»Andererseits?«

»... sollten wir vielleicht doch noch ein Stückchen weitergehen. Von dem Felsen da hat man nämlich eine sehr schöne Aussicht.« Er zeigte auf einen mächtigen schwarzen Felsen ein paar hundert Meter oberhalb.

Sie setzten ihren Weg fort, und er sah alle paar Schritte zu ihr hin. »Sie kommen aus Wien?«

»Ja. Aber ich lebe schon seit vielen Jahren in München.«
»Trotzdem haben Sie noch ganz den wienerischen Stil.«

Seine Hand, die in einem dicken Schaffell-Fäustling steckte, vollführte eine lässig-elegante Geste. »Meine Mutter und meine Schwester sind übrigens auch hier im Hotel.

Sie müssen sie unbedingt kennenlernen. Ich meine, die beiden müssen Sie kennenlernen, falls es Ihnen recht ist.« Vor Verlegenheit schoss ihm das Blut in die ohnehin rosigen Wangen. »Darf ich fragen, wie Sie heißen?«

»Helene Sacher-Hartmann.«

Als Helene beim Abstieg einmal ausrutschte, griff Gert rasch nach ihrer Hand, die er aber ebenso rasch wieder losließ, als ob er sich verbrannt hätte. »Pardon!«, sagte er. Und ein paar Augenblicke später: »Ich bin heute deshalb nicht mitgegangen, weil ich Sie bei Ihrer Ankunft gesehen habe, und ich … ich wollte Sie unbedingt kennenlernen.«

»Das ist aber nett«, sagte Helene lächelnd, doch es klang zerstreut, denn sie hatte nicht wirklich zugehört. Sie konzentrierte sich vielmehr ganz auf die kalte, klare Luft in ihren Lungen, eine Köstlichkeit, wie ein kühler Schluck Wasser, wenn man durstig ist.

Der junge Mann sprach mittlerweile von seinem Studium. Er besuchte die Technische Hochschule in Graz und wollte Wasserbauingenieur werden. Beim Hotel angekommen, fragte er, und seine Stimme klang dabei fast flehentlich, ob er sie vielleicht … ob sie sich eventuell um halb acht mit ihm und seiner Familie zu einem Aperitif in der Hotelbar treffen würde.

Helene, der jedes Zeitgefühl abhandengekommen war, sah auf ihrer Armbanduhr, dass es fünf Minuten nach halb sechs war. »Ja, warum nicht? Danke für die Einladung.« Damit verabschiedete sie sich und ging auf ihr Zimmer.

Helene kam vor der vereinbarten Zeit in die Bar; das heißt, eigentlich hatte sie die Verabredung schon halb vergessen.

Nachdem sie ein heißes Bad genommen und sich umgezogen hatte, betrat sie um sieben Uhr in einem dunkelgrünen Wollkostüm, mit passender Fransenstola um die Schultern, die Bar, in der bereits Hochbetrieb herrschte. Im weißen Kamin prasselte ein loderndes Feuer. Normalerweise wäre Helene ein solcher Auftritt peinlich gewesen, denn sie war ein bisschen schüchtern, doch heute stellte sie erfreut fest, dass sie keine Spur von Scheu oder Unsicherheit empfand, nicht einmal im ersten Augenblick. Dann fiel ihr Gert ein. Rasch blickte sie sich um, aber als sie ihn nirgends entdeckte, trat sie an den Tresen, wo zufällig gerade alle Plätze besetzt waren. Doch sogleich erhob sich ein Herr und bot ihr seinen Barhocker an.

»Permettez-moi, Madame.«

»O danke, aber ich wollte nur etwas bestellen«, sagte Helene auf Französisch und lächelte ihn an.

»Ach nein, bitte setzen Sie sich doch. Sie sehen ja, es ist nirgends ein Tisch frei.«

»Danke sehr.« Helene bestellte ein Kirschwasser.

Der Franzose bestand darauf, es von dem Kleingeld, das er auf der Theke liegen hatte, zu bezahlen. Er war etwa Mitte vierzig, dunkelhaarig, mit einem schmalen Schnurrbart und buschigen schwarzen Augenbrauen. Er erkundigte sich, ob sie zum ersten Mal in Alpenbach sei, wie lange sie bleiben werde, und der Herr, der auf der anderen Seite neben dem nun stehenden Franzosen saß, verfolgte das Gespräch so aufmerksam, als sei er ein Bekannter von ihm, auch wenn der Franzose ihn nicht vorstellte.

Kurz darauf bat er sie, ihm beim Abendessen Gesellschaft zu leisten. Helene hatte inzwischen gemerkt, dass eines seiner grauen Augen aus Glas war. Er hatte schlanke, nervöse Hände. Er sei Cellist in einem Pariser Orchester, hatte er ihr erzählt. Helene nahm seine Einladung an. Allerdings, meinte sie, habe sie um halb acht noch eine Verabredung mit ein paar Herrschaften hier in der Bar.

»Ich weiß gar nicht, wozu ich die überhaupt noch trage«, sagte sie mit einem raschen Blick auf ihre Armbanduhr. »Wo ich mich doch nie nach ihr richte. Ich bin viel zu früh dran.«

»Wären Sie um halb acht gekommen«, sagte der Franzose, »dann hätte ich Sie möglicherweise nicht kennengelernt. Übrigens ... ich heiße André Lemaitre. ... Ach nein«, setzte er mit einem nachdenklichen Lächeln hinzu. »Irgendwie hätten wir uns bestimmt getroffen.«

Als Gert mit seinen Begleiterinnen erschien, ließ sie den Franzosen und ihr leeres Glas stehen und setzte sich zu den von Böchleins an ein Tischchen, das Gert reserviert hatte. Seine Mutter, eine Blondine mit feingeschnittenen Zügen, wirkte anfangs ein wenig kühl, was Helene nicht im mindesten störte, doch nach fünf Minuten war Frau von Böchlein aufgetaut, und sie lachten und plauderten so angeregt miteinander, als ob sie alte Bekannte wären. Im Moment ging es um den schielenden und möglicherweise debilen Stationsvorsteher von Alpenbach, der heute eine ganze für Alpenbach bestimmte Ladung Gepäck fehlgeleitet hatte, so dass sie um ein Haar in Wien gelandet wäre. Gerts Schwester Hedwig, ein blutjunges Mädchen, das immerhin schon einen Hauch von Lippenstift aufgelegt hatte, blickte Helene unverwandt mit freundlichen, verträumten Augen an, schien jedoch wenig gesprächig. Gert war ganz Kavalier, der sich um die Getränke kümmerte und Helene gegenüber einen so besitzerstolzen Ton anschlug, als ob sie seine Eroberung wäre, was Helene amüsierte. Als man sich erhob, um zum Speisesaal hinüberzuwechseln, schien es ausgemacht, dass Helene mit den von Böchleins essen würde, und sie selbst hätte den Franzosen ganz vergessen, wäre der ihr nicht in der Halle hinterhergeeilt.

»*Madame! … Pardon, Madame*, Sie haben doch nicht vergessen, dass wir …«

»Ach!« Helene tippte sich lachend an die Stirn. »Bitte verzeihen Sie, Frau von Böchlein … und Sie auch Gert, aber ich habe diesem Herrn versprochen, dass ich mit ihm essen würde.«

»Was haben Sie?« Gert schäumte, doch dann bezwang er sich. »Na ja, wenn Sie's versprochen haben … Ich finde das allerdings sehr, sehr schade.« Und in der Tat wirkte er ganz untröstlich.

»Morgen ist auch noch ein Tag, Gert.«

»Also morgen«, nahm Gert sie beim Wort. »Zum Mittagessen? Falls Sie nicht Ski laufen wollen.«

Den Blick, den ihm seine Mutter zuwarf, bemerkte er nicht.

»Ja, morgen zum Lunch, wenn Sie möchten«, sagte Helene, an alle drei gewandt. »Und vielen Dank für den Aperitif. Hat mich gefreut, Sie kennenzulernen.«

»Ganz meinerseits«, antwortete Frau von Böchlein zuvorkommend.

Zu ihnen an den Tisch, der für vier Personen gedeckt war, gesellte sich der Mann, der schon in der Bar neben

André gesessen hatte. André schien darüber nicht erfreut, stellte ihn Helene jedoch als seinen »Skikameraden« vor und schien seinen Unmut binnen weniger Minuten vergessen zu haben. Jeder der beiden unterhielt sich mit Helene, als ob der andere Luft wäre.

Gegen elf war man bereits zu acht, darunter ein italienisches Ehepaar aus Mailand. Eigentlich hatte man sich zum Kartenspielen in der Bar versammelt, aber dann wurde doch nur geredet, und Helene fand sich zu ihrem Erstaunen im Mittelpunkt des Interesses, obwohl sie – wie gewöhnlich – ihrem Eindruck nach nichts Besonderes zu sagen hatte und auch wirklich nichts Bemerkenswertes von sich gab; trotzdem hingen anscheinend alle an ihren Lippen. Man erkundigte sich nach ihrem Leben in München, und sie erzählte von dem Buch- und Schreibwarenladen, der ihr gemeinsam mit zwei anderen Frauen gehörte, und davon, wie sie sich im Verkauf abwechselten, damit jede reichlich Urlaub nehmen konnte und das Geschäft trotzdem florierte. Helene erwähnte nicht, dass sie ihren Laden nicht wiedersehen würde. Der Gedanke schmerzte sie nicht. Esther und Henriette konnten und würden ganz gut ohne sie weitermachen. Alles war bestens geregelt. Esther, die keine eigenen Möbel besaß und momentan ein ziemlich teures möbliertes Zimmer gemietet hatte, würde mit Freuden Helenes Wohnung übernehmen, die diese ihr in einem zu Hause deponierten Brief vermacht hatte. Doch davon sprach sie ebenso wenig wie von ihrem Sohn.

Es ist, als trüge ich ein zauberkräftiges Parfum, dachte Helene bei sich, eines, das selbst die Frauen betört. Sehr merkwürdig.

In den nächsten Tagen blieb Helene, kaum, dass sie ihr Zimmer verließ, keinen Augenblick für sich allein. Die Männer reagierten gereizt, wenn andere sich hinzugesellten, wurden aber wieder versöhnlich, sobald alle gemeinsam beschlossen, einen Spaziergang zu machen, mit der Gondel zur Hütte hinaufzufahren (Helene hatte keine Lust, Ski zu laufen) oder im Dorf unten Tee zu trinken. Einzig bei Gert legte sich die Gereiztheit nicht, und eines Morgens schoss er aus einem Sessel in der Halle auf und ihr entgegen, bevor jemand anders sie ansprechen konnte, und machte ihr, kaum dass sie zur Tür hinaus waren, eine Liebeserklärung.

»Aber Gert, ich bin ja alt genug, um Ihre Mutter zu sein«, stammelte Helene verdutzt. »Mindestens!«

»Ach, machen Sie sich doch nicht lustig über mich, Helene«, flehte er. Seit zwei Tagen nannte er Helene mit ihrer Erlaubnis beim Vornamen. »Ich ertrage es nicht, Sie umschwärmt von all diesen Männern zu sehen, denen nicht halb so viel an Ihnen liegt wie mir. Ich halte das nicht mehr aus!« Und er drückte sich Zeige- und Mittelfinger wie eine Pistole an die Schläfe.

»Aber …« Helene hob abwehrend die Hände und wusste nicht, was sie entgegnen sollte. Sein Ausbruch amüsierte sie, was sie sich keinesfalls anmerken lassen durfte, denn dem jungen Mann war es todernst. Auf Gefühlsausbrüche hatte sie noch nie zu reagieren gewusst, warf sie sich vor.

»Wie soll ich ohne Sie weiterleben, Helene? Ich kann's nicht!«

»Unsinn, Gert! Glauben Sie mir, in einer Woche –«

»Nicht in einem Jahr, niemals. Ich schwör's. Das ist endgültig. Für immer und ewig!«

»Kommen Sie, wir gehen ein Stück spazieren.«

Sie schlugen den Bergpfad ein, auf dem er sie zuerst angesprochen hatte.

»Wissen Sie, ich gehe bald fort, und dann werden wir uns ohnehin nicht mehr sehen können«, sagte Helene.

»Wo wollen Sie denn hin? … Und warum kann ich Sie nicht wiedersehen?«

Zurück nach München, dachte Helene unwillkürlich, doch da dies nicht der Fall war, konnte sie es auch nicht sagen. »Sie werden bald nach Graz zurückkehren.«

»Aber ich würde überallhin gehen, um bei Ihnen sein zu können«, beteuerte er. »Australien, China, egal, wohin!«

Aber nicht dorthin, wo ich hingehe, dachte sie mit dem Anflug eines nervösen Lächelns. »Ich hab Ihnen doch gesagt, dass ich verheiratet bin, Gert.«

»Ja, aber … mir ist aufgefallen, dass Sie Ihren Mann nie erwähnen, wenn Sie von München erzählen. Wo ist er?«

»Er ist in Wien. Aber ich bin nicht geschieden.«

»Ach, was kümmert mich das – Ehe, Scheidung –, ich liebe Sie völlig losgelöst von alledem. Über alles und unbeschadet davon.« Seine Linke, die in einem Fäustling steckte, deutete mit ausladender Geste zum Gipfel hinauf. Seine bloße Rechte hielt Helenes behandschuhte Hand.

»Ich bin vielleicht noch vier Tage hier. Warten wir also ab, wie Sie dann empfinden.« Sie sagte es so freundlich und beiläufig wie nur möglich und hatte doch ein bisschen Angst davor, wie er es aufnehmen würde.

Er entgegnete ingrimmig: »Meine Gefühle sind unwandelbar, und wenn ich Sie nicht wiedersehen kann, dann ist mir mein Leben nichts mehr wert. Das weiß ich.«

»Hallo!«, hörte man es plötzlich rufen, und der Berg warf das Echo zurück.

Auf dem Wegstück unterhalb von ihnen standen die beiden Franzosen, und André winkte mit ausgestrecktem Arm. Gert stöhnte.

Später am Nachmittag, als Helene sich umgezogen und in Rock und Pullover mit einem Buch aufs Bett gelegt hatte, rief Gert an und fragte, ob er für einen Moment heraufkommen dürfe. Helene brachte es nicht übers Herz, ihn abzuweisen. Er erschien unverzüglich und überreichte ihr eine große Rubinbrosche, ein Erbstück von seiner Großmutter, wie er sagte, das fortan ihr gehören solle.

»Oh, Gert, die ist doch sicher für Ihre Braut bestimmt.« Helene lächelte ihn verwundert an.

»Du bist meine Braut«, sagte Gert mit feierlichem Ernst.

»Deine Mutter wäre sehr verärgert, mein lieber Junge, wenn sie wüsste, dass du mir diesen Schmuck schenken wolltest.«

»Die Brosche gehört mir, und ich kann damit tun, was ich will. Bisher habe ich sie immer bei mir getragen, sogar in den Vorlesungen. Gefällt sie Ihnen denn nicht, Helene? Willst du sie nicht?«

Helene sann auf eine Möglichkeit, wie sie den Schmuck zwar annehmen, ihm aber später zurückgeben könnte. Sie sah wohl, dass es ihn bitter kränken würde, wenn sie die Brosche von vornherein zurückwiese. »Also gut. Ich fühle mich geehrt«, sagte Helene und nahm die in zerknittertes weißes Seidenpapier eingeschlagene Brosche entgegen.

Gert lächelte strahlend. »Ich danke dir, meine Liebste.«

Er trat vor, und sie hob das Gesicht, um sich küssen zu lassen. Sie empfing einen keuschen Kuss auf die Lippen, flüchtig und seltsam, denn weder war es ein leidenschaftlicher Kuss, noch besiegelte er etwas, sann Helene, und doch schien er dem Augenblick angemessen.

»Ich lass dich jetzt ein Weilchen allein«, sagte Gert und wandte sich zum Gehen. Sein Gesicht strahlte vor Glück. Leise schloss er die Tür hinter sich.

Sie war recht froh, dass sie nicht versprochen hatte, am Abend zusammen mit den von Böchleins zu essen, denn Gerts Mutter wäre seine glückstrahlende Miene sicher aufgefallen. Was für ein törichter Junge, wie konnte er nur so felsenfest an die Unwandelbarkeit seiner Gefühle glauben! Helene war um sieben mit André in der Bar verabredet. Er hatte einen Schlitten bestellt und wollte zur Abwechslung einmal in einem Restaurant im Dorf essen.

Als Helene und André das Restaurant unten im Dorf betraten, bereitete der Oberkellner ihnen einen königlichen Empfang.

Das Lokal war klein, aber André hatte einen ganzen Raum für sie beide reservieren lassen, der mit roten Rosen und kleinen Ornamenten aus den zarten Bergblumen dekoriert war, die Helene so liebte.

»So, da wären wir. Ich hoffe, sie haben's nicht übertrieben«, sagte André ein bisschen verlegen, nachdem sie Platz genommen hatten.

Unverzüglich erschien ein Ober und brachte Champagnercocktails.

André erzählte ausführlich von Paris, von seinen Kriegserlebnissen, von der Gefangenschaft in Deutschland und davon, wie er später, zurück in Frankreich, bei der Résistance ein Auge verloren hatte. Von seiner zweijährigen Ehe, die vor zehn Jahren zerbrochen war, von seiner steinigen Laufbahn als Musiker und von seinen Erfolgen, die sich erst kürzlich eingestellt hatten. Zwischen den einzelnen Geschichten legte er lange Pausen ein, um Helene die Chance zu geben, etwas dazu zu sagen oder gegebenenfalls das Thema zu wechseln, aber sie schwieg. Sie fand seine Erlebnisse interessant und war gerührt, dass seine Zuneigung zu ihr so weit ging, dass er ihr das alles anvertraute.

»Sie finden es vielleicht eigenartig, dass ich Ihnen mein ganzes Leben erzähle«, sagte er, als sie mit dem Essen fertig waren, »aber die Sache ist die, dass ich Sie bitten möchte, meine Frau zu werden, und wenn ich das tue, dann … na ja, ich denke, dann sollten Sie auch ein bisschen über mich Bescheid wissen. Wollen Sie mich heiraten, Helene?«

Helene war fassungslos. »Aber Sie wissen doch rein gar nichts über mich!«

»Das macht nichts. – Natürlich möchte ich gern mehr über Sie erfahren«, setzte er lächelnd hinzu, »aber im Grunde ist das nicht entscheidend, denn ich weiß, Sie sind ehrlich und gut … eine Schönheit, sollte ich sagen, schön von innen heraus. Alles Weitere hat Zeit bis später. Mir ist auch klar, dass Sie wahrscheinlich verheiratet sind. Aber selbst das ist nicht wichtig, denn ich werde warten. Wenn's sein muss, für den Rest meines Lebens, doch ich hoffe, das wird nicht nötig sein. Sie sind doch verheiratet, oder?«

»Ja.«

»Und Ihr Mann ist in München?«

»Nein, in Wien. Wir leben getrennt, und ich habe ihn seit drei Jahren nicht gesehen. Ich habe auch ein Kind«, sagte sie leise, »aber –«

»Aber?«

»Er ist zwölf. Und … na ja, er ist seinem Vater sehr ähnlich, und ich glaube, er hat ihn lieber als mich. Jedenfalls hat Klaus entschieden, dass er lieber bei seinem Vater leben möchte. Das war vor drei Jahren. Sein Vater hat sehr viel Geld, verstehen Sie? Und der Junge hat immer die Sommerferien bei seinem Vater verbracht. Das heißt seit seinem achten Lebensjahr. Mein Mann macht sehr viel Aufhebens um ihn, hat ihm ein Pferd gekauft und ein Boot, eine Unmenge Sachen zum Anziehen … und zurzeit bringt er ihm das Schießen bei. Mir sind Waffen ein Greuel.«

»Ich verstehe«, sagte André. Ein paar Minuten später, sie waren inzwischen beim Brandy angelangt, sagte er: »Vermutlich werden Sie sich irgendwann von Ihrem Mann scheiden lassen.«

»Vermutlich.« Helene ließ es dabei bewenden.

»Würden Sie eventuell mit mir nach Paris kommen? Ich habe eine sehr große Wohnung. Gleich hinter dem Invalidendom. Mit einem zauberhaften Blick auf …«

Helene schüttelte lächelnd den Kopf. »Danke, das ist sehr nett, aber nein. Auch das könnte ich mir im Moment nicht vorstellen.« Bei sich dachte sie: lauter Verrückte, diese Leute im Hotel Waldhaus. Das muss an der Höhenluft liegen.

»Vielleicht erscheint Ihnen das lächerlich … in meinem Alter«, sagte André. »Ich meine, dass ich Ihnen quasi aus heiterem Himmel einen Antrag mache. Andererseits bin ich alt genug, um zu erkennen, was für mich richtig ist, wenn ich's vor mir sehe.«

Am nächsten Morgen begleitete Gert sie auf ihrem Morgenspaziergang, nachdem er ihr wie tags zuvor in einem Sessel unten in der Halle aufgelauert hatte. Doch heute lächelte er nicht und war überhaupt ziemlich verstimmt. Als sie das Hotel ein Stück weit hinter sich gelassen hatten, sagte er:

»Ich weiß, dass du gestern Abend mit dem Franzosen unten im Dorf gegessen hast. Ein sehr ausgelassenes Diner, nach dem, was mir der Page erzählt hat.«

Diese klatschsüchtigen Pagen!, dachte Helene verärgert. »Na und? Was ist schlimm daran, wenn man zur Abwechslung mal im Dorf zu Abend isst?«

»Am Abend des Tages, an dem ich dir die Brosche meiner Großmutter geschenkt habe. Und mit einem Mann, von dem jeder weiß, dass er in dich verliebt ist.« Gerts Stimme bebte vor Entrüstung.

»Er bedeutet mir nichts«, sagte Helene rasch und wie zur Entschuldigung.

»Und ich bedeute dir vielleicht auch nichts! Sag's ruhig, wenn's so ist!«

Wer kennt schon die Wahrheit? In einem Punkt freilich war sie sich sicher: Sie wollte Gert nicht verletzen. Aber sie spürte auch, dass er diese Eifersuchtsszene aus reinem Selbstschutz und also im eigenen Interesse inszenierte. »Nein, so ist es nicht. Aber ich habe dir auch kein Versprechen gegeben, Gert. Und deine Brosche kannst du zurückhaben … Ich treibe keine Spielchen mit dir.«

»Wenn du mich nicht willst … wenn dir dieser Franzose lieber ist, dann bringe ich mich lieber um, jawohl, das tue ich! – Siehst du die Felsen da?«, fragte Gert und zeigte auf die zerklüfteten Zacken am Gipfel des Berges, den sie nie bestiegen hatten. »Da werde ich mich runterstürzen, es sei denn –«

»Es sei denn?«, wiederholte Helene so beiläufig, wie sie auf etwas, was sie nicht ganz mitbekommen hatte und was sie auch nicht sonderlich interessierte, mit einem höflichen »Wie bitte?« reagiert hätte. Sie hatte selber schon an diesen Gipfel gedacht, dem gegenüber sie einen ganz sonderbaren, um nicht zu sagen aberwitzigen Besitzanspruch entwickelt hatte. Gert würde das mit dem Felssturz nie wahr machen, und dass er eben damit gedroht hatte, war bloß ein ironischer Zufall gewesen.

»Es sei denn, ich darf auch weiter mit dir zusammen sein. Es sei denn, wir können uns auf einen … einen Pakt einigen.«

Sie wusste, was er meinte: Er wollte ihr einziger Liebhaber sein, freilich in einem sehr romantischen und wahrscheinlich platonischen Sinne. Er wollte hin und wieder zum Kaffee oder zum Essen in ihre Münchner Wohnung kommen dürfen, in der Gewissheit, dass sie das keinem anderen Mann gestattete. Irritiert schüttelte Helene den Kopf.

»Was soll das heißen?«, fragte Gert. Er verfolgte immer noch jede Regung in ihrem Gesicht.

Knirsch, knirsch … knirsch, knirsch, ächzten ihre Stiefel im Schnee, und auf einmal hielt Helene es nicht mehr aus. Sie blieb stehen, hob den Kopf und warf rasch einen Blick empor zum Gipfel des sanft ansteigenden Berghangs – der bestimmt keine acht Kilometer entfernt war, wie Gert behauptet hatte –, dann machte sie kehrt.

Doch er rührte sich nicht.

»Darf ich dich wiedersehen?«, fragte Gert eindringlich.

»Ja. Hier. Aber nicht in München«, erklärte sie kategorisch. Sie war es müde, Erklärungen abzugeben, die ohnehin sinnlos waren. Sie trat den Rückweg an.

»Dann bleibt's bei dem, was ich gesagt habe«, versetzte Gert, der jetzt im Gehen die Arme genauso kläglich hängen ließ wie den Kopf. »Aber erst schreibe ich noch ein Gedicht auf dich.«

Das, dachte Helene, ist eine gute Beschäftigung vor dem Tod. Und sie sah voraus, dass die Arbeit an seinem Gedicht Gerts Gemüt vermutlich so beruhigen würde, dass er darüber jeden Gedanken an Selbstmord vergaß. Überhaupt war sie absolut sicher, dass er sich nicht umbringen würde, auch wenn sie nicht hätte sagen können, warum. Es war einfach eine intuitive Gewissheit, wie die jähe Erkenntnis: Ich bin verliebt.

»Darf ich dich noch zu einer Tasse Tee einladen?«, fragte Gert, als sie wieder vor dem Hoteleingang standen.

Helene hatte nicht vorgehabt, so bald zurückzukommen, aber jetzt wollte sie nur noch allein sein, und das konnte sie nur in ihrem Zimmer. »Nein, Gert. Danke – aber wenn du mich entschuldigen willst, ziehe ich mich für eine Weile auf mein Zimmer zurück.«

Diese Leute begehren mich alle nur deshalb, weil ich sie jetzt nicht mehr brauche, schoss es Helene durch den Kopf. Das ist bitter, aber dann auch wieder menschlich. Sie haben das Gefühl, ich würde ihnen nichts wegnehmen, womit sie ja auch ganz richtig liegen.

Und die Situation entbehrte nicht der Komik. Wäre sie zum Beispiel hergekommen und hätte sich in den Franzosen verliebt oder, falls sie noch jünger gewesen wäre, in Gert, und wenn sie dann versucht hätte, einen der beiden zu erobern, wäre das wahrscheinlich fehlgeschlagen. Sie war keine Schönheit. Es hatte in ihrem Leben ein paar Männer gegeben – zwei oder drei –, zu denen sie sich hingezogen fühlte, aber es war ihr nicht gelungen, sie auf sich aufmerksam zu machen. Helene lächelte auf die Landschaft vor dem Fenster hinab. Sie war wieder schön, wunderschön sogar. Auch sie selbst kam sich seltsam schön vor – und seltsam rein und schuldlos. Kein Mensch wirkt anziehender auf die Welt als der, der im Begriff steht, sie zu verlassen, dachte Helene. Und wahrscheinlich erscheint einem auch die Welt nie schöner als in diesem Augenblick, aber es ist nicht die Art Schönheit, die man begehrt, die man besitzen möchte oder der man nachtrauert, wenn man sie aufgeben muss. Sie war erfüllt von der beglückenden Gewissheit, dass die Welt weiterbestehen würde – mit allmählichen Veränderungen zwar, aber unverändert schön, wie eben jetzt.

Am Nachmittag packte Helene der Ordnung halber ihren Koffer und bat die Rezeption, ihre Rechnung fertigzumachen. Der Hoteldirektor zeigte sich überrascht, dass sie schon so bald wieder fortwollte, und Helene sagte, sie würde wahrscheinlich erst am nächsten Tag abreisen, wolle aber die Rechnung beizeiten begleichen. Sie bezahlte einen Tag extra und schob ein stattliches Trinkgeld unter die Lampe auf ihrem Nachttisch. Für Käthe, das Zimmermädchen, legte sie hundertfünfzig Schilling in ein Hotelkuvert. Gerts Brosche steckte sie ebenfalls in einen Umschlag, erwog, ein paar Zeilen dazu zu schreiben, und entschied sich dagegen. Sie adressierte den Umschlag lediglich an Gert von Böchlein. An ihren Mann oder ihren Sohn brauchte sie nicht zu schreiben, obwohl sie beiden ein freundschaftliches Lebewohl hätte senden können. Aber so ein Abschiedsbrief würde sie nur unnötig aufwühlen und ihrem Sohn später, wenn er erwachsen war, erneut weh tun, sofern ihm überhaupt je etwas weh tun konnte. Die Einzigen, von denen sie sich hatte verabschieden wollen und denen sie auch Lebewohl gesagt hatte, waren ihre fidelen Freundinnen am Münchner Hauptbahnhof am Tag ihrer Abreise nach Alpenbach.

Um sechs Uhr verließ sie in Skianzug mit Mütze und Fäustlingen das Hotel. Zu dieser Stunde nahmen die meisten Gäste ein Bad und kleideten sich für den Abend um, und sie war froh, dass ihr in der Halle niemand begegnete. Als sie den verschneiten Fußweg einschlug und sich an den Aufstieg machte, ging sie davon aus, dass sie den Gipfel erst bei völliger Dunkelheit erreichen würde. Sie bedauerte es, dem Hotel durch einen Todesfall Unannehmlichkeiten zu bereiten, aber der Tod war vermutlich immer unangenehm: Wenn man beispielsweise ins Wasser ging, würden viele Menschen tagelang nach dem Leichnam suchen müssen; und wenn die Leiche Tage oder Wochen später unverhofft am Flussufer auftauchte, würde auch das lästige Scherereien verursachen. Immerhin würde sie nicht direkt im Hotel sterben. Sie nahm an, sie würde in einer meterhohen

Schneewächte landen und dort entweder erfrieren oder ersticken. Doch solche Vorstellungen erschreckten sie nicht länger, waren bedeutungslos geworden. Und was, wenn ich Gert auf dem Gipfel treffe und er das Gleiche vorhat wie ich?, dachte Helene und lachte leise, so sicher war sie, dass er sich nichts antun würde.

Als sie sich dem Gipfel näherte, konnte sie den Weg schon nicht mehr erkennen. Mit beiden Händen zog sie sich an den kahlen, zerklüfteten Felswänden empor. Oben angekommen, zögerte sie nicht länger als zehn Sekunden. Sie hielt nur inne, um ein paar Mal tief Luft zu holen, dann machte sie einen Schritt nach vorn, stürzte kopfüber vom Felsrand und ließ sich ins Bodenlose fallen. Der Wind pfiff ihr durch die Mütze hindurch in die Ohren. Obwohl sie im Sturzflug hinabsauste, fühlte sie sich schwerelos, körperlos. Sie sah ihr ganzes Leben vorbeiziehen, von der blondgelockten Kindheit über ihre Studienjahre, die Ehe und deren allmähliches Scheitern bis zu den letzten Etappen ihres Lebens in München … aber alles ging so rasch, dass es eine einzige Panoramaaufnahme hätte sein können, ein Schnappschuss … *klick!* Und alles in allem, dachte sie, war das Leben gar nicht so schlecht. Das war ihr letzter Gedanke, bevor es endgültig *klick!* machte und finster wurde.

WOLFGANG HERRNDORF

Der Weg des Soldaten

Selbst unter den Durchgeknallten an der ABK war Franco eine Ausnahmeerscheinung, auch was seine Arbeiten betraf. Obwohl ich Konzeptkunst neben Gitarrenmusik und Totalitarismus zu den großen Irrtümern des zwanzigsten Jahrhunderts rechne, muss ich zugeben, dass Francos Gebastel mich erschütterte. Neben den Installationen seiner Mitstudenten nahmen sich Francos Objekte aus wie der Weihnachtsbasar der Bodelschwinghschen Anstalten. Es war schwer, nicht in Tränen auszubrechen.

Manchmal erkundigten sich Mitstudenten bei mir nach Franco, und ich erklärte ihnen hinter vorgehaltener Hand, er entstamme einer kroatischen Kriegsverbrecherdynastie. Seine vier älteren Brüder seien alle hochrangige Militärs, nur er, der Jüngste, ein missratenes Pazifistenschwein. Der Vater habe ihn in die Geschlossene einweisen lassen, aus Gründen der Familienehre. Vor einem halben Jahr die Flucht nach Spanien, das Studium erfolge auf Anraten seines Analytikers. Franco selbst könne über diese Dinge nicht sprechen.

Wie Franco tatsächlich auf seine Umgebung wirkte, konnte man daran sehen, dass acht von zehn Leuten diese Geschichte glaubten. Noch Jahre später bekam ich sie in unterschiedlichen Versionen immer wieder zu hören, abenteuerlich ausgeschmückt mit Ustascha-Häuptlingen und Elektroschocks.

Noch schlechter als mit Studenten kam Franco mit Studentinnen klar. Er war nicht besonders attraktiv, und seine euphorische Art konnte auch das gutmütigste Rudolf-Steiner-Häschen in die Flucht schlagen. Die Art und Weise, wie er versuchte, beim anderen Geschlecht zu landen, ließ mich irgendwann vermuten, dass er noch Jungfrau war. Er behandelte weibliche Wesen wie Gottheiten. Ich versuchte ihm zu erklären, worin sein Fehler bestand, aber alles, was ich vorbrachte, war ihm noch unverständlicher als die Geschichte der abendländischen Philosophie. Er sagte, er wolle überhaupt keine Frau kennenlernen.

Eines Morgens, in einer Pause beim Aktzeichnen, zog Franco ein zusammengefaltetes Foto aus seinem Portemonnaie. Es war ein Ausriss aus einer offenbar spanischen Tageszeitung, das grobgerasterte, verschwommene und atemberaubende Bild eines jungen Mädchens. Die Züge ebenmäßig, bis auf ein Auge, das schief im Kopf drinstand.

»Meine Freundin«, sagte Franco.

Ich zweifelte nicht eine Sekunde lang, dass er der Person auf dem Foto noch nie begegnet war. Er erzählte, er habe sie vor Jahren auf einer Ausstellung kennengelernt, sie sei eine große Künstlerin. Er schreibe ihr täglich, leider antworte sie selten, aber wenn er endlich die Wohnung vom Sozialamt bekäme, würde sie auch nach Deutschland ziehen. Er schilderte die Freundlichkeit des Sachbearbeiters vom Sozialamt in den glühendsten Farben, dann erzählte er begeistert von seinem UNTERKALT-Projekt, das gerade gescheitert war, was er zum Teil des Konzepts erklärte. Dann redete er davon, wie er sich ein Loch in die Hose gerissen hatte, und zeigte mir das Loch. Alles im Tonfall äußerster Euphorie. Und diese Euphorie deprimierte mich immer am meisten. Egal, was passierte oder nicht passierte, Francos rauschhafter Zuneigung zum Leben konnte nichts etwas anhaben. Wenn er seinen Schal verlor, entdeckte er die Faszination der Kälte. Wenn wir eine Stunde zu Fuß im Schneegestöber durch die Stadt liefen, um ins Kino zu gehen, weil unser Geld für Kino *und* U-Bahn nicht reichte, und wenn wir nicht reinkamen, weil das Kino ausverkauft war, war Franco begeistert.

»Wieder acht Mark gespart!«, sagte er. »Wir werden uns großartig amüsieren.«

»Mit acht Mark«, sagte ich.

Vor einem Supermarkt fing er an, Einemarkstücke in die Einkaufswagen zu stecken, acht Stück insgesamt. Ich machte ihn darauf aufmerksam, dass man, um die gesamte Schlange von Einkaufswagen abzulösen, nur eine einzige Mark brauchte. »Du bist so schlau!«, sagte er, schob die Wagen wieder ineinander und löste zwei Zehnerreihen aus, eine für mich, eine für ihn.

»Was soll ich damit?«, sagte ich.

Es war mühsam, die Wagen durch die nächtlichen Straßen zu schieben. Zum Wohnheim am Kettensteg ging es einen Berg hinauf. Franco steuerte die Mauer an, die fünfzehn Meter in die Pegnitz hinabführte, und sagte, ich solle ihm helfen. Aber es war aussichtslos, die Wagen am Stück über die Mauer zu kriegen. Wir hatten sie kaum den Berg raufschieben können, anheben war unmöglich. Also investierte Franco noch mal zwei Mark und spaltete die Wagen in Fünfergruppen. Die hievten wir stöhnend in den Fluss, eine nach der anderen.

»Ihr Arschlöcher!«, rief Franco. »Könnt ihr mich hören? Ich hasse euren Scheißkapitalismus, ihr Arschlöcher!«

Niemand hörte ihn. Es war Nacht, und die Leute schliefen und mit ihnen die Leidenschaften, die sie für dieses Gesellschaftssystem empfinden mochten. Flach und silbern blinkten die Einkaufswagen unten im Fluss, von kleinen Wellen überspült. Früher oder später würden sich Schlamm und Treibgut in ihnen verfangen.

»Noch zwanzig Mark, und du kannst den ganzen Fluss stauen und die Altstadt versenken«, sagte ich, und lange standen wir dort oben im Schneegestöber und schauten hinunter und rauchten, und Franco versicherte mir ein ums andere Mal, was für ein ausgezeichneter Mensch ich sei.

Es schneite die ganze Woche. Dann kamen frostklare Tage mit einer grellen, tiefstehenden Sonne, die schräg durch die Fenster der Mensa schien. Ich saß allein in der Mensa und las. Meine Heizung war noch immer nicht repariert. Als Franco sich zu mir an den Tisch setzte, waren seine Augen so durchsichtig und fiebrig wie bei unserer ersten Begegnung in der Jugendherberge. Er rührte sein Essen kaum an. Ich fragte, was los sei, und er beugte sich über den Tisch und flüsterte: »Mara kommt.«

»Was ist Mara?«

»Meine Freundin.«

»Hat sie dir geschrieben?«

»Sie kommt«, sagte Franco und zeigte geradeaus.

Eine zierliche, dunkle Frauengestalt öffnete die gläserne

Tür zur Mensa. Sie war in einen schweren Mantel gehüllt, der auf dem Boden schleifte, und sie hatte einen Koffer in der Hand. Franco legte sein Besteck parallel auf den Teller. Er gab sich große Mühe, es lautlos und konzentriert und wirklich parallel hinzulegen, dann ging er der Frau entgegen und begrüßte sie, indem er ihr die Hand hinstreckte. Sie nahm sie nicht.

Zwei Tage später wurde ich von ihnen zum Essen eingeladen. Franco hatte gekocht und alles, Alexander schaute verlegen auf seinem mit Kerzen und Weinflaschen vollgestellten Küchentisch herum. Ich stellte mein Sixpack dazu.

»Darf ich vorstellen: das Genie!«

Ich lächelte. Mara schwieg. Den ganzen Abend redete nur Franco. Es war sehr anstrengend, und ich verabschiedete mich zeitig. Francos Benehmen Mara gegenüber machte mich fast krank. In einem fort fragte er, ob alles in Ordnung sei, schenkte Wein nach und sprang vom Stuhl auf, sobald sie einen beliebigen Gegenstand mit den Augen berührte. »Möchtest du noch Salz? Möchtest du Pfefferminzplätzchen? Möchtest du dich hinlegen?« Irgendwann sagte Alexander: »Lass doch mal gut sein«, und Mara schaute Alexander an. Ich wusste nicht mal, ob sie Deutsch sprach.

Natürlich zog auch Mara bei Alexander ein. »Nur, bis sie eine eigene Wohnung haben«, sagte Alexander. Aber es war klar, dass sie nie eine eigene Wohnung haben würden.

Mara hatte die üblichen Klischeekrankheiten wie aufgeschlitzte Unterarme, und ihre Zigaretten drückte sie immer auf den Fingerknöcheln aus, wenn man nicht hinguckte.

Aber sonst war sie vollkommen in Ordnung. Und sie sah tatsächlich genauso aus wie auf dem Foto, genauso atemberaubend und auch genauso verschwommen, so dass es immer ein bisschen wirkte, als ob sie im Schatten stünde oder etwas weiter weg. In ihrem Beisein wurde Franco unsichtbar. Er redete doppelt so viel wie sonst, aber er konnte nicht verhindern, dass er unsichtbar wurde, eine fahrige Hirtenfigur im Hintergrund einer Marienverehrung.

»Es ist nicht Freundschaft, sondern reines Mitleid, dass ich sie ihm nicht längst ausgespannt habe«, sagte Alexander einmal im Suff zu mir, und ich dachte: Alexander ist wirklich noch blöder, als er aussieht. Aber dann dachte ich, dass ich den Gedanken ja so oder so ähnlich auch schon gehabt hatte. Dazu kam, dass lange Zeit unklar blieb, was Franco und Mara eigentlich miteinander verband. Ständig liefen sie hintereinander her, aber nie sah man eine Berührung zwischen ihnen.

Mara schrieb sich nicht an der ABK ein, arbeitete aber mit an Francos Projekten. Ein paar Wochen lang bauten die beiden Computerzubehör aus Streichhölzern. Irgendwann kamen sie – ich weiß nicht, ob Franco oder Mara – auf die Idee, einen Zinnsoldaten zu schlucken, um dann ein Röntgenbild vom Verdauungstrakt zu machen. Sie warfen eine Münze, Mara verlor und schluckte den Soldaten. Auf dem Röntgenbild war nicht viel zu erkennen, der Soldat hatte sich im Magen quergelegt. Beim zweiten Versuch weigerten sich die Ärzte bereits, Mara zu röntgen. Mit ihren Fingerknöcheln und der Erklärung, den Soldaten wieder nur zufällig geschluckt zu haben, stand sie kurz vor der Einweisung. Am Ende benutzten die beiden einen Spanienaufenthalt, um weitere Röntgenaufnahmen machen zu lassen, auf denen der Soldat im Profil zu erkennen war. Die spanischen Ärzte fanden es nicht außergewöhnlich, dass jemand jeden Tag einen Soldaten verschluckte.

»Das Militär auf dem Weg zum Arsch«, sagte Franco, während er die Bilder mit Tesa an Alexanders Küchenfenster heftete.

»Ein wichtiger Beitrag zur Geschichte des Pazifismus«, sagte ich und schaute Mara an, die die Kohorten von Spielzeugsoldaten, die durch ihren Körper marschiert waren, offenbar gut verkraftet hatte.

»Ich bin der Krieg«, sagte Mara. »Ich verzehre den Soldaten.«

»Mara ist der Krieg!«, wiederholte Franco emphatisch.

»Bei euch hackt's doch«, sagte ich.

Als ich Franco das nächste Mal begegnete, schleppte er einen ausrangierten Leuchtkasten durch die Akademie. Mein eigenes Studium war zu diesem Zeitpunkt längst Vergangenheit. Ich hatte angefangen, als Aushilfe in einer Karosserielackiererei zu arbeiten, wo ich feststellte, dass man mit sechzehn Arbeitsstunden in der Woche einigermaßen überleben konnte. Das beruhigte mich. Trotzdem ging ich weiterhin regelmäßig an die Akademie, um mich von meiner Professorin demütigen zu lassen. Sie drohte weiterhin, mich rauszuwerfen, tat es aber nie. Es gefiel ihr im Grunde, zwischen all den anthroposophischen Idioten einen reinrassigen Idioten zu haben.

»Reg dich nicht auf. Ich muss dich übrigens was fragen«, sagte Franco. Er stellte mir den Kasten auf die Füße, begann ein ziemliches Rumgerede und verlangte meinen Wohnungsschlüssel. Er brauche neutrales Gelände.

»Du verstehst schon«, sagte er.

Ich verstand kein Wort. Es dauerte eine Weile, bis er Klartext redete, und auch dann verstand ich ihn noch nicht. Mara habe einen anderen.

»Was?«

»Ich habe Haare gefunden. Lange blonde Haare.« Er legte den Kopf schief und zupfte an meinen Haaren herum, die nicht besonders lang, aber blond waren. »Ich habe ihm einen Brief geschrieben. Ich werde diesen Menschen treffen und die Situation reinigen.«

»Ja und?«

»Dazu brauche ich neutrales Gelände.«

»Wenn du ein Blutbad anrichten willst, leg die Wohnung mit Plastikfolie aus«, sagte ich und gab ihm die Schlüssel.

Abends traf ich Mara vor dem ›Casablanca‹. Sie hatte sich nicht geschminkt. Ich glaube, sie schminkte sich nie. Aber die Konturen ihres Gesichts waren so klar und gleichzeitig unscharf, dass sie aussah wie auf den großen Film-noir-Plakaten, die überall an den Wänden hingen. Ich verbarg meine Aufregung hinter einer Wand aus Zigarettenrauch.

Das Kinoprogramm war nicht sehr originell, und wir entschieden uns für *Dr. Seltsam oder wie ich lernte, die Bombe zu lieben*, der in einem Dreißig-Sitze-Kino lief. Wir waren die Einzigen im Saal. Mara kannte den Film noch nicht, und sie lachte nicht ein einziges Mal, auch nicht an der Stelle mit dem Cola-Automaten oder als der russische

Spion reinkommt. Aus Solidarität versuchte ich, ebenfalls weniger zu lachen. Ein paar Mal schaute Mara durch die gespreizten Finger auf die Leinwand, und ich erklärte ihr, sie müsse keine Angst haben, der Weltuntergang sei nur ein Nebenmotiv. Aber, ehrlich gesagt, ich wusste nicht, was mit ihr los war. Ich hätte auch vorgeschlagen, rauszugehen, wenn da nicht die Sache mit Franco gewesen wäre. Ich hatte ihn gefragt, woher Mara ahnen sollte, dass er sich mit diesem Typen in meiner Wohnung traf, und Franco hatte geantwortet: »Du verstehst nicht viel von Frauen.«

»Woher auch?«

»Frauen haben ein Radarsystem.«

Er war mir ziemlich auf die Nerven gegangen an diesem Tag. Insbesondere ging mir auf die Nerven, dass er ab und zu einen Treffer landete. Dass ich nicht viel von Frauen verstand, der Gedanke war mir in anderer Form auch schon gekommen. Ich wusste nicht, woran es lag, aber ich geriet dauernd an die Falschen und seit einiger Zeit nicht mal mehr an die, und ich hatte mein eigenes Leiden so satt, dass mir die Aussicht, dass mein grotesker Freund nun auch ins Elend kam, eigentlich ganz gut gefiel.

Als der Film zu Ende war, starrte Mara die leere Leinwand an. Ich fragte, ob wir noch was trinken gehen würden, und Mara antwortete, das sei eine phantastische Idee. Ich hatte den Eindruck, als ob es ihr vollkommen gleichgültig sei. Ich glaube, wenn ich sie gebeten hätte, auf der Stelle eine Fahrradtour mit mir zu unternehmen, Passanten zu bespucken oder einen Swingerclub zu eröffnen, hätte sie ebenfalls gesagt, das sei eine phantastische Idee.

Sie bestellte Bier für uns beide, und ich redete über den

Film, weil ich dachte, dass sie ihn wenigstens im Nachhinein lustig finden könnte, aber sie hörte nicht zu. Oder ich hatte den Eindruck, dass sie nicht zuhörte. Sie faltete Papierfiguren aus der Speisekarte, während sie aus dem Fenster schaute, und schließlich gab ich es mitten im Satz auf.

Mara drehte sich um.

»Das«, sagte sie und kratzte sich am Handgelenk, »war der tiefsinnigste Film, den ich in meinem Leben gesehen habe. Und dein Aspekt – ist der tiefsinnigste. Franco hat recht.«

Sie trank einen Schluck Bier, setzte das Glas ab und hob es nach einigen Sekunden erneut. Es war nur ein sehr einfaches Armheben, aber man musste es gesehen haben. Sie zog das Glas wie auf Schienen durch die Luft, behutsam und mit schlafwandlerischer Präzision. Es gibt in alten Filmen manchmal so eine Aufnahme, wo ein klappriger Doppeldecker unendlich langsam unter einer Brücke hindurchfliegt.

Dann holte Mara ihr Portemonnaie aus der Tasche und rief den Kellner.

Als ich nach Hause kam, lag der Schlüssel auf dem Türrahmen, und ein Blutbad hatte nicht stattgefunden. Es roch nach Marihuana. Aber außer dass das Namensschild mit *Cosic* überklebt war, war nichts Verdächtiges zu entdecken. Ich öffnete alle Fenster, und als der Rauch sich verflüchtigt hatte, roch es noch nach etwas anderem, nach Menschen. Im Küchenmülleimer lagen zwei verschmierte Kondome. Meine Bettwäsche war voller langer, blonder Haare.

Einige Tage hörte ich nichts von Franco, und ich rief

ihn auch nicht an. Das war nicht meine Aufgabe, ihm jetzt noch hinterherzurennen. Schließlich klingelte das Telefon.

»Wenn du in der Gegend rumficken willst, erzähl mir keinen Scheiß«, sagte ich wütend. Ich war nicht wirklich wütend, aber als ich Francos Stimme hörte, fiel mir wieder ein, wie er vor wenigen Tagen »Verstehst du!« und »Mein Freund!« gesagt hatte, und diese Lügerei ärgerte mich.

»Ich hab nicht gelogen«, sagte Franco. »Wie ich gesagt hab. Alles war genau geplant. Aber ich konnte doch nicht damit rechnen, ich meine – ich war auf alles vorbereitet. Zufall und Fügung. Und dann das.«

»Und dann was?«

»Ich öffne die Tür, und wer steht vor der Tür?«

»Britney Spears?«

»Wer?«

»Egal. Wer steht vor der Tür?«

»Ein Adonis!«, rief Franco. »Ein richtiger Adonis!«

»Das ist ja phantastisch«, sagte ich. »Ich freue mich für dich.«

»Ja. Ich war sofort beruhigt.«

»Was warst du?«

»Beruhigt. Weil ich Mara verstanden habe, verstehst du? Ich habe Mara sofort *verstanden.* Mara und ich sind immer auf einer, wie sagt man, Welle?«

Franco rief von einer Telefonsäule aus an, er stand ein paar Kilometer von mir entfernt, aber ich konnte spüren, wie er mit den Armen ruderte. Er redete von Liebe auf den ersten Blick und Leidenschaft. Sie hätten sich die Kleider vom Körper gerissen, es gebe nichts im Leben, was einen so voranbringe wie die Erfahrung der Bisexualität, das empfehle er übrigens auch mir. Ich hielt den Hörer weiter weg.

»Und was ist mit Mara?«, fragte ich, und Franco redete erneut unverständliches Zeug. Ich verstand nur so viel, dass Mara nichts mehr von dem Jungen wissen wolle, aber nichts dagegen habe, dass er, Franco, sich weiter mit ihm treffe.

»Erzähl mir keinen Scheiß«, sagte ich.

»Wir haben jetzt praktisch ein Dreiecksverhältnis ohne die Hypotenuse.«

»Erzähl mir keinen gottverdammten Scheiß«, sagte ich und legte auf.

Glücklicherweise bekam ich den Adonis nie zu Gesicht, und ich bemühte mich auch, ihn nicht zu Gesicht zu kriegen. Es ekelte mich an. Abgesehen davon glaubte ich nicht an seine Existenz. Wenn der Adonis wirklich so hervorragend aussah, erklärte das lediglich, warum Franco unbedingt mit ihm ins Bett musste, nicht umgekehrt. Franco entsprach keinem bekannten Schönheitsideal.

Zweimal lud ich Mara noch ins Kino ein, einmal sagte sie ab, einmal war es wie beim ersten Mal. Ich schämte mich. Ich ging nicht mehr aus und unternahm auch nichts. Mittags fing ich an zu trinken und fiel um acht oder neun ins Bett. Ich lackierte Autos. Irgendwann zu dieser Zeit bekam ich eine Depression. Ich weiß nicht, ob es wirklich eine Depression war, aber wenn ich nicht arbeitete, lag ich im Bett und starrte die Wand an. Ich dachte an nichts. Wenn ich an etwas dachte, dann dachte ich daran, wie Mara in Alexanders Küche saß und Zigaretten rauchte. Ich dachte an Maras Hände und an den roten Plastikaschenbecher auf dem Küchentisch. Aber ich dachte insgesamt wirklich fast an nichts. Ich schaute vom Bett aus auf die Wand, auf der nichts geschrieben war. Wahrscheinlich war es auch keine Depression, eher eine Lähmung. Und es ging vorbei. Als ich anfing, die Stundenzahl in der Lackiererei zu erhöhen, ging es vorbei.

Ich gewöhnte mich langsam an die Stadt, an das Studium und an den Gedanken, dass ich noch viele Autos lackieren würde. Als sich in der Firma herausstellte, dass ich Kunststudent war, bekam ich ein paar Airbrush-Aufträge und sprühte bikinitragende Amazonen auf Motorhauben.

Im Sommer erreichte mich eine Postkarte von Hendrik, an die Akademie adressiert. Auf der Vorderseite war ein exotisches Elendsviertel mit Wellblechbaracken abgebildet, davor feuerspeiende Drachen. Ein Kugelschreiber-Pfeil zeigte auf eines der Barackenfenster, da stand »ICH!« dran. Auf der Rückseite vier vollkommen unbegreifliche Sätze, die wahrscheinlich ausdrücken sollten, dass Hendrik sich nun doch nicht mehr an der Akademie bewerben würde (was wir sicher erwartet hätten), dass er uns jedoch viel Glück auf dem eingeschlagenen Weg wünsche und dass er seine *Bestimmung* gefunden habe. Um die Bestimmung näher zu charakterisieren, reiche leider der Platz nicht aus. Es endete mit den Worten: *Grüß logisch Franco von mir ich fand ihn immer wahnsinnig sympathisch im Gegensatz zu dir.*

Franco fand die Karte weit weniger rätselhaft als ich. Er fragte lediglich, was Bestimmung heiße, und ich erklärte ihm, dass Hendrik einer Sekte in Hinterindien beigetreten sei und jetzt in orange Lumpen gehüllt irgendwo auf der Straße Passanten belästige.

»Mir ist auch was Tolles passiert«, sagte Franco. Er und Mara hatten mit dem geröntgten Soldaten den Danner-Preis gewonnen. Dafür gab es vergleichsweise viel Geld, und sie luden mich zum Essen ein.

Ich muss vorausschicken, dass der Teil der Geschichte, der jetzt folgt, nicht mehr unbedingt als wahnsinnig spannend bezeichnet werden kann. Was unter anderem daran liegt, dass ich bei allem, was ich jetzt erzähle, die Wahrheit erzähle, erstens. Und zweitens, dass ich im Folgenden für den Leser auf vermutlich nicht nachvollziehbare Weise *innerlich unbeteiligt* wirke, da ich alle Gefühle, die ich während dieser Reise hatte, die zum Ende meiner Freundschaft mit Franco führte, nachträglich aus dem Bericht gestrichen habe.

Also. Wir feierten Franco Cosics ersten Kunstpreis mit reichlich Alkohol, und es geschah Folgendes. Franco hatte ein Auto gekauft, einen Opel Corsa für hundert Mark genau, und das Einzige, was man über dieses Auto sagen konnte, war: Es fuhr. Der Lack war rostig grün und die Beifahrertür mit dicken Lagen Paketklebeband an der Karosserie befestigt. Kurz nach Mitternacht ging Franco mit uns auf den Parkplatz und erklärte feierlich, dass wir jetzt nach Italien fahren würden. Wie Dürer nach Italien gefahren sei, Holbein und van Eyck.

»Guck!«, sagte Franco. »Das Wetter! Die Nacht! Die Sterne! Phantastisch.«

»Van Eyck war nicht in Italien«, sagte ich.

Franco setzte sich freudestrahlend hinters Steuer, und Mara und ich zogen ihn wieder aus dem Auto. Es folgte eine Ansprache über Willibald Pirckheimer und Venedig, dann stieg Franco wieder ins Auto, und wir zerrten ihn wieder heraus. Irgendwie schafften wir es, ihn zu überreden, vorher wenigstens auszuschlafen.

Schon am nächsten Morgen, als ich mit reichlich Restalkohol im Blut am verabredeten Treffpunkt stand, bereute ich, zugestimmt zu haben. Die Sonne kam weiß und kopfschmerzend über den Horizont. Die Straße war menschenleer, außer mir und meinem Rucksack war niemand zu sehen. Dann tauchte am Ende der Bahnhofstraße der Corsa auf. Mara saß am Steuer, und sie musste aussteigen, damit ich durch die Fahrertür auf den Beifahrersitz klettern konnte. Im Fond saßen der schrecklich aussehende, übermüdete Franco und ein pickliger, dümmlich grinsender Junge mit langem, blondem Haar. Ich schätzte ihn auf ungefähr siebzehn.

Bis München redeten wir kein Wort. Ich schlief meinen Rausch aus. Meinen Rucksack musste ich auf den Knien halten, weil der Kofferraum nicht zu öffnen war, das Schloss war kaputt.

»Das Schloss ist nicht kaputt«, sagte Franco, »wir haben eine Leiche im Kofferraum.«

Dieser Witz gefiel ihm so gut, dass er ihn fünfhundertmal wiederholte. An der österreichischen Grenze kurbelte er das Fenster runter und informierte eine Gruppe von Uniformträgern über den Inhalt unseres Kofferraumes. Der Adonis kicherte aufgeregt, so etwas *Verrücktes* hatte er mit Sicherheit noch nicht erlebt. Aber die Gendarmerie nahm keine Notiz von uns. Es war nicht der Tag für Kofferraumleichen.

Mara fuhr gleichmäßig Tempo 100, mehr war aus dem Corsa nicht rauszuholen. Der Adonis erzählte von seiner Tätigkeit als Rechtsanwaltsgehilfe, unglaublich dröges Zeug. Bis ich es nicht mehr aushielt und sagte, er solle die Klappe halten. Danach schwieg er für den Rest der Fahrt. Wenn Franco nicht gerade den Inhalt des Kofferraums beschrieb, hörten wir leises Getuschel von der Rückbank und schmatzende Geräusche. Ich drehte mich nicht um. Mara starrte konzentriert auf die Fahrbahn, so ernst und konzentriert, wie man nur starren kann. Ab und zu zeigte sie auf ein Verkehrsschild und fragte mich, was es bedeute. Bei manchen Schildern fragte sie zweimal. Ich wusste nicht, ob spanische Verkehrsschilder grundsätzlich anders aussahen, und fing an, ihr die wichtigsten Zeichen auf einen Notizblock zu malen. Keine Ahnung, ob sie überhaupt einen Führerschein hatte. Aber sie fuhr ausgezeichnet, insofern war es egal.

Als Mara sagte, dass sie zu müde zum Weiterfahren sei, waren wir schon irgendwo in den Bergen. Die Fahrt dauerte entschieden länger, als wir alle angenommen hatten. Es waren zwar nur ein paar hundert Kilometer, aber bergauf ging beim Corsa gar nichts. Die Steuerung zog auf anstrengende Weise nach rechts. Mara sagte, ihr Rücken sei verspannt, und der Adonis legte von hinten seine Hände auf ihre Schultern, um sie an der Kopfstütze vorbei zu massieren. Falls er durch einen glücklichen Zufall oder eine gute Fee jemals die Gelegenheit erhalten sollte, sein Leben noch einmal zu leben – wird er diese Geste vermutlich nicht wiederholen.

Im selben Moment, als er Maras Schultern berührte, ließ Mara das Steuer los. Ihre Hände flogen in die Luft, ihr Oberkörper fuhr zwischen den Sitzen nach hinten wie ein Beil.

»Was!«, rief sie.

Der Corsa zog sofort nach rechts. Ich griff ins Lenkrad, konnte aber nicht verhindern, dass wir den Seitenstreifen abrasierten. Ein lächerliches Gebüsch prasselte über die Windschutzscheibe.

»Ist ja gut, ist ja gut«, sagte der Adonis.

»Was ist gut?«, sagte Mara. »Was ist gut?«

»Bitte, dreh dich um, bitte – daaaaa-aa-aa!«, schrie der Adonis, während um uns herum die Autos kreischend zur Seite sprangen. Wir waren mittlerweile auf der Überholspur, ich hatte das Steuer überrissen. Mara hatte den rechten Fuß vom Gas genommen, stand aber mit dem linken noch auf der Kupplung, und wir schossen lautlos bergab.

»Mara«, sagte Franco.

»Halt die Klappe!«, sagte Mara.

Dann passierte lange nichts. Ich fuhr zur Unterhaltung leichte Schlangenlinien, und als wir im Tal waren, drehte Mara sich langsam wieder nach vorn.

Bis zum Brenner herrschte Schweigen, dann bogen wir in eine Ausfahrt. Ich musste auf die Toilette, der Adonis auch. Wegen der Hitze hatten wir unsere Schuhe ausgezogen und liefen barfuß, was, wie sich jetzt herausstellte, ein Fehler war. In der gelbgekachelten Toilette standen Wasser und Pisse zentimeterhoch. Mir machte das nichts, ich war schon wieder betrunken. Aber der Adonis trippelte hin und her und entschied sich erst nach einer halben Stunde, auf eine Kabine zu gehen, wo er sich aus Toilettenpapier einen Sitz bastelte. Das konnte ich noch hören.

Als ich zum Auto zurückkam, parkte Mara gerade rückwärts aus. Sie bremste, drehte sich im Auto herum und traf Franco mit den Fäusten im Gesicht. Ich klopfte an die Fahrertür, damit sie mich reinließen. Während ich einstieg, ging das Geschrei weiter.

»Scheiße«, sagte Franco.

»Gib her!«, sagte Mara.

»Mara«, sagte Franco.

Mara legte den ersten Gang ein und trat aufs Gaspedal, als der Adonis gerade aus der Toilette kam.

»Gib her, verdammte Scheiße!«

»Ist mir doch egal«, sagte Franco mit piepsiger Stimme und reichte einen Rucksack nach vorn. Mara kurbelte das Fenster runter und hievte den Rucksack über Bord, die Fahrbahn riss ihn weg. In der Heckscheibe konnte ich sehen, wie der Rucksack uns aufgeregt und begeistert hinterherrollte, und auch der Besitzer des Rucksacks rannte uns aufgeregt und begeistert hinterher. Dabei entfernten sie sich immer weiter von uns, wurden langsamer und blieben schließlich traurig nebeneinander stehen, wie Herr und Hund.

Franco hatte sich gleich zu Anfang dieser Szene im Fond abgeduckt, Kopf zwischen den Knien, jetzt fing er an zu kichern. Das Letzte, was ich von dem Adonis sah, bevor eine Autobahnkurve ihn aus meinem Leben rotierte, war eine Art Ausdruckstanz. Wie ein Storch, der sich Glasscherben in beide Füße getreten hat, hampelte er von einem Bein aufs andere und schlug sich mit den Händen abwechselnd auf die Knöchel. Ich angelte mit zurückgelehntem Oberkörper unter dem Sitz herum, fand die Sandalen des Adonis und warf sie aus dem Fenster.

Eine Stunde lang sagte keiner ein Wort. Franco trank auf der Rückbank mehrere Dosen Bier und kippte dann zur Seite und schlief ein. Ich fragte Mara, wieso sie den Adonis überhaupt mitgenommen hätten, und Mara vergewisserte sich im Rückspiegel, dass Franco wirklich schlief. Dann sah sie wieder durch die Windschutzscheibe.

»Was ist das?«, fragte sie.

»Sechzig Kilometer.«

»Und in sechzig Kilometern?«

»Richtgeschwindigkeit, du darfst nicht langsamer als sechzig fahren.«

Ich trug das Verkehrsschild in den Notizblock ein.

»Weißt du, warum ich so gespannt war, als ich nach Deutschland kam?« Mara wackelte am Rückspiegel herum, betätigte vier-, fünfmal den Abblendknopf und ließ dann die Hand sinken und suchte nach den Zigaretten. »Franco hat es dir erzählt.«

»Was?«

»In der Jugendherberge, als er krank war. Er hat mich angerufen und hat erzählt, ich hab jemand getroffen, der ist wie ich.«

»Wie wer?«

»Wie ein Spiegel«, sagte Mara. »Wie ein eineiiger Zwilling.«

»Wer? Ich?«, sagte ich und hustete.

Mara nickte. Sie presste ihren Kopf gegen die Kopfstütze und drückte stöhnend die Brust heraus. Dann lehnte sie sich wieder weit in den Sitz zurück und steuerte das Auto mit durchgestreckten Armen.

»Ich muss dich mal was fragen«, sagte Mara.

Wir fuhren durch Felswände, die aussahen wie erfunden. Unendlich langsam überholte uns ein weißer Reisebus. Ich sah Maras Profil, das eine schiefe Auge, die schimmernde Haut, dieses irgendwo im sechzehnten Jahrhundert in der Nähe von Mailand gemalte Porträt einer Hofdame. Der weiße Reisebus im Fenster hinter Mara nahm kein Ende, und plötzlich erinnerte ich mich wieder daran, wie ich das halbe Frühjahr in meinem Bett verbracht und die Wand angestarrt hatte. Das erinnerte mich an die langen blonden Haare auf meiner Bettwäsche. Das erinnerte mich an Franco, wie er schweißüberströmt in der Jugendherberge gelegen hatte. Das erinnerte mich an Hendriks nackten Oberkörper beim Zähneputzen. Das erinnerte mich an das *Tier mit den zwei Rücken.*

»Glaubst du an Jesus?«, fragte Mara.

Ich atmete ein, hielt die Luft an und sah Mara aus den Augenwinkeln an. Die ebenmäßigen Züge, der seltsame, ernste Blick. Ich wusste, dass ich den richtigen Ton nicht treffen würde, und atmete wieder aus.

»Jesus«, sagte ich. Ich kurbelte das Seitenfenster einen Spalt auf.

»Du bist ein Mensch, der viel nachdenkt«, sagte Mara.

»Worauf willst du hinaus?«

»Wenn du Jesus denkst, was denkst du dann?«

»Ich bin Atheist. Ich meine –«

»Kennst du das Sprichwort, Gott würfelt nicht?«

Ich hatte sie noch nie so viel auf einmal reden hören. Es war unser erstes längeres Gespräch, seit wir uns kannten, und ich hatte mit Sicherheit nicht erwartet, dass wir uns nach fünf Minuten die Kleider vom Leib reißen würden. Aber dass es jetzt um Jesus ging, verwirrte mich. Mara redete über Gott und die Welt, und ich hatte Mühe, ihr zu folgen. Was aber nicht an ihr lag. Ich hörte den Klang ihrer leisen, von weit her kommenden Stimme, ich hörte die Worte Seelenverwandtschaft und Heisenberg, und plötzlich hatte ich eine Art Déjà-vu. Oder eigentlich ein Déjà-vu in umgekehrt. Die rasende Landschaft, der verschwundene Reisebus, die komplizierten Schlieren auf der Fensterscheibe, Mara – alles kam mir auf einmal so unzerstörbar, so eisern existierend vor, dass ich den überwältigenden Eindruck hatte, nicht die Gegenwart oder eine Erinnerung, sondern einen Ausschnitt der Zukunft zu sehen. Jemand schaltete den Ton ab. Maras Gesicht war keine vier Handbreit von mir entfernt, und ich schob meine zitternden Hände unter meine Oberschenkel.

»Franco ist ein Heiliger«, sagte Mara ernst.

Sie stützte sich auf mein Knie, beugte sich weit zu mir rüber und sah mir in die Augen. Das Auto fuhr langsam, kaum merklich über die rechte, durchgezogene Linie. Mara betastete das silberne Kreuz an ihrem Hals und sagte: »Das wirst du nie verstehen.«

In diesem Moment erwachte Franco, weil ich einen schlimmen Hustenanfall bekam. Sein weißer Kopf tauchte zwischen den Sitzen auf.

»Mann Mann Mann Mann Mann«, sagte er. Dann knallte er wieder auf die Rückbank. Das nächste Geräusch war das Ploppen einer Bierdose.

»Mir auch eine«, sagte ich und streckte die Hand nach hinten.

Vielleicht war ich blind gewesen, vielleicht war ich schwer von Begriff, aber tatsächlich erst in dieser Minute, irgendwo zwischen ein paar übertrieben wirkenden Bergen, wurde mir klar, dass in diesem Auto mehr Geisteskranke saßen, als ich ursprünglich angenommen hatte.

Wir bogen in eine Haltebucht, und Franco löste Mara am Steuer ab. Er schien jetzt ausnahmsweise schlecht gelaunt, wegen dem Adonis oder weil die Reise so lange dauerte oder warum auch immer. Mara kroch auf den Beifahrersitz und warf mir einen langen Blick zu. Ich legte mich unter eine Decke auf die Rückbank. Ich war müde. Nur mein Gesicht schaute noch heraus. Die ersten Zypressen flogen im Heckfenster vorbei. Im Halbschlaf kontrollierte ich noch, ob Franco überhaupt Auto fahren konnte, und als er im vierten Gang war, schlief ich ein.

Es war die blaue Stunde, als ich erwachte, und still. Das Auto stand vor einer einsamen Tankstelle abseits der Autobahn, von Mara und Franco war nichts zu sehen. Ich schälte mich aus der Decke. Die Luft roch nach Thymian. An der Tankstelle war niemand, also ging ich in ein Restaurant nebenan. Wir hatten lange nichts gegessen. In dem Restaurant lag der Oberkörper eines Kellners auf der Theke. Ich weckte ihn und versuchte, ihm eine Tafel Schokolade abzukaufen, musste aber feststellen, dass ich mein Geld im Auto vergessen hatte. Er schaute die Decke an und stöhnte.

Als ich zurück zum Parkplatz kam, war der Corsa verschwunden. Ich rannte zur Straße. Man konnte kilometerweit die Straßenlaternen sehen, aber kein Auto. Auch meinen Rucksack konnte ich nirgends entdecken, sie mussten mich vergessen haben. Vermutlich hatten sie einfach getankt und waren auf Toilette gegangen und weitergefahren, ohne nachzuschauen, ob ich noch unter der Decke lag und schlief. Zuerst wollte ich warten, bis sie ihren Irrtum bemerkten. Aber nach fünf Minuten dachte ich, es wäre besser, ihnen hinterherzutrampen.

Aus nördlicher Richtung kamen gelbe, elliptische Scheinwerfer und hielten vor den Zapfsäulen. Eine italienische Kleinfamilie in einem Peugeot, der Vater in weißen Tennisshorts. Ich lief auf ihn zu und zeigte in die Richtung, in die meine Freunde verschwunden waren. Ich hatte noch nie besonders gut Englisch gekonnt, aber in dieser Sekunde war wirklich alles weg. Es dauerte den ganzen Tankvorgang lang, bis ich dem Mann klargemacht hatte, dass ich kein beschissener Tramper war, den man einfach ignorieren konnte. Vom Beifahrersitz sah eine hässliche Italienerin mich an, von hinten zwängte sich ein feistes Kindergesicht durch die Sitze, ein dickes Mädchen mit Prinz-Eisenherz-Frisur und einer Marienkäfer-Haarspange.

»It's just five minutes, they have five minutes – advantage. If we hurry –«

»Okay, okay«, sagte der Mann.

Er öffnete die Fahrertür und redete mit seiner Frau. Die Frau sagte nichts, aber atmete stoßweise Luft durch die

Nase aus, wobei sie weder ihren Mann noch mich ansah. Das dicke Mädchen stellte eine Frage, die niemand beantwortete.

Während der Mann bezahlen ging, klappte ich den Fahrersitz nach vorn und versuchte, mich auf die Rückbank zu zwängen. Die halbe Rückbank war mit Legosteinen bedeckt. Um mich setzen zu können, schob ich die Steine mit der Hand beiseite und auf den Boden. Das Kind guckte beleidigt und sprach mit seiner Mutter. Ich konnte nichts verstehen, aber dem Tonfall nach zu urteilen, sagte die Mutter: Beschwer dich bei deinem Vater. Sie sahen ängstlich zum Tankstellenhäuschen hinüber.

»They can't drive faster than eighty«, sagte ich, um die Lage zu entspannen. Am liebsten wäre ich wieder ausgestiegen, wenn in diesem Moment nicht der Mann im Laufschritt zurückgekommen wäre. Er beschleunigte den Wagen und machte wippende Bewegungen mit dem Oberkörper, um zu demonstrieren, wie ernst er die Verfolgung nahm. Unter der Tachonadel rollten die Zahlen entlang, in weniger als zehn Minuten würden wir den Corsa eingeholt haben. Kurz vor einer Unterführung gerieten wir noch ins Schleudern, als wir einem Rucksack ausweichen mussten, der auf der Fahrbahn lag.

»Fasten seat belts«, sagte der Fahrer.

An der Mautstelle drehte ich mich demonstrativ nach den anderen Autoschlangen um, und das Kind äffte mich nach und guckte sich die Augen aus dem Kopf, obwohl es ja nicht einmal wusste, welche Farbe das Auto hatte, das wir suchten, oder welche Marke es war. Das Ehepaar vorne redete miteinander, und als der Mann sich nach einer halben Stunde umdrehte und fragte, wie viel Vorsprung meine Freunde gehabt hätten, sagte ich: »Fifty minutes.«

Es gab keinen Grund für mich, weiterzufahren. Aber es gab auch keinen Grund, auszusteigen. Ich war nur noch müde. Ich rutschte im Sitz hinunter, bis ich mit dem Rücken auf den Polstern lag und meine Knie rechts und links am Fahrersitz vorbeistachen. Die warme italienische Luft verwirbelte mein Haar. Neben mir brabbelte das Mädchen unaufhörlich vor sich hin, während es aus Lego ein Gebilde zusammensetzte, das aussah wie ein Rasierapparat.

Ich schloss die Augen – und schrak im selben Moment wieder auf. Etwas war unter meinen Rücken gefahren, zweimal, dreimal. Die brabbelnde Kinderhand versuchte mich beiseitezuschieben wie ein Sofakissen.

»He!«, sagte ich.

Das Kind ließ sich nicht beirren. Beim vierten Mal presste ich den Rücken kräftig nach unten. Das sinnlose Gebrabbel erstarb auf der Stelle, und die Hand versuchte in Panik, sich zu befreien. Als ihr das gelungen war, spürte ich auf Höhe meiner Nieren ein kleines, spitzes Stechen. Ich zog den gesuchten Legostein ans Tageslicht und hielt ihn dem Mädchen vor die Nase. Es schielte darauf, nicht sonderlich intelligent, seine kleine Hand hob sich. Ich steckte den Stein in den Mund und schluckte. Der Gesichtsausdruck des Mädchens entgleiste mit starker Verzögerung. Ein sinnloser Blick zu den Vordersitzen, dann wieder zu mir. Der Mund wurde viereckig, Wasser sammelte sich in den kleinen, fetten Augen.

Erschöpft lehnte ich mich ans Seitenfenster, der Halbschlaf speiste Bilder in mich ein. Ich sah flache, staubige

Hügel und einsame Radfahrer zwischen schwarzen Zypressen. Ich sah weiße Häuser und grüne Straßenschilder und immer wieder Zypressen, endlose Reihen von Zypressen, über die Schopenhauer nicht zu Unrecht schreibt, sie seien die Kretins unter den Bäumen.

KURT LANTHALER

Pigenò

Es soll hier nicht nach Gründen gefragt werden, sondern nach Tatsachen. Außerdem soll hier unparteiisch, und das heißt möglichst desinteressiert, berichtet werden. Entsprechend wurde dieser Bericht verfertigt, auftragsgemäß.

Der Mann galt, zumindest bis zum fraglichen Augenblick, als völlig normal, von gewohnten Umgangsformen, wenn auch als eher zurückhaltend.

A. B. tat seine Arbeit, ordentlich, wie Nachbarn bemerkten, und pflegte in seinem Garten einige Obstbäume mittleren Ertrages.

Eine erste Veränderung in seinem Leben mag wohl eingetreten sein, als vage Gerüchte zu kursieren begannen. Man sagte damals, der Obere Weg, seit jeher vor allem in der Saison ein störendes Verkehrshindernis, solle begradigt bzw. auf zwei überbreite Fahrspuren ausgebaut werden.

Anrainer wollen eine wachsende Unruhe im Wesen des Mannes erkannt haben. Er sei zudem öfters ins Wirtshaus gegangen (was er vorher nicht tat), habe wortlos an den Tischen gestanden, an denen Karten gespielt wurde. Man sagt, er hätte wohl Neues über die Angelegenheit erfahren wollen. Das von ihm bestellte Getränk habe er immer völlig unberührt an der Theke gelassen und sei dann, nach einigen

Stunden wortlosen Stehens, ebenso stillschweigend gegangen, wie er gekommen war.

Als dann der amtliche Vermessungstrupp (begleitet von einem Behördenvertreter) angerückt sei, müsse der Mann wohl Urlaub genommen haben. Oder er sei einfach nicht zur Arbeit gegangen. Jedenfalls habe der Mann den ganzen Tag über bei den Vermessern gestanden, wohl auch, um mit ihnen ins Gespräch zu kommen. Er soll dabei nicht nur nach Art und Umfang der straßenbaulichen Veränderungen gefragt haben, sondern auch nach deren Sinn.

Als an einer der Mauern eines etwas älteren Ansitzes (erbaut 1674, wie zu erfahren war) ein Pfahl aufgerichtet, ferner mit roter Farbe in ungefähr einem Meter Höhe ein Querstrich gezogen wurde, habe er, nach übereinstimmenden Aussagen mehrerer Zeugen, an besagtem Pfahl Stellung bezogen, wobei er sich eine ortsübliche blaue Bauernschürze umgebunden habe. Weiter sei auf eben dieser Schürze in weißer Farbe zu lesen gewesen: »Hier wird vermessen. Wozu?«

Der Gemeindevertreter habe versucht, den Mann zu bewegen, nach Hause zu gehen oder zumindest die Schürze auszuziehen. Er habe weiter darauf hingewiesen, dass vonseiten der zuständigen Gemeindeverwaltung baldigst ausführlichste Informationen gegeben würden, vor allem an die Einwohner Pigenòs. A. B. habe daraufhin sich bedankt und sei gegangen. Was mit der blauen Schürze geschah, konnte nicht in Erfahrung gebracht werden.

Eine zweite, wohl auch weitergehende Verschlechterung der Situation sei während oder kurz nach der Bürgerversammlung eingetreten. Der Mann habe während der Versammlung, auf der das Projekt »KULTUR HOTEL PIGENÒ – CONGRESS CENTRUM« der Öffentlichkeit vorgestellt wurde (womit auch die Notwendigkeit der straßenbaulichen Veränderungen bewiesen war), plötzlich laut und durchdringend, beinah hysterisch gelacht. Ein dabei zufällig anwesender Professor der Medizin habe später die berufliche Meinung vertreten, allein schon durch solche Ausdrucksformen (noch dazu innerhalb einer demokratischen Einrichtung) habe sich für ihn der »defiziente Geisteszustand« des Mannes erwiesen.

A.B. habe dann auch die Frage gestellt, warum man »das hier«, so wörtlich, »denn eigentlich Bürgerversammlung nenne«, er sähe da einen Widerspruch. Auf einen Verweis des Bürgermeisters hin habe er sich, leicht lächelnd, für sein »undemokratisches Verhalten« entschuldigt und in der weiteren Folge vollkommen ruhig verhalten.

Der Mann habe in den folgenden Tagen verschiedene Male Nachbarn und Bekannte angesprochen und versucht, sie in ein Gespräch zu verwickeln. Zu einer bekannten Persönlichkeit Pigenòs habe er gesagt, dass ein Vorhaben wie das geplante vielleicht noch aus rein wirtschaftlichen Überlegungen heraus verständlich sei (obwohl seiner Meinung nach sich auch hier für einen etwas weiter reichenden Blick ernste Bedenken ergeben müssten), man dürfe aber keineswegs einer »Clique, einer Gruppe von Investoren und Geschäftsleuten« (so soll er es formuliert haben) immer und überall »freie Hand zum Ausverkauf« lassen, auch Zuwachsraten seien eine »fragwürdige Rechtfertigung« hierfür. Weiter soll er, und an diesem Punkt habe er sich in äußerst unangenehmer Art und Weise ereifert, von nicht wiedergutzumachenden, also irreparablen Schäden gesprochen haben, die man hier anrichten wolle.

Zudem soll er auch geäußert haben, es wäre ein wesentlicher Beitrag zur Lösung des Problems, wenn bestimmte gewählte Gemeindevertreter (er nannte hierbei auch Namen!), die doch im Grunde und eigentlich auch Volksvertreter seien, wenn solche Leute also nicht so ohne weiteres stillschweigende Teilhaber einer »äußerst fragwürdigen Gesellschaft zur Kultivierung unserer Unkultiviertheit« sein könnten. Da sei ihm ein unkultivierter Winkel lieber.

In solcher und ähnlicher Weise soll sich der Mann immer wieder öffentlich, dem Vernehmen nach auch Jugendlichen gegenüber, geäußert haben.

Der Mann habe sich dann, so ist weiter zu berichten, die letzten Tage vor dem nunmehr angekündigten Baubeginn äußerst ruhig, ja sogar auffallend friedlich verhalten.

Die vorangegangenen Spannungen, besonders aber obgenannte merkwürdige Erscheinungen, seien der Anlass gewesen, dass Mitglieder der fraglichen Gesellschaft bei den Behörden vorstellig wurden, um eine Art »Geleitschutz« für die erwarteten Bautrupps anzufordern. Die zuständigen Behörden willigten ein, da es (so einer ihrer Vertreter) »unsere Pflicht sei, für Ruhe und Ordnung, vor allem aber für die Sicherheit unserer Bürger zu sorgen«.

Wie sehr solche Vorahnungen am Platze waren, zeigte sich anderentags. Unbekannte waren im Schutz der Nacht in das Gemeindehaus eingedrungen und hatten das dort befindliche Planungsmodell »KULTUR HOTEL PIGENÒ – CONGRESS CENTRUM/SANIERUNG VON PIGENÒ/INFRASTRUKTURELLE ERNEUERUNGEN« zur Gänze zertrümmert.

Durch eben dieses Modell aber seien die (gewohnheitsmäßig) oppositionell-destruktiven Kreise im Gemeinderat umgestimmt worden; an ihm seien der zu erwartende Fortschritt und die absehbaren Vorteile, die nicht zuletzt auch den breiten Bevölkerungsschichten Pigenòs zugutekommen würden, besonders deutlich einsichtig geworden.

Die genauen Ereignisse und deren detaillierter Ablauf am Tage des tragischen Ausganges können heute, wohl auch wegen ihrer Ungeheuerlichkeit (die wiederum ihre Unfassbarkeit nach sich zieht), nur sehr schwer einigermaßen verlässlich rekonstruiert werden.

Der Schaufelbagger habe die Fassade des aus dem Weg zu räumenden Hauses bereits zum Einsturz gebracht, als A.B. erschien. Nachdem aber der Dorfpolizist (der zusammen mit fünf weiteren staatlichen Sicherheitskräften am Bauplatz weisungsgemäß Wache bezogen hatte) in seiner Eigenschaft sowohl als ordnende Kraft als auch als Bekannter des Mannes diesem bedeutet habe, es sei wohl besser, wenn er wieder nach Hause gehe, als hier unnötigerweise arbeitende Mitbürger zu provozieren, habe der Mann nichts weiter darauf erwidert, er habe sich etwas abseits gestellt und sei dann dort, den Arbeitern mit seinem Blick unermüdlich folgend, stehen geblieben.

Es wäre dann so gekommen, dass niemand mehr Notiz von dem Manne genommen habe, so dass auch nicht bemerkt werden konnte, dass er, während sowohl die Sicherheitskräfte als auch die Arbeiter zum Mittagessen weggegangen seien, unbemerkt zurückgeblieben sei.

Es muss angenommen werden (dafür gibt es allerdings zur Zeit noch keine Zeugen), dass A.B. einen günstigen

Augenblick abgewartet habe, dass er dann auf den Schaufelbagger gestiegen sei und ihn in Bewegung gesetzt habe. Er sei dann die Straße entlanggefahren, habe sämtliche Absperrungstafeln überrollt (verschiedene Augenzeugen sind gerade dadurch auf ihn aufmerksam geworden) und sei in Richtung Hotel ›Alt-Pigenò‹ weitergefahren.

Mitbürger, die ihm zuriefen, habe er nicht beachtet, vielmehr einfach weiter geradeaus gestarrt, darüber hinaus habe er die Geschwindigkeit seines Gefährtes, wohl auch bedingt durch die etwas abschüssige Zufahrt zum Hotel, in besorgniserregendem Maße heraufgesetzt. Nach Aussage mehrerer Zeugen sei es nicht mehr möglich gewesen, den Mann irgendwie anzusprechen, auch auf ein für längere Zeit gegebenes Hupsignal habe er in keiner Weise reagiert.

So sei dann unter den Augen erschrockener, ja verzweifelter Bürger das nunmehr Unvermeidbare geschehen.

A. B. habe im letzten Augenblick die Schaufel des Baggers höher gestellt und sei dann mit unverminderter Geschwindigkeit und »ohne mit der Wimper zu zucken« (so beschrieb es der Besitzer des Hotels »Alt-Pigenò«, der in letzter Minute auf den heranrasenden Bagger aufmerksam wurde) gegen die Nordseite des Hotels geprallt.

Große Teile der Hauswand seien sofort eingestürzt, aber erst ein herabstürzender Balkon habe den Bagger vollends unter sich begraben.

Es sei dann sofort nach einem Rettungswagen geschickt worden, der den einem Nervenzusammenbruch nahen Hotelier in geeignete ärztliche Behandlung brachte.

Die nach der von amtlicher Seite angeordneten Autopsie des A. B. bekanntgegebenen ersten Erkenntnisse der

Sicherheitskräfte hätten ergeben, dass der Mann in seiner Wohnung weder Testament, schriftliche Erklärung noch Hinweise hinterlassen habe, durch die man sich die Ereignisse erklären könnte.

Bis zur Stunde stünden außerdem die Analysen der Aufzeichnungen der Telefongespräche des A. B. aus.

Es wird (wohl zu Recht) angenommen, der Mann habe an einer bis dahin unerkannten schweren psychischen Störung gelitten.

Der Hotelier gab auf Anfrage an, er könne sich diesen gemeinen Angriff auf sein Leben und Gut nicht erklären, habe er doch für die Allgemeinheit im Allgemeinen und für diesen Mann (den er als einen liebenswürdigen Mitbürger eingestuft habe) im Besonderen immer etwas übriggehabt. Man werde aber, versicherte der Hotelier, sich durch »diesen kleinen Zwischenfall« nicht im mindesten beeinflussen lassen. Vielmehr werde man nun mit vermehrtem Idealismus und ganz im Dienst der Sache an diesem bedeutenden Werk weiterarbeiten. Daran könne auch ein kranker Geist, dem er selbstverständlich einen Kranz aufs Grab legen werde, nichts ändern.

VEIT HEINICHEN

Barney! Basta!

Für Cristina Lipanje und Barney Polio

Proteo Laurenti ging wütend unter den Arkaden des Generali-Gebäudes entlang und ärgerte sich über jeden, der ihm entgegenkam und dem er ausweichen musste. Sein Gesicht war weiß vor Wut, und mit den beiden zusammengerollten Zeitungen in der Hand schlug er, wie ein Fünfzehnjähriger, im Vorbeigehen voller Wucht gegen die Straßenschilder und Absperrungspfosten.

Seine Sekretärin hatte einen freien Tag genommen, er hatte ununterbrochen am Telefon gehangen und eine Unmenge idiotischer Fragen von irgendwelchen unfähigen Kollegen beantwortet. Auch Antonio Sgubin, sein langjähriger Assistent, dessen Vorname ihm nie einfiel, war seit fünf Tagen im Urlaub. Nun war er also der Mülleimer.

Von der lauen Frühlingsluft bekam Proteo Laurenti nichts mit, er war abgrundtief sauer auf sich und den Rest der Welt. Laura, seine Frau, hatte ihm vor einer halben Stunde am Telefon geraten, er möge sich setzen, bevor sie ihre Nachricht loswerden wolle. Als ihn ein Kollege später fragte, warum er ein solches Gesicht mache, brachte er kein Wort heraus. Laurenti beschloss, nach Hause zu gehen.

Jede weitere Minute, die er im Büro verbrachte, wäre

verschwendete Zeit. Ein paar Schritte würden ihm guttun und vielleicht auch seine Wut verfliegen lassen.

Als er auf die Piazza San Giovanni kam, in deren Mitte auf einem klobigen Sockel aus weißem Stein der übermächtige Giuseppe Verdi kauert, rannte Proteo Laurenti beinahe mit einem der Vigili Urbani zusammen, die kleinlich ihr Amt versahen, seit der Stadtrat die Losung »Tolleranza zero« ausgegeben hatte. Nicht einmal Be- und Entladen war mehr erlaubt, geschweige denn, den Wagen für einen Kaffee auf den Bürgersteig zu stellen. Schluss mit der Toleranz. Wie die Ameisen wuselten die Stadtpolizisten herum und schrieben Strafzettel, als würden sie nach Akkord entlohnt. Überhaupt wimmelte das Stadtzentrum während der Geschäftszeiten von diesen weißen Helmen, unter denen nichts als die Gier nach falschgeparkten Autos steckte. Schreiben konnten sie immerhin. Selbst ihm, dem Chef der Kriminalpolizei Triests, hatten sie, völlig unbeeindruckt von dem Schild hinter der Windschutzscheibe, in den letzten zwei Wochen fünf dieser Dinger unter den Scheibenwischer gehängt. Freilich konnte er sie kraft seines Amtes rückgängig machen. Aber in seiner Geburtsstadt Salerno wäre diese Kleinlichkeit undenkbar gewesen, und schon im benachbarten Udine drückten sie viel leichter ein Auge zu.

Proteo Laurenti stand vor der roten Fußgängerampel und schlug ungeduldig mit den Zeitungen gegen den Ampelmast. »Figli di puttana! Stronzi di merda! Andate a cagare invece di molestare la gente che lavora, cazzo!«, schimpfte er vor sich hin. Natürlich meinte er den Vigile, der kaum einen Meter von ihm entfernt stand. Aber er sah ihn nicht an. Der Beamte war unentschieden, wie er reagieren sollte. Er war neu und kannte Proteo Laurenti nicht, sah ihm aber an, dass er ein harter Knochen war. Proteo Laurenti verspürte plötzlich Lust auf ein Glas guten Cabernet, den er in der »Gran Malabar« auf der anderen Seite des Platzes bekäme, der besten Enoteca in der Stadt.

Er machte auf dem Absatz kehrt und fiel beinahe der Länge nach hin, als er über eine lange Teleskop-Hundeleine stolperte. Nur mit weiten Schritten und ausgestreckten Armen konnte er sich retten, die Zeitungen fielen ihm aus der Hand. Jemand lachte, und ein kleiner Hund strich um sein Hosenbein. Es war Barney. Das Gelächter kam von Cristina, der Besitzerin des Terriers, den fast jeder hier im Zentrum kannte. Das Tier war die Schau schlechthin und brachte selbst übelgelaunte Menschen zum Schmunzeln. Barney leckte Proteo zur Versöhnung die Hand, und Cristina küsste ihn auf die Wangen.

»Du hast eine elegante Figur gemacht, Proteo! Wie geht's dir?«

Laurenti schnaubte verlegen. »Mäßig, Cristina, mäßig. Hast du Lust auf ein Glas Wein?«

Cristina hätte gerne antworten wollen, doch der Vigile, den Proteo zuvor so böse angeknurrt hatte, sah endlich seine Chance.

»Hunde dürfen hier nicht frei laufen. Ich muss Sie verwarnen!«

»Was?« Cristina war eine gestandene Geschäftsfrau, eine der erfolgreichsten Galeristinnen Italiens, und litt nicht gerade unter einem Minderwertigkeitskomplex. »Der Hund ist angeleint! Machen Sie gefälligst Ihre Augen auf.«

Barney hatte inzwischen irgendwo einen Stein gefunden, den er herbeischleppte, und wollte, dass man mit ihm spielte, am besten den ganzen lieben Tag lang. Und Barney fand eigentlich immer jemanden, der ihm nicht widerstehen konnte. Er ließ den Stein vor den Füßen des Beamten mit dem weißen Helm fallen und forderte ihn kläffend auf, sich um ihn zu kümmern.

»Wenn die Leinen zu lang sind, Signora, gefährden sie andere. So wie diesen Herrn. Ich muss Sie verwarnen!« Der Vigile achtete nicht auf den kleinen Hund, der immer lauter kläffte, sondern zückte seinen Block. Er konnte Strafzettel zwischen 80 000 und 300 000 Lire verhängen, wenn ein Hund in der Stadt nicht angeleint war. Die Winzigkeit Barneys machte die Sache nicht billiger.

»Barney! Basta!«, brüllte Cristina. »Und Sie? Kümmern Sie sich doch ...«

Proteo fasste sie am Arm und konnte gerade noch eine grobe Beleidigung verhindern. »Das ist meine Zeugin«, sagte er barsch.

»Und wer sind Sie?«, fragte der Vigile misstrauisch.

»Commissario Laurenti, Polizia di Stato. Kümmern Sie sich um Ihre Sachen.«

»Können Sie sich bitte ausweisen?«

»Nein, kann ich nicht!« Laurenti hatte weder Lust, sich vor dem Streber zu legitimieren, noch seinen Ausweis dabei. Er vergaß ihn oft in seinem Büro oder zu Hause. Genauso wie die Autoschlüssel, von der Dienstwaffe gar nicht zu reden.

Gut zehn Leute hatten inzwischen in einigem Abstand auf der Piazza San Giovanni einen Kreis um sie gebildet und beobachteten das Spektakel.

»Dann muss ich die Dame leider verwarnen.« Der Vigile blieb hartnäckig, er hatte keine Ahnung, in was er sich hineinmanövrierte.

»Die Signora kommt mit mir.« Proteo Laurenti hatte wieder das Niveau seiner vorherigen schlechten Laune erreicht, die kurz verflogen war, als er Cristina und Barney sah. »Sie werden allmählich lästig, Vigile!« Er wollte Cristina wegziehen, doch der Idiot verstellte ihnen erneut den Weg und schaltete sein Funkgerät ein, weil er seinen Begleitbeamten nirgendwo sehen konnte.

»Sie finden uns in der ›Gran Malabar‹«, fauchte Laurenti. »Treten Sie zur Seite. Rufen Sie Ihr Amt an und fragen Sie nach, wer ich bin! Und jetzt machen Sie endlich Platz.«

Doch plötzlich kam mit eingeschalteter Sirene ein Dienstwagen der Vigile herangebraust, den der Beamte offensichtlich über die Nottaste verständigt hatte. Drei Uniformierte sprangen heraus und stürmten auf sie zu. Und Barney, der ganz offensichtlich einen Narren an dem Beamten gefressen hatte, konnte ganz einfach nicht verstehen, weshalb dieser nicht mit ihm spielen wollte, und kläffte ihm empört vor die Beine. Cristina nahm ihn auf den Arm. Barney knurrte warnend, als der arme Mann nach der Marke mit der Telefonnummer an seinem Halsband griff. Und dann schnappte er nach dem Polizistenfinger.

»Das wird Sie teuer zu stehen kommen. Haben Sie das gesehen?«, rief der Vigile erschrocken seinen drei Kollegen zu, von denen einer etwas mehr zu sagen hatte als die anderen.

»Ja, deutlich! Ihre Ausweise bitte«, sagte der und dann:

»Ach, Sie sind das?«, als er Proteo Laurenti erkannte. »Was ist los?«

Der Vigile betrachtete erstaunt seine Hand, an der nichts zu sehen war. Barney biss niemals richtig zu.

»Nichts Besonderes«, sagte Laurenti. »Ihr Kollege hier ist ein bisschen übereifrig. Sie sollten die Anfänger besser schulen, wenn ich mir die Bemerkung erlauben darf! Die Ordnungskräfte sollten immer höflich bleiben. Sagen Sie ihm das. Mit Kleinlichkeit erreicht man das Gegenteil, nicht wahr? Abgesehen davon, dass man schon ein Dummkopf sein muss, um nach einem fremden Hund zu fassen. Und jetzt entschuldigen Sie uns. Die Dame ist meine Zeugin.« Er hatte keine Lust mehr, noch ein weiteres Wort zu verschwenden.

Der Vigile-Offizier salutierte und ließ sie gehen. »Mensch, das ist der Vize-Questore!«, zischte er dem Kollegen zu. »Passen Sie das nächste Mal besser auf. Melden Sie sich zum Dienstschluss bei mir!«

Proteo Laurenti wusste, dass er jetzt einen Feind mehr im Leben hatte. Doch darauf kam es an solch einem Tag schon gar nicht mehr an.

»Patrizia Isabella ist schwanger! Ich habe es soeben von Laura erfahren.« Sie standen am Tresen der ›Gran Malabar‹. Proteo Laurenti starrte düster in sein Glas Cabernet.

»Und?« Cristina wusste sehr wohl, dass er von seiner Lieblingstochter sprach, die seit einem Jahr in Neapel studierte, wo Proteo sie beruhigt in der Nähe und unter den Augen ihrer Großmutter wähnte.

»Ausgerechnet Patrizia Isabella! Sie ist gerade erst zweiundzwanzig! Sie hat das ganze Leben noch vor sich, verflucht. Und warum hat sie es nicht zuerst mir erzählt?« Er sah in seinem Selbstmitleid bedauernswert aus.

»Proteo, du müsstest eigentlich wissen, dass das Dinge sind, die Männer zuletzt erfahren. Erst recht, wenn es sich um eifersüchtige Väter handelt!«

»Meinst du mich? Ich bin doch kein Idiot!«

»Na, ein bisschen schon. Von solchen Dingen jedenfalls hast du keine Ahnung. Erinnere dich bloß an den Aufstand, den du gemacht hast, als Livia sich zum Wettbewerb um die Miss Triest bewarb. Das bleibt unvergesslich. Du hast dich aufgeführt wie ein gehörnter Liebhaber. Wenn Livia damals in die Galerie kam, war die Arme so fertig, dass wir uns Sorgen machten, sie würde mit verheulten Augen auf den Laufsteg steigen.«

»Fertig? Wegen mir? Quatsch! Livia war nur nervös wegen des Wettbewerbs.« Er erinnerte sich gut daran, wie gespannt damals das Verhältnis zwischen ihm und seiner ältesten Tochter war. Er erinnerte sich sogar noch an das Motto der großen David-Byrne-Ausstellung, die Cristina und ihr Mann damals zeigten. Ein Satz, der sich ihm unmittelbar ins Gedächtnis gebrannt hatte: »Winners are losers with a new attitude«. Davon fühlte er sich im Moment weit entfernt.

»Und am Ende«, fuhr Cristina fort, »als die Jury ihre Wahl verkündete, warst du nicht mehr einzukriegen! Also, reg dich doch wegen der Sache mit Patrizia Isabella nicht auf, bevor du Genaues weißt.«

»Vielleicht hast du recht.« Proteo Laurenti schaute auf die Armbanduhr. »Lass uns gehen. Laura wartet, und vielleicht ist ja noch was zu machen.«

Sie hatten den gleichen Weg. Die Laurentis wohnten in der Via Diaz, nur ein paar Meter von der »Galleria Lipanje-Puntin artecontemporanea« entfernt. Nachdem sie die »Gran Malabar« verließen, gingen sie an San Antonio Taumaturgo vorbei, wo Barney wieder unruhig wurde und zielstrebig an der Teleskop-Leine zog, einen der Pflanztröge ansteuerte und unter knurrenden Drohgebärden darin wühlte, bis er mit einem Stein in der Schnauze zurückkam und vorerst noch zufrieden neben Cristina herlief.

Der Vigile, der die Schmach nicht auf sich sitzen lassen wollte, hatte voller Rachegedanken hinter der Verdi-Statue auf sie gewartet. Er war wirklich ein Idiot. Er hoffte tatsächlich, dass sie Barney vielleicht doch freiließen oder der Hund in einem unbeobachteten Moment auf die Straße kackte, ohne dass Cristina diese Hinterlassenschaft entfernte und er der Gerechtigkeit genügen konnte.

Proteo war davon überzeugt, dass der kleine Terrier ganz genau wusste, wie viele Leute ihm verliebt hinterherschauten. So blöd konnte kein Hund sein, Barney schon gar nicht.

»Und was machen deine lieben Verbrecher?«, fragte Cristina.

»Derzeit ist es ruhig. Überhaupt war den ganzen Winter über nicht viel los. Die Bora war hart. Bei dem Wetter geben auch die Gangster Ruhe. Du weißt ja, was in der Zeitung stand. Mehr war nicht. Jetzt, wo der Frühling kommt, können wir uns auf einiges gefasst machen.«

In der Tat hatten die letzten Monate viel Zeit für die Beschäftigung mit einigen alten, unaufgeklärten Fällen gelassen. Den Fall mit den drei schwarzen Plastiksäcken konnte er vor einigen Tagen abschließen und den Mörder, der sein Opfer sorgsam zerlegt und in Müllsäcke verstaut hatte, seiner gerechten Strafe zuführen. Die Gerichtsverhandlung war ein Kinderspiel. Woher der Zerstückelte allerdings die 250 Millionen Lire hatte, die er seinem Mörder zur Anlage gegeben und die dieser veruntreut hatte, blieb im Dunkeln. Dem Geprellten riss der Geduldsfaden, als er endlich begriff, dass er von seinem Geld wohl nichts mehr sehen würde. Er bestand auf Klärung. Der andere erwartete ihn bereits mit gewetzten Messern, stach ihn ab, zerlegte ihn und rief nach getaner Arbeit bei den Eltern des Opfers an, um angeblich besorgt nach dem Verbleib des Sohnes zu fragen – im Glauben, sich dadurch ein Alibi zu verschaffen. Pech, dass diese wussten, dass eine harte Auseinandersetzung bevorstand. Eine Viertelstunde später brach die Polizei die Wohnungstür auf und traf den Kerl mit einem Glas Jack Daniels und einer Zigarre in der Hand gemütlich in einem Sessel an, die blutbefleckte Schürze noch am Leib. Der Fall war so absurd wie fast alle anderen Mordfälle in Triest. Normale Morde gab es in dieser Stadt offenbar nicht. Über jedem Fall der letzten Jahrzehnte klebte ein Hauch von Verrücktheit. Nichts war normal in Triest – zumindest nichts in Sachen Schwerverbrechen.

»Was ist eigentlich aus dem Zwerg geworden?«, fragte Cristina.

»Keine Ahnung! Aber ich befürchte, er hat sein Handwerk wiederaufgenommen. Es gab leider ein paar neue Hinweise in den letzten Tagen. Ich hoffe sehr, dass das nur Enten sind. Wenn nicht, wird's hart.«

»Ich finde, der hat etwas Geniales«, sagte Cristina. »Der

hat ein Handicap und weiß genau, wie er wirkt. Er benutzt doch vor allem die Dummheit der anderen.«

»Der Kerl ist verflucht intelligent, das stimmt. Aber er ist auch skrupellos, und diese Mischung macht ihn so gefährlich.«

Der Zwerg tauchte zum ersten Mal vor zwei, drei Jahren in Triest auf. Er beschränkte sich ganz allein auf diese überschaubare Stadt, in der fast jeder jeden kannte. Nirgendwo anders war er bisher in Erscheinung getreten, weder in Udine noch in Monfalcone oder außerhalb der Region. Er hatte die Größe eines zehnjährigen Kindes und war extrem gerissen. Er tauchte gewissermaßen unter den elektronischen Augen hindurch. Die Videoüberwachungen der Schmuckgeschäfte, die er ausräumte, erfassten die Geschäftsräume meist nur ab der Höhe der Verkaufstheke. Er wählte sich grundsätzlich enge Läden aus, die sich schlauchartig in die Gebäude hineinerstreckten. Davon gab es viele in der Innenstadt, seit in den letzten Jahren unzählige neue Geschäfte der gehobenen Preisklasse in Triest eröffneten und die Ladenmieten nach oben trieben. Zuvor schien für die meisten Läden die Zeit stehengeblieben – Schaufenster mit Auslagen, die stark an »es war einmal« erinnerten: altmodische Kleiderschnitte, wertvolle Materialien, aber altbackene Stoffmuster, alles teuer, nur nicht besonders aufregend. Seit sich der Ostblock aufgelöst hatte und dort viel Geld unbekannter Herkunft im Umlauf war, seit man dicke Autos mit kroatischen, jugoslawischen, albanischen Kennzeichen oder aus Bosnien-Herzegowina in der Stadt sah, veränderte sich auch das Geschäftszentrum. Bald hatte Cartier auch hier eine Niederlassung, und Armani, Max

Mara und all die anderen folgten nach. Triest erwachte nach jahrzehntelangem Schlaf endlich wieder. Jeder spürte, dass die Stadt die strategische Position als Tor zum Osten, als Brücke von Süden nach Norden und umgekehrt, wieder einzunehmen begann, und auch die Beamten der Polizia di Stato bekamen wieder mehr zu tun. Immer wenn er die dicken Autos aus dem Osten sah, bekam er Zweifel daran, dass all das viele Geld in der Hand so weniger Personen aus Ländern in derart miserabler wirtschaftlicher Lage ehrlich erworben sein konnte. Aber ein Mann in seiner Position musste verdammt vorsichtig sein mit irgendwelchen leichtfertig dahingesagten Unterstellungen. Die Angstmacherei vor allem Fremden war in den letzten Jahren wieder schwer in Mode gekommen, und nichts hatten die Medien lieber als einen Beamten, der sich Sorgen machte.

»Der Zwerg schießt sofort«, sagte er. »Der ist zu allem entschlossen. Das hat mit Genialität nicht besonders viel zu tun. Nur mit Dreistigkeit.«

»Er muss aber ein ziemlich guter Beobachter sein, der sich und die anderen ganz genau kennt. Er sollte Unternehmensberater oder Manager werden.«

»Vermutlich nähme ihn niemand ernst, weil er zu klein ist. Alle würden über ihn hinwegschauen. Manchmal habe ich das Gefühl, dass er sich für seine Winzigkeit rächen will. Er hat inzwischen weit mehr als eine Milliarde Lire geraubt – und das ist nur die offizielle Zahl. Wer weiß, wie viele Schäden nicht angezeigt wurden, weil es sich um schwarze, nichtdeklarierte Ware handelte. Drei Tote in zwei Jahren, nicht schlecht für einen Zwerg.«

»Meinst du, dass er aus der Stadt kommt?«

»Das ist eben die Geschichte, die ich nicht begreife. Irgendjemand müsste ihn doch kennen. Die Meldungen im Fernsehen und in den Zeitungen, all die Fahndungsplakate – und trotzdem keine Spur. Wir haben uns alle Kleinwüchsigen der Stadt vorgeknöpft, vor zwei Jahren. Nichts, außer dass wir Dresche bekamen, weil wir angeblich Randgruppen diskriminierten. Erinnerst du dich noch an die Demonstration vor der Questura? Alles, was nicht aufrecht gehen konnte, hatte sich dort versammelt, und ich musste in unzähligen unangenehmen Fernsehinterviews tausendmal versichern, dass wir nichts gegen Behinderte hätten.«

Barney langweilte sich. Immer wieder rannte er mit seinem Stein auf die Leute zu, die ihn wie üblich begrüßten, doch wollte keiner mit ihm spielen. Die Geschäftigkeit, die mit dem Wetterwechsel in die Stadt gezogen war, hatte Vorrang.

Sie bogen in die Via San Nicolò ein und sahen, dass vor der ›Bar Walter‹, gegenüber dem alten Antiquariat von Umberto Saba, Stühle und Tische in der Fußgängerzone standen. Die Leute genossen das schöne Frühlingswetter beim Aperitif.

Hier war Barney zu Hause. Jeden Morgen, Mittag und Abend durchquerte er die abgesperrte Straße. Hier bellte er zunächst einmal bitter empört gegen die schwere Haustür gegenüber, hinter der die »bösen Hunde«, ein Husky und ein Bastard, zu Hause waren. Niemand wusste, weshalb er die Köter auf den Teufel nicht ausstehen konnte und sich so aufführte, als wäre er mindestens doppelt so groß wie die beiden zusammen. Dann hob er sein Bein, ohne den Stein fallen zu lassen, pisste gegen die Haustür und raste anschließend, immer größere Kreise ziehend, durch die Fußgängerzone. In der Nähe der verdächtigen Haustür kläffte er immer wieder von neuem los.

»Und wenn der Zwerg nicht aus Triest ist? Wie kommt er dann in die Stadt?«, fragte Cristina.

»Eben«, er zuckte die Achseln, »das ist das große Rätsel. Komm, lass uns hier noch ein Glas Wein trinken. Laura wird schon nicht davonlaufen inzwischen.«

Sie eroberten einen Tisch vor der ›Bar Walter‹. Barney zurrte unzufrieden an der Leine und verlangte, dass man sich endlich mit ihm beschäftigte.

»Polio«, sagte Laurenti, »gib den Stein her.« Proteo Laurenti nannte den Hund am liebsten »Hühnchen«, und Barney hatte ihn auf Anhieb verstanden. Er ließ den Stein fallen, den Laurenti aufhob und in Richtung der »Libreria Umberto Saba« warf, wo er mit lautem Krach gegen die Scheibe sprang. Sie blieb Gott sei Dank heil. Nicht einmal der kauzige Buchhändler kam auf die Straße.

Die Teleskop-Leine spulte sich rasch ab, und Barney brachte den Stein mit angelegten Ohren im Hundsgalopp zurück. Er legte ihn Proteo zu Füßen und schaute ihn mit schräggestelltem Kopf an, unerhört stolz auf seine Hundetat. Neuer Wurf, neues Glück! Barney raste wieder los. Die Fußgänger hatten alle Mühe, nicht über die Leine zu fallen, aber niemand war böse. Alle fanden den kleinen Hund possierlich oder taten wenigstens so. Nur der gedemütigte Vigile, der ihnen gefolgt war und sich einstweilen an der Ecke Via Dante Alighieri versteckte, spürte, dass bald seine Chance käme. Barney konnte wieder einmal nicht genug von seinem Lieblingsspiel bekommen. Wieder und wieder warf Proteo Laurenti den Stein, erst nach dem zehnten Wurf war seine Lust vergangen. Der Hund kläffte ihn ungeduldig an.

»Barney!«, rief Cristina. »Basta! Adesso basta!«

Die fünfundzwanzig auf sechzig Zentimeter Hund gehorchten. Er legte sich vor Cristinas Füße und hechelte mit der Zunge. Wenn er jemandem gehorchte, dann ohnehin nur ihr. Alle anderen, auch Marco, das Herrchen, ignorierte das kleine Charakterbündel unverhohlen.

»Wenn der Zwerg nicht aus Triest kommt«, sagte Proteo Laurenti, »dann hätten wir ihn in irgendeinem Zug oder in einem Bus schnappen müssen, denn es ist ausgeschlossen, dass er Auto fährt. Jedes Mal, wenn etwas passierte, durchsuchten wir umgehend alle öffentlichen Verkehrsmittel. Dabei entdeckten wir zwar zufälligerweise einige andere unserer Klienten, aber der Zwerg blieb spurlos verschwunden. Also muss er doch aus Triest sein oder von einer Bande in die Stadt geschmuggelt werden.«

Der Kellner brachte die beiden Gläser Cabernet franc, stellte Schälchen mit Oliven, Erdnüssen und Kartoffelchips auf den Tisch und verschwand wieder.

»Nach dem, was man so hört, genießt er viele Sympathien. Vielleicht hilft ihm jemand. Auf jeden Fall ist er ein Meister des Versteckspiels.«

»Wahrscheinlich ist er ein Riese, der sich als Zwerg verkleidet.«

»Aber wie räumt er die Läden eigentlich aus?«, fragte Cristina.

»Wenn wir das wüssten! Gesehen hat man ihn eigentlich immer erst, wenn es schon zu spät war. Nimm zum Beispiel den Schmuckladen dort drüben. Siehst du das Ehepaar, das da vor der Tür steht? Sie müssen zuerst klingeln, dann schaut der Inhaber durch die Scheibe und drückt den Türöffner. Was soll er auch anderes tun, wenn er etwas verkaufen will? In diesem Moment hängt sich der Zwerg an die beiden, als wäre er ihr Kind. Sie beachten ihn nicht, weil sie denken, er gehöre irgendwie zum Laden. Und der Ladenbesitzer sieht ihn nicht, weil die Tür nur in der oberen Hälfte verglast ist. Sobald er drin ist, hinter den Erwachsenen, ich meine hinter den großen, normalgewachsenen Personen, duckt er sich vermutlich gleich weg und verschwindet unter dem Tresen. Das Personal beschäftigt sich mit der Kundschaft, der Zwerg schleicht sich an die offenen Schränke und den Tresor, der während der Geschäftszeiten offen steht, räumt aus und wartet unterm Tresen den nächsten Kunden ab. Oder er drückt selbst den Türöffner, der in neunzig Prozent der Fälle unter der Tischplatte angebracht ist. Dann rast er los und verschwindet. Man hat ihn nur wenige Male richtig gesehen. Keine Spur von ihm auf dem Video und keine genaue Beschreibung. Einmal versuchte jemand, ihn festzuhalten, was er bitter bereuen musste. Der Kleine hat sofort geschossen, ohne auch nur eine Sekunde zu zögern. Das war der erste Tote. Auf der Straße fällt er nicht weiter auf. Da geht er als Kind durch. Ein Kind mit einer bunten Jacke und einer geblümten Mütze. Das ist das Einzige, was wir wissen. Such mal so jemanden, da kannst du dich gleich vor der Schule aufbauen und eine ganze Klasse festnehmen.«

»Und die anderen Toten?«

»Das war die Geschichte mit dem Postamt im Tergesteo.

Ein Taxifahrer brachte kurz vor Schalterschluss ein großes, schweres Paket, das im Amt verblieb, weil es schon zu spät war. Drin saß der Zwerg, der nur darauf wartete, dass der letzte Kunde draußen war. Schwups stand er da, mit der Waffe in der Hand, und verlangte das Geld. Einer der Angestellten musste lachen, als er den Zwerg sah. Es war das letzte Mal in seinem Leben. Der zweite Schuss traf den Amtsleiter. Fünf Minuten später war der Zwerg mit einer Beute von 153 Millionen Lire verschwunden und wurde nicht mehr gesehen.«

Barney maulte wieder. Diesmal half auch die ganze Autorität Cristinas nicht mehr. Der kleine Hund beanspruchte hartnäckig die Aufmerksamkeit der großen Welt um sich herum. Er hielt den Stein im Maul, nieste und drohte mit seinem komischen Knurren, als wäre er ein bengalischer Tiger.

»Polio!«, sagte Proteo Laurenti. »Wirst du mir wohl den Stein geben?«

Knurren und Niesen.

»Gib ihn her!«

Knurren und Röcheln.

»Lass ihn fallen, Barney!«

Klack.

Proteo Laurenti warf den Stein in hohem Bogen zum Antiquariat hinüber, und wieder sprang er gegen das Schaufenster. Barney raste hinterher, die Leine spulte sich unter leisem Surren ab und schnell wieder auf, als das Tierchen mit angelegten Ohren und voller Stolz zurückkam. Zwei, drei Mal ging das so. Wieder erntete der Hund die liebevollen Bemerkungen der Passanten, zwischen deren Beinen er durchraste und die beinahe über die Leine fielen.

Endlich sah auch der beleidigte Vigile seine Chance. Langsam kam er hinter dem Rücken Cristinas und Proteos näher, schlich sich wie aus einem Hinterhalt an sie heran. Die beiden sahen ihn nicht, waren viel zu sehr mit dem Hund beschäftigt.

»Barney!«, rief Cristina. »Komm her!« Und zu Proteo sagte sie: »Ich will nicht, dass wirklich noch jemand auf die Nase fällt.«

»Unsinn! Die Leute haben doch Augen im Kopf. Lass ihn spielen!« Proteo Laurenti warf den Stein wieder zur anderen Straßenseite, wieder raste Barney los, schnappte ihn – und dann passierte es.

»Verflucht!« Cristina sprang auf und rannte zu dem Kind, das über die Leine gefallen und bös aufgeschlagen war. Es blieb einen Augenblick regungslos liegen. Schnell bildete sich ein Kreis Schaulustiger. Barney leckte dem Kleinen versöhnlich die ausgestreckte Hand und dann das Ohr, bis das Kind endlich langsam den Kopf bewegte.

Der Vigile drängte sich durch die Menschen und baute sich vor Laurenti auf.

»Diesmal kommen Sie nicht so leicht davon, Commissario!«, sagte er.

Laurenti schob ihn zur Seite. »Helfen Sie lieber dem Kind, Sie Trottel!«

»Das Gesetz ist für alle gleich. Das wird eine schöne, saftige Strafe geben. Eine Anzeige! Ich bin dazu verpflichtet, Sie anzuzeigen.« Dem ehrgeizigen Beamten stand die Genugtuung ins Gesicht geschrieben.

Laurenti schaute ihn erstaunt an. Dieser weißbehelmte junge Mann hatte allen Ernstes die Stirn, sich mit ihm anzulegen? »Ich habe Ihnen gesagt, Sie sollen sich um den Kleinen kümmern, Vigile! Rufen Sie den Krankenwagen!«

Doch das Kind rappelte sich schon wieder auf, schaute verwirrt um sich, stieß Cristina mit einer groben, kräftigen Handbewegung von sich weg. Ein Mann bückte sich zu ihm hinab und fragte, ob alles in Ordnung sei. Auch diesem verpasste es einen Puff und stürzte sich auf den Beutel, der ihm zuvor aus der Hand gefallen war. Die bunte Mütze fiel von seinem Kopf, und langes, wallendes Haar ergoss sich über seine Schultern. Sein Gesicht hatte auf einmal die Züge einer alten Frau. Das Kind drängte sich wortlos durch die erstaunten Schaulustigen, und kaum hatte es sich freie Bahn verschafft, rannte es so schnell es konnte los.

»Hilfe! Polizei! Ein Dieb!« Der Schrei gellte aus der Kehle der Juwelierin aus dem Laden neben der »Libreria Umberto Saba«. »Ein Dieb! Ein Dieb! Der Zwerg!«

Die Leute drehten sich nach ihr um, doch keiner reagierte. Erst nach mehreren Sekunden begriffen die Ersten, was los war.

»Der Zwerg?« Proteo Laurenti fuhr herum und sah das Kind gerade noch in die Via Dante Alighieri einbiegen.

Er rannte los.

Barney rannte hinter ihm her, wohl in der Hoffnung, das Spiel gehe weiter.

Dann setzte sich der Vigile in Bewegung.

Barney kam nach fünf Metern durch einen harten Ruck zum Stehen. Irgendjemand stand auf der gestrafften Leine.

Und dann polterte der weiße Plastikhelm mit hohlem Klang auf die Steinplatten. Der Vigile kniete auf der Straße und rieb sich die Ellbogen. Barney kam zu ihm und wollte ihm zur Versöhnung die Hand lecken, doch der Vigile stieß ihn so grob weg, dass der Hund erschrocken aufjaulte.

»Wie kann man bloß so grob sein zu solch einem netten kleinen Tier?«, schimpfte eine junge Frau. »Schämen Sie sich! Der Hund hat Ihnen wirklich nichts getan!«

Der Vigile stand auf, ging drei Schritte zu seinem Helm und hob ihn auf. Er betrachtete enttäuscht die dunkle Schramme auf der weißen Kunststoffschale und rieb sie mit dem Ärmel ab.

Cristina hatte Barney endlich wieder bei sich und eilte zu der Juwelierin, die blass vor Schreck in der Tür stand und noch immer zeterte.

»Das wird sehr teuer, Signora!«, sagte der Vigile mit verbitterter Stimme zu Cristina.

»Ja«, rief die Juwelierin. »Die feinsten Stücke hat er aus dem Safe gestohlen! Ein Diamantcollier von unschätzbarem Wert. Warum nehmen Sie den Kerl nicht fest?«

Laura und Proteo Laurenti trafen sich mit den Freunden zum Abendessen. Laura hatte Cristina und Marco in der Galerie angerufen und gefragt, ob sie schon etwas vorhatten. Proteo wolle unbedingt ausgehen. Außerdem herrsche dicke Luft zu Hause. Patrizia Isabella sei schwanger und Proteo koche vor Wut. Da wäre es ganz nett, wenn er ein bisschen abgelenkt würde. Sie verabredeten sich einige Häuser weiter bei den »Due Triestini«, der alten Trattoria mit den beiden Eingängen: dem einen zur Via Diaz, dem anderen zur Via Cadorna. Ideale Fluchtmöglichkeiten, hatte Proteo Laurenti einmal gesagt.

An diesem Abend blieben sie sitzen, bis der Wirt die Stühle auf die restlichen Tische gestellt und die Beleuchtung bis auf eine letzte Lampe ausgeschaltet hatte.

»Das glaubt uns ohnehin niemand«, hatte Proteo zur Begrüßung zu Cristina gesagt.

»Und was glaubt euch keiner?«, fragte Laura neugierig.

»Was ich heute Nachmittag mit Cristina in der Via San Nicolò erlebt habe.«

»Aber du hast doch gesagt, du hättest bis gerade eben gearbeitet«, fragte Laura verwundert.

»Siehst du«, sagte Proteo Laurenti, »ich hab dir doch gesagt, das glaubt uns keiner.«

»Und der Zwerg war eine Zwergin?«, fragte Cristina.

»Eben. Aber jetzt ist Schluss!«

Nachweis

Alex Capus (* 1961, Mortagne-au-Perche, Frankreich)
Eigermönchundjungfrau. Aus: ders., *Eigermönchundjungfrau.* Copyright © 2004 dtv Verlagsgesellschaft, München

Arthur Conan Doyle (1859, Edinburgh – 1930, Crowborough)
Das letzte Problem. Aus: ders., *Die Memoiren des Sherlock Holmes.* Erzählungen. Aus dem Englischen von Henning Ahrens. Copyright © S. Fischer Verlag GmbH, Frankfurt am Main 2016. Originaltitel: *The Final Problem.*

Friedrich Dürrenmatt (1921, Konolfingen bei Bern – 1990, Neuchâtel)
Mondfinsternis. Aus: *Labyrinth. Stoffe* I-III, in: *Werkausgabe in 37 Bänden,* Bd. 28. Copyright © 1998, Diogenes Verlag AG Zürich. (Flötigen ist ein erfundener Ort, vermutlich im Berner Oberland.)

F. Scott Fitzgerald (1896, St. Paul / Minnesota – 1940, Hollywood)
Eine Reise ins Ausland (Ausschnitt). Aus: ders., *Wiedersehen in Babylon.* Erzählungen. Copyright © 2009, Diogenes Verlag AG Zürich. Originaltitel: *One Trip Abroad.* Übersetzung aus dem Amerikanischen von Walter Schürenberg

Arnon Grünberg (* 1971, Amsterdam)
Saubere Laken. Aus: ders., *Couchsurfen und andere Schlachten.* Herausgegeben und mit einem Vorwort von Ilja Trojanow. Reportagen. Diogenes Verlag AG, Zürich 2013. Copyright © by Arnon Grünberg, Amsterdam 2009. Übersetzung aus dem Niederländischen von Rainer Kersten (leicht gekürzt)

Veit Heinichen (* 1957, Villingen-Schwenningen)
Barney! Basta! Copyright © Paul Zsolnay Verlag Wien 2001
Wolfgang Herrndorf (1965, Hamburg – 2013, Berlin)
Der Weg des Soldaten. Aus: ders., *Diesseits des Van-Allen-Gürtels.* Copyright © 2007 Eichborn AG, Frankfurt am Main; 2015 Rowohlt Verlag GmbH, Reinbek bei Hamburg. Von der Herausgeberin leicht gekürzt
Patricia Highsmith (1921, Fort Worth / Texas – 1995, Locarno)
Nichts Auffallendes. Aus: *Die Augen der Mrs. Blynn.* Storys. Copyright © 2004, Diogenes Verlag AG, Zürich. Originaltitel: *Nothing that Meets the Eye.* Übersetzung aus dem Amerikanischen von Christa E. Seibicke (leicht gekürzt)
Kurt Lanthaler (* 1960, Bolzano, Italien)
Pigenò. Aus: ders., *Heiße Hunde.* Hirnrissige Geschichten. Copyright © 1997 by Haymond Verlag, Innsbruck
Donna Leon (* 1942 in New Jersey)
Kriminelle Phantasien im Gotthardtunnel. Erstmals erschienen in *via. SBB Bahnmagazin,* Solothurn, 3/2007. Copyright © 2007, Diogenes Verlag AG Zürich. Originaltitel: *Gotthard.* Aus dem Amerikanischen von Christa E. Seibicke
Jörg Maurer (* 1953, Garmisch-Partenkirchen / Bayern)
Tegernsee Breitmaul. Aus: Sabine Thomas (Hrsg.), *Tod am Tegernsee.* Kriminalgeschichten vom Tegernseer Tal. Gmeiner, Meßkirch, 2011
Thomas Meyer (* 1974, Zürich)
Sohn! Bist du wahnsinnig! Originalbeitrag für diese Anthologie. Copyright © 2017 by Thomas Meyer
Benjamin Quaderer (* 1989, Feldkirch, Österreich, aufgewachsen in Liechtenstein)
Für immer die Alpen. Finaltext des beim open-mike-Wettbewerb 2016 vorgetragenen Ausschnitts aus dem gleichnamigen Roman. Copyright © 2016 Benjamin Quaderer

Mary Wollstonecraft Shelley (1797, Somers Town, London – 1851, Chester Square, London)
Frankenstein oder Der moderne Prometheus. 10. Kapitel des Romans. Copyright © Insel Verlag Frankfurt am Main 1988. Original: *Frankenstein; or, The Modern Prometheus.* Übersetzung aus dem Englischen von Karl Bruno Leder und Gerd Leetz

Martin Suter (* 1948, Zürich)
Zerknittert im Val Grisch (Titel von der Herausgeberin). Ausschnitt aus: ders., *Der Teufel von Mailand.* Copyright © 2006, Diogenes Verlag AG Zürich

Laura de Weck (* 1981, Paris)
Sichere Talfahrt. Copyright © 2017 by Laura de Weck

Benedict Wells (* 1984, München)
Unterm Pilatus (Titel von der Herausgeberin). Aus: ders., *Vom Ende der Einsamkeit.* Copyright © 2016, Diogenes Verlag AG Zürich

Bitte beachten Sie
auch die folgenden Seiten

Benedict Wells
Vom Ende der Einsamkeit

Roman

Jules und seine Geschwister Marty und Liz sind grundverschieden, doch ein tragisches Ereignis prägt alle drei: Behütet aufgewachsen, haben sie als Kinder ihre Eltern durch einen Unfall verloren. Obwohl sie auf dasselbe Internat kommen, geht jeder seinen eigenen Weg, sie werden sich fremd und verlieren einander aus den Augen. Vor allem der einst so selbstbewusste Jules zieht sich immer mehr in seine Traumwelten zurück. Nur mit der geheimnisvollen Alva schließt er Freundschaft, doch erst Jahre später wird er begreifen, was sie ihm bedeutet – und was sie ihm immer verschwiegen hat.
Als Erwachsener begegnet er Alva wieder. Es sieht so aus, als könnten sie die verlorene Zeit zurückgewinnen, doch dann holt sie die Vergangenheit wieder ein. Ein berührender Roman über das Überwinden von Verlust und Einsamkeit und die Frage, was in einem Menschen unveränderlich ist. Und vor allem: eine große Liebesgeschichte.

»Eine fesselnde, berührende, traurige Geschichte, die den Leser aber nicht traurig entlässt. Dieser neue Roman ist sein Meisterstück.«
Claudio Armbruster / ZDF-Heute Journal, Mainz

»Der beste John-Irving-Roman, der nicht von John Irving stammt. Benedict Wells ist ein Hammer von einem Familienroman gelungen.«
Denis Scheck / Der Tagesspiegel, Berlin

»Ein großartiger, ergreifender Roman für junge und alte Leser.« *Elke Heidenreich*

Donna Leon im Diogenes Verlag

Die Fälle für Commissario Brunetti:

Venezianisches Finale
Aus dem Amerikanischen von Monika Elwenspoek

Endstation Venedig
Deutsch von Monika Elwenspoek

Venezianische Scharade
Deutsch von Monika Elwenspoek

Vendetta
Deutsch von Monika Elwenspoek

Acqua alta
Deutsch von Monika Elwenspoek

Sanft entschlafen
Deutsch von Monika Elwenspoek

Nobiltà
Deutsch von Monika Elwenspoek

In Sachen Signora Brunetti
Deutsch von Monika Elwenspoek

Feine Freunde
Deutsch von Monika Elwenspoek

Das Gesetz der Lagune
Deutsch von Monika Elwenspoek

Die dunkle Stunde der Serenissima
Deutsch von Christa E. Seibicke

Verschwiegene Kanäle
Deutsch von Christa E. Seibicke

Beweise, daß es böse ist
Deutsch von Christa E. Seibicke

Blutige Steine
Deutsch von Christa E. Seibicke
Auch als Diogenes Hörbuch

Wie durch ein dunkles Glas
Deutsch von Christa E. Seibicke
Auch als Diogenes Hörbuch

Lasset die Kinder zu mir kommen
Deutsch von Christa E. Seibicke
Auch als Diogenes Hörbuch

Das Mädchen seiner Träume
Deutsch von Christa E. Seibicke

Schöner Schein
Deutsch von Werner Schmitz
Auch als Diogenes Hörbuch

Auf Treu und Glauben
Deutsch von Werner Schmitz
Auch als Diogenes Hörbuch

Reiches Erbe
Deutsch von Werner Schmitz
Auch als Diogenes Hörbuch

Tierische Profite
Deutsch von Werner Schmitz
Auch als Diogenes Hörbuch

Das goldene Ei
Deutsch von Werner Schmitz
Auch als Diogenes Hörbuch

Tod zwischen den Zeilen
Deutsch von Werner Schmitz
Auch als Diogenes Hörbuch

Endlich mein
Deutsch von Werner Schmitz
Auch als Diogenes Hörbuch

Ewige Jugend
Deutsch von Werner Schmitz
Auch als Diogenes Hörbuch

Thomas Meyer

Wolkenbruchs wunderliche Reise in die Arme einer Schickse

Roman

Der junge orthodoxe Jude Mordechai Wolkenbruch, kurz Motti, hat ein Problem: Die Frauen, die ihm seine *mame* als Heiratskandidatinnen vorsetzt, sehen alle so aus wie sie. Ganz im Gegensatz zu Laura, seiner hübschen Mitstudentin an der Universität Zürich – doch die ist leider eine *schikse*: Sie trägt Hosen, hat einen wohlgeformten *tuches*, trinkt Gin Tonic und benutzt ungehörige Ausdrücke.
Zweifel befallen Motti: Ist sein vorgezeichneter Weg wirklich der richtige für ihn? Sein Gehorsam gegenüber der *mame* mit ihren verstörenden Methoden schwindet. Dafür wächst seine Leidenschaft für Laura. Die Dinge nehmen ihren Lauf. Und Motti kann schon bald einen vorläufigen Schluss ziehen: Auch *schiksn* haben nicht alle Tassen im Schrank.

»Thomas Meyers Entwicklungsroman im Stile Woody Allens ist eine religiöse Emanzipationsgeschichte – mit zuverlässig witzigen Pointen.«
Beate Tröger / Frankfurter Allgemeine Zeitung

»Die Sprache wird in diesem Roman selber zum Ereignis, wie es sich für gute Literatur gehört. Sie ist geschriebene Leichtigkeit.«
Thomas Widmer / Tages-Anzeiger, Zürich

Friedrich Dürrenmatt
Werkausgabe im Diogenes Verlag

Werkausgabe in 37 Bänden mit einem Registerband

Jeder Band enthält einen Nachweis zur Publikations- und gegebenenfalls Aufführungsgeschichte sowie zur Textgrundlage

● Das dramatische Werk

Es steht geschrieben/ Der Blinde
Frühe Stücke

Romulus der Große
Eine ungeschichtliche historische Komödie in vier Akten. Neufassung 1980

Die Ehe des Herrn Mississippi
Eine Komödie in zwei Teilen (Neufassung 1980) und ein Drehbuch

Ein Engel kommt nach Babylon
Eine fragmentarische Komödie in drei Akten. Neufassung 1980

Der Besuch der alten Dame
Eine tragische Komödie. Neufassung 1980

Frank der Fünfte
Komödie einer Privatbank. Neufassung 1980

Die Physiker
Eine Komödie in zwei Akten. Neufassung 1980

Herkules und der Stall des Augias / Der Prozeß um des Esels Schatten
Griechische Stücke. Neufassung 1980

Der Meteor / Dichterdämmerung
Zwei Nobelpreisträgerstücke. Neufassungen 1978 und 1980

Die Wiedertäufer
Eine Komödie in zwei Teilen. Urfassung

König Johann / Titus Andronicus
Shakespeare-Umarbeitungen

Play Strindberg/ Porträt eines Planeten
Übungsstücke für Schauspieler

Urfaust / Woyzeck
Zwei Bearbeitungen

Der Mitmacher
Ein Komplex. Text der Komödie (Neufassung 1980), Dramaturgie, Erfahrungen, Berichte, Erzählungen. Mit Personen- und Werkregister

Die Frist
Eine Komödie. Neufassung 1980

Die Panne
Ein Hörspiel und eine Komödie

Nächtliches Gespräch mit einem verachteten Menschen / Stranitzky und der Nationalheld / Das Unternehmen der Wega
Hörspiele und Kabarett

Achterloo
Achterloo I/ Rollenspiele (Charlotte Kerr: ›Protokoll einer fiktiven Inszenierung‹; Friedrich Dürrenmatt: ›Achterloo III‹) / Achterloo IV / Abschied vom Theater
Mit Personen- und Werkregister

● Das Prosawerk

Aus den Papieren eines Wärters
Frühe Prosa

Der Richter und sein Henker / Der Verdacht
Die zwei Kriminalromane um Kommissär Bärlach

Der Hund / Der Tunnel / Die Panne
Erzählungen

Grieche sucht Griechin / Mister X macht Ferien / Nachrichten über den Stand des Zeitungswesens in der Steinzeit
Grotesken

Das Versprechen
Requiem auf den Kriminalroman /
Aufenthalt in einer kleinen Stadt
Fragment

Der Sturz / Abu Chanifa und Anan ben David / Smithy / Das Sterben der Pythia
Erzählungen

Justiz
Roman

Durcheinandertal
Roman

Minotaurus / Der Auftrag oder Vom Beobachten des Beobachter der Beobachter / Midas oder Die schwarze Leinwand
Prosa

Labyrinth
Stoffe I–III: ›Der Winterkrieg in Tibet‹ / ›Mondfinsternis‹ / ›Der Rebell‹. Vom Autor revidierte Neuausgabe. Mit Personen- und Werkregister

Turmbau
Stoffe IV–IX: ›Begegnungen‹ / ›Querfahrt‹ / ›Die Brücke‹ / ›Das Haus‹ / ›Vinter‹ / ›Das Hirn‹. Mit Personen- und Werkregister

Theater
Essays, Gedichte und Reden. Mit Personen- und Werkregister

Kritik
Kritiken und Zeichnungen. Mit Personen- und Werkregister

Literatur und Kunst
Essays, Gedichte und Reden. Mit Personen- und Werkregister

Philosophie und Naturwissenschaft
Essays, Gedichte und Reden. Mit Personen- und Werkregister

Politik
Essays, Gedichte und Reden. Mit Personen- und Werkregister

Zusammenhänge
Essay über Israel. Eine Konzeption /
Nachgedanken
unter anderem über Freiheit, Gleichheit und Brüderlichkeit in Judentum, Christentum, Islam und Marxismus und über zwei alte Mythen. 1980. Mit Personen- und Werkregister

Versuche / Kants Hoffnung
Essays und Reden. Mit Personen- und Werkregister

Gedankenfuge
Essays. Mit Personen- und Werkregister /
Der Pensionierte
Fragment eines Kriminalromans (Text der Fassung letzter Hand)

Registerband zur Werkausgabe
Chronik zu Leben und Werk. Bibliographie der Primärliteratur. Gesamtinhaltsverzeichnis. Alphabetisches Gesamtwerkregister. Personen- und Werkregister aller 37 Bände

Martin Suter im Diogenes Verlag

»Martin Suter hat die seltene Gabe, Schweres leicht erscheinen zu lassen. Er schreibt einen Bestseller nach dem anderen, die inhaltlich wie literarisch glänzen.«
Michael Knoll / Bücher, Kiel

»Wenn es überhaupt einen Schriftsteller gibt, dessen Feder man gern entsprungen wäre, dann ihn.«
Elmar Krekeler / Berliner Morgenpost

Die Romane:

Small World
Roman
Auch als Diogenes Hörbuch erschienen, gelesen von Dietmar Mues

Die dunkle Seite des Mondes
Roman
Auch als Diogenes Hörbuch erschienen, gelesen von Gert Heidenreich

Ein perfekter Freund
Roman

Lila, Lila
Roman
Auch als Diogenes Hörbuch erschienen, gelesen von Daniel Brühl

Der Teufel von Mailand
Roman
Auch als Diogenes Hörbuch erschienen, gelesen von Julia Fischer

Der letzte Weynfeldt
Roman
Auch als Diogenes Hörbuch erschienen, gelesen von Gert Heidenreich

Der Koch
Roman
Auch als Diogenes Hörbuch erschienen, gelesen von Heikko Deutschmann

Die Zeit, die Zeit
Roman
Auch als Diogenes Hörbuch erschienen, gelesen von Gert Heidenreich

Montecristo
Roman
Auch als Diogenes Hörbuch erschienen, gelesen von Wanja Mues

Elefant
Roman
Auch als Diogenes Hörbuch erschienen, gelesen von Gert Heidenreich

Die *Allmen*-Krimiserie:

Allmen und die Libellen
Roman
Auch als Diogenes Hörbuch erschienen, gelesen von Gert Heidenreich

Allmen und der rosa Diamant
Roman
Auch als Diogenes Hörbuch erschienen, gelesen von Gert Heidenreich

Allmen und die Dahlien
Roman
Auch als Diogenes Hörbuch erschienen, gelesen von Gert Heidenreich

Allmen und die verschwundene María
Roman
Auch als Diogenes Hörbuch erschienen, gelesen von Gert Heidenreich

Außerdem erschienen:

Richtig leben mit Geri Weibel
Sämtliche Folgen

Business Class
Geschichten aus der Welt des Managements

Business Class
Neue Geschichten aus der Welt des Managements

Huber spannt aus
und andere Geschichten aus der Business Class

Unter Freunden
und andere Geschichten aus der Business Class

Das Bonus-Geheimnis
und andere Geschichten aus der Business Class

Abschalten
Die Business Class macht Ferien

Alles im Griff
Eine Business Soap
Auch als Diogenes Hörbuch erschienen, gelesen von Stefan Kurt

Cheers
Feiern mit der Business Class
Auch als Diogenes Hörbuch erschienen, gelesen von Stefan Kurt

Business Class
Geschichten aus der Welt des Managements
Diogenes Hörbuch, 1 CD, live gelesen von Martin Suter